JN200969

外国人労働者の **採用・雇用** をめぐる 実務相談 Q&A

行政書士・社会保険労務士
若松絵里

清文社

はじめに

　現在、日本に在留する外国人は273万人、その中で国内の事業所に雇用されて働く外国人労働者の数も146万人を超え、いずれも5年連続で過去最高の数字を更新しています。

　また、2019年4月に施行された改正入管法によって、在留資格「特定技能」が創設され、特定産業分野の労働現場では外国人労働者の受入れが解禁されました。

　周知のとおり、少子高齢化に起因する日本の労働力不足は深刻で、最新の有効求人倍率は1.63倍を記録し、日本人の労働力人口は2040年までに毎年十数万～百万人単位で不足していくという予測もあります。

　このような状況の下、外国人労働者受入れ推進の波は、今後ますます高まることはあっても縮小していくことはないでしょう。この流れを受けて、これまで本格的に外国人を雇用したことがなかったけれど、今後は積極的に外国人採用を行っていこうと計画されている中小企業の皆様も多いのではないかと思います。

　筆者は2005年に行政書士・社会保険労務士として独立開業して以来、現在まで、外国人の就労ビザ申請を中心に、就業規則や各種規程の英文翻訳また外国人労働者に関する労務相談業務などを行っています。

　本書では、以上の業務を通じて、お客様よりいただくことの多い質問を中心に、設問集形式で解説をしています。外国人雇用に関する基礎知識に始まり、「採用決定前」の必要な確認項目、雇用契約を結ぶときの注意、「採用決定後」に行う就労ビザ申請、「入社後」の外国人特有の届出や労務管理などシーン別に分かれていますので、皆様の必要に応じて事例を検索してください。

　また、人事担当者の皆様や中小企業の雇用主の皆様が遭遇する雇用現場の実務において、すぐに役立てていただけるよう、様々な申請や届出について、できるだけ多くの記載例を掲載しました。

加えて、通常はインターネットなどで検索することが難しい、必要書式の日本語と英語併記版についても可能な限り掲載しています。

　たとえば、

　・雇用契約書（就業規則がないことを前提とした書式）

　・秘密保持誓約書

　・業務委託契約書

　・在籍証明書

　・履歴書

　・（労働基準法規定の）退職証明書

などは筆者のオリジナル版になりますが、必要に応じてご利用いただければ幸いです。

　以上、本書が御社の外国人雇用の実務において、お役に立つことを心から願っております。

2019年8月

行政書士・社会保険労務士

若松　絵里

目　次 CONTENTS

第3章 就労ビザ取得の実務 Q&A

第4章　外国人労働者 採用後の実務 Q&A

COLUMN

※ 本書の内容は2019（令和元）年 9 月 5 日現在の法令等によります。

第 1 章

外国人雇用の基礎知識Q&A

Q1 ① 日本における外国人雇用の現状はどうなっていますか？

A

在留外国人数は273万人、在留外国人労働者数は146万人となり、5年連続で過去最高を記録しました。ここ数年は毎年20万人規模で増加を続けています。

　現在、「中長期在留者[*1]」と呼ばれ、日本に在留・生活をしている外国人数は273万1,093人（法務省「平成30年末現在における在留外国人数について」）であり、そのうちの146万463人が外国人労働者として国内の様々な労働現場で働いています（留学生等のアルバイトを含む。厚生労働省「「外国人雇用状況」の届出状況まとめ（平成30年10月末現在）」）。

　いずれの数字も2013年以降5年連続で過去最高を記録し、特にここ数年は毎年20万人近くという物凄い勢いで在留外国人が増え続けています。

　本書執筆時の2019年からさかのぼること4年前の2015年に、日本はすでに世界第4位の移民大国となっているのです（OECD・経済協力開発機構調べ）。ちなみに2015年のトップ3は1位がドイツ（約201万6千人）、2位が米国（約105万1千人）、3位が英国（47万9千人）で、日本は約39万1千人でしたが、上記の増加率から見て、現在はすでに世界第3位の移民大国となっていてもおかしくありません。

　さらに、2019年4月に施行された改正出入国管理・難民認定法（以下「入管法[*2]」という）によって、特定の産業分野において、外国人就労が解禁されたこ

---

*1　留学や就労等の目的を持って日本に入国し、法務省によって90日以上の在留期間を決定、在留カードを交付された外国人。永住者等も含む。「外交」または「公用」の在留資格を持つ外国人は除く。

*2　出入国管理及び難民認定法の略。出入国管理制度（日本国への入国・帰国、日本国か

ともあり、今後ますます外国人労働者は増加していくことが予想されています。

　現在、すでに外国人を雇用している企業にとって、彼らは事業の継続・発展に不可欠な存在になっています。一方、まだ外国人を雇用したことはなくても、深刻な労働力不足から、ぜひとも優秀な外国人材を採用したいと切望する中小企業も増えており、そうした産業界からの需要の高まりが今回の法改正につながりました。

　したがって、今後の日本において、外国人労働者受入れの流れはさらに高まっていくことはあっても止まることはないでしょう。ただし、労働市場としての日本の魅力が薄まれば外国人労働者は来日しなくなり、結果、流入する外国人は減るということも考えられます。

　以上、このような外国人労働者市場と政府の受入れ施策の方向を理解した上で、現在、日本に在留している外国人の現状について少し確認しておきたいと思います。

　次ページ**図表 1 － 1**の、在留外国人の「在留資格」（一般的に「ビザ」と呼ばれることが多い。外国人が日本に初めて上陸を許可される際に与えられる滞在資格）（➡**コラム①**）別の構成比を見ると、「永住者」と「特別永住者[*3]」（在日韓国人・朝鮮人・台湾人及びその子孫に付与されている在留資格）が合計109万2,984人と最も多く、次に「留学」（日本語学校や専門学校・大学などの留学生）、「技能実習[*4]」、代表的な就労系の在留資格である「技術・人文知識・国際業務」がそれらに続

　　らの出国、外国人の日本国在留に関する許可要件や手続き、在留資格制度、入国管理局の
　　役割、不法入国や不法在留に関する罰則等）、難民条約及び難民議定書に基づく難民認定
　　制度等を定めた法律。
*3　第二次世界大戦終戦後に日本国籍を離脱した、在日韓国人・朝鮮人・台湾人及びその
　　子孫に付与されている在留資格。通常の「永住」の在留資格を保持する外国人（一般永住者）
　　が、「在留カード」を交付されるのに対して、特別永住者に対しては、「特別永住者証明書」
　　が居住する市区町村役場により交付される。在留カードを交付される外国人と異なり、特
　　別永住者には特別永住者証明書を常時携帯する義務はない。一般の永住者などと同様「特
　　別永住者」には何ら就労制限はなく、日本人労働者とまったく同じ扱いで週28時間以上の
　　フルタイム、また風俗店等での雇用も可能。

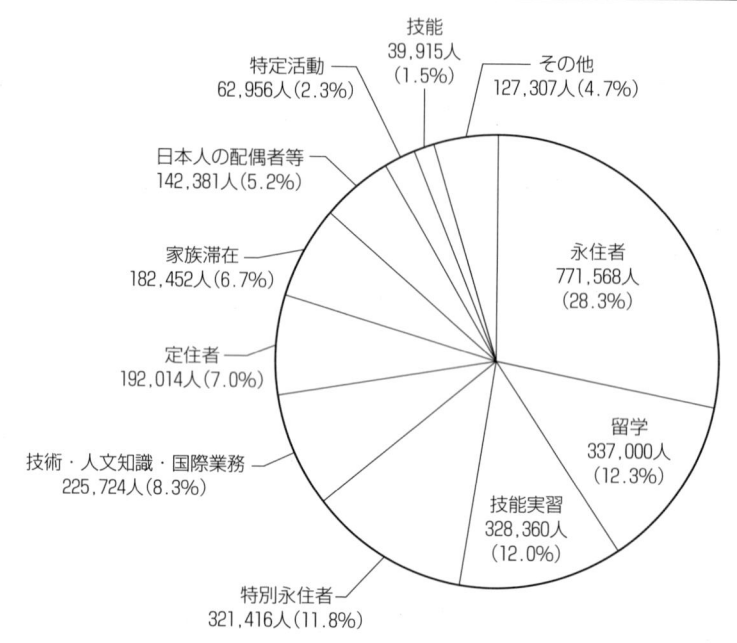

図表1-1 在留外国人の構成比（在留資格別）（2018年12月現在）

日本で生活をしている外国人数は273万1,093人・前年末比 6.6%増加

技能
39,915人
(1.5%)

特定活動
62,956人(2.3%)

その他
127,307人(4.7%)

日本人の配偶者等
142,381人(5.2%)

家族滞在
182,452人(6.7%)

定住者
192,014人(7.0%)

技術・人文知識・国際業務
225,724人(8.3%)

特別永住者
321,416人(11.8%)

永住者
771,568人
(28.3%)

留学
337,000人
(12.3%)

技能実習
328,360人
(12.0%)

〈出典〉 法務省「平成30年末現在における在留外国人数について」3頁・第2-2図（http://www.moj.go.jp/content/001289225.pdf）

きます。

　「永住者」と「特別永住者」やその配偶者・子、日本人の配偶者等（日本人の子も含む）・「定住者」（特別に一定期間の在留を認められた外国人、インドシナ難民、日系三世など）には、他の在留資格にあるような、従事する仕事内容に関する厳格な就労制限が一切なく、これらの在留資格を保持する外国人にはフルタイム・パートタイムでの就労、また飲食店での接客や工場のライン業務などの単純労働や風俗店等での就労も認められています。

───────────

＊4　外国の青年労働者を「技能実習生」として受け入れ、日本の産業や職業上の技術・技能・知識を働きながら習得してもらい、帰国後に習得した技術等を活かして母国の産業発展を担う「人づくり」を目的とした制度。この制度に基づく在留資格「技能実習」には「技能実習1号・2号・3号」の区分がある。

次ページ**図表1－2**を見ると、事業所に雇用されている外国人労働者146万468人のうち、最も多いのは「永住者」や「日本人の配偶者等」などの「身分に基づく在留資格」の保持者で全体の33.9％を占め、次に「資格外活動許可」（➡**コラム②**）を得てアルバイト等を行う留学生などが23.5％、技能実習生21.1％と続きます。

コラム①

Column

在留資格≠就労ビザ?!

外国人が日本に上陸を許可されたときに与えられる滞在資格を「在留資格」といいます。

全部で29種類（2019年4月現在）あり、日本に在留する外国人は全員全て、この29種類のうちのいずれか1種類の資格に該当して、就労し、勉強し、またはそれ以外の活動を行っています。

同時に2種類以上の資格を持っていたり、29種類の資格のどれにも当てはまらない「外国人」は存在しません（観光・商用目的等で滞在している短期滞在者や、仮放免・仮滞在の者は除く）。

ちなみに、世間一般ではこの在留資格を「ビザ」「就労ビザ」と呼ぶこともありますが、正確には「ビザ（査証）」と「在留資格」はまったく異なるものです。

在留資格には「永住者」や「日本人の配偶者等」のように、外国人本人の身分に基づく在留資格と、「高度外国人材」と呼ばれる、「技術・人文知識・国際業務」のような一定の専門分野で就労する外国人が保持する就労系の在留資格があります。

本書では、読者の理解に資するため、在留資格を「身分系の在留資格」や「就労系の在留資格」（就労ビザ）と表現している場合がありますので、ご注意ください。

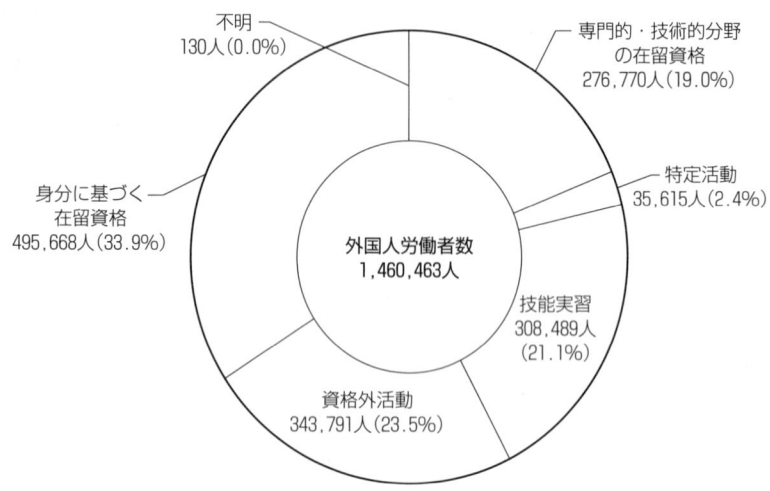

図表1-2 在留資格別外国人労働者の割合（2018年10月現在）

雇用されている外国人労働者数は146万463人・前年同期比14.2%増加

不明
130人(0.0%)

専門的・技術的分野
の在留資格
276,770人(19.0%)

特定活動
35,615人(2.4%)

身分に基づく
在留資格
495,668人(33.9%)

外国人労働者数
1,460,463人

技能実習
308,489人
(21.1%)

資格外活動
343,791人(23.5%)

〈出典〉　厚生労働省（「「外国人雇用状況」の届出状況まとめ（平成30年10月末現在）」別添2・4頁・図3（https://www.mhlw.go.jp/content/11655000/000472892.pdf）

　なお、「専門的・技術的分野の在留資格」とされ、「技術・人文知識・国際業務」をはじめとする、いわゆるホワイトカラー職の業務を行う、高度外国人材は19.0％です。

　ちなみに、「身分に基づく在留資格」以外の区分（留学生等の資格外活動・技能実習生・専門的・技術分野の労働者）全てにおいて、前年同期比でその割合は増加しています。このことからも、近年の政府方針に沿って、従来の高度外国人材に限定しない、広い分野からの外国人材の受入れが着実に進んでいることがわかります。

　また、職種や就労時間に制限のない、「永住者」などの「身分に基づく在留資格」の保持者についても、後掲の**図表1-3**からもわかるとおり、前年比率（35.9％）こそマイナス2％であるものの、人数では前年（45万9,132人）から3万人以上増加しています。これまでの、主に言語面の問題で就労が難しかっ

た状況が、昨今の人手不足によって改善され、彼らの多くが労働市場に参入してきているのです。このことも、外国人労働者の増加の要因の1つになっているのではないかと思います。

在留外国人労働者の出身国は、1. 中国（38万9,117人／全体の構成比26.6%）、2. ベトナム（31万6,840人／21.7%）、3. フィリピン（16万4,006人／11.2%）の3か国で全体の約6割を占めます（**図表1－4**）。

1位の中国の場合、「永住者」や「日本人の配偶者等」などの「身分に基づく在留資格」の保持者と、高度外国人材として代表的な就労系の在留資格である「技術・人文知識・国際業務」などの、いわゆる「就労ビザ」の保持者がそれぞれ約10万3千人ずつを占めています。2位のベトナムは、「技能実習」が全体の45.1%（14万2,883人）、「資格外活動」（留学生のアルバイト）が39.4%（12

コラム② *Column*

資格外活動許可とは

あらかじめ許可されている在留資格に応じた活動以外に、収入を伴う事業活動や報酬を受ける就労活動を行おうとする場合に入国管理局からあらかじめ受けておく許可を「資格外活動許可」といいます。

留学生や就職活動中の卒業者、在留資格「家族滞在」を持つ外国人が受ける許可がこの代表です。資格外活動許可を受けている外国人の場合、週28時間以内の稼働時間内で、かつ、風俗店等以外の職場に限り、単純労働を含むアルバイト就労が可能です。

たとえば、日本の大学等に通学する留学生が制限時間以内で飲食店やコンビニエンスストアでアルバイトをする場合などが該当します。

違反をすると、資格外活動罪に処され、違反行為の程度によって1年以下の懲役もしくは禁錮または200万円以下の罰金、あるいは3年以下の懲役もしくは禁錮または300万円以下の罰金が科されます（入管法第73条）。

外国人労働者数は5年連続、過去3年では毎年10万〜20万人の割合で増加を続けている

（単位：千人）

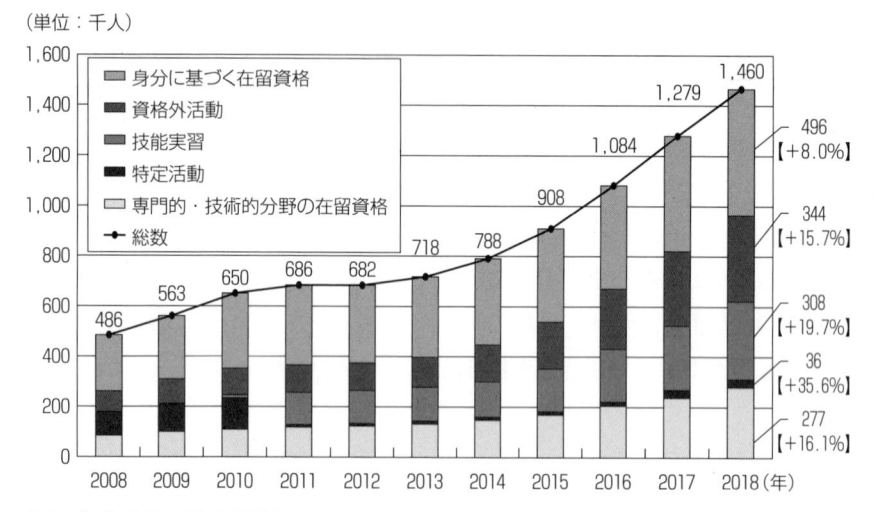

注1：【 】内は、前年同期比を示している。
注2：「専門的・技術的分野の在留資格」とは、就労目的で在留が認められるものであり、経営者、技術者、研究者、外国料理の調理師等が該当する。
注3：「身分に基づく在留資格」とは、我が国において有する身分又は地位に基づくものであり、永住者、日系人等が該当する。
注4：「特定活動」とは、法務大臣が個々の外国人について特に指定する活動を行うもの。
注5：「資格外活動」とは、本来の在留目的である活動以外に就労活動を行うもの（原則週28時間以内）であり、留学生のアルバイト等が該当する。
〈出典〉 厚生労働省「「外国人雇用状況」の届出状況まとめ（平成30年10月末現在）」別添2・2頁・図1（https://www.mhlw.go.jp/content/11655000/000472892.pdf）

万4,988人）、3位のフィリピンについては「永住者」や「日本人の配偶者等」などの保持者が圧倒的に多く、71.4％（11万7,125人）となっています。

　つまり、在留する外国人労働者で最も多い中国人の内訳は、高度外国人材と呼ばれるホワイトカラー職と永住者などが各々ほぼ半数ずつ、2位のベトナム人は技能実習生が4割強で最も多く、留学生も4割を占めていて高度外国人材はまだようやく1割程度です。また、3位であるフィリピン人の7割は「永住者等」の身分系の在留資格を保持しており、高度外国人材については6％（9,827人）となっています。

図表1-4 国籍別外国人労働者の推移（2018年10月現在）

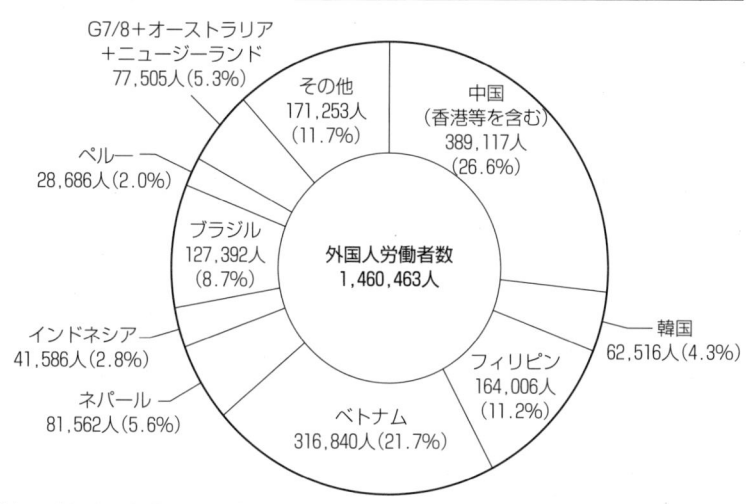

外国人の国籍は中国・ベトナム・フィリピンの３か国で約６割を占め、
増加率のトップはベトナム

G7/8＋オーストラリア
＋ニュージーランド
77,505人（5.3%）

その他
171,253人
（11.7%）

中国
（香港等を含む）
389,117人
（26.6%）

ペルー
28,686人（2.0%）

ブラジル
127,392人
（8.7%）

外国人労働者数
1,460,463人

インドネシア
41,586人（2.8%）

韓国
62,516人（4.3%）

ネパール
81,562人（5.6%）

フィリピン
164,006人
（11.2%）

ベトナム
316,840人（21.7%）

〈出典〉 厚生労働省「「外国人雇用状況」の届出状況まとめ（平成30年10月末現在）」別添２・
３頁・図２（https://www.mhlw.go.jp/content/11655000/000472892.pdf）

　ただし、前年同期比で見る国籍別の増加率はというと、2018年10月末時点で、
１位ベトナム（７万6,581人／31.9%増）、２位インドネシア（7,427人／21.7%増）、
３位ネパール（１万2,451人／18.0%増）です。

　特に近年、増加率が目立つのがベトナムで、過去３年を見ると毎年、前年同
期比で30〜50%の増加率を記録しています。ベトナムからの技能実習生と留学
生が激増していることがこのデータからもわかります。

　次ページ**図表1-5**と**図表1-6**からわかることは、全国の外国人労働者を
雇用している事業所21万6,348社のうち、最も多く雇用している産業は製造業
の21.4%（４万6,254か所）で、卸売業、小売業17.0%（３万6,813か所）、宿泊業、
飲食サービス業14.5%（３万1,453か所）と続いています。前年同期比で微減の
製造業と卸売業、小売業に比べ、宿泊業、飲食サービス業と建設業はそれぞれ、
0.2%、0.8%ずつ微増しています。

図表1−5 産業別外国人雇用事業所の割合（2018年10月現在）

外国人雇用を多くしている産業は製造、卸売・小売、宿泊・飲食サービス

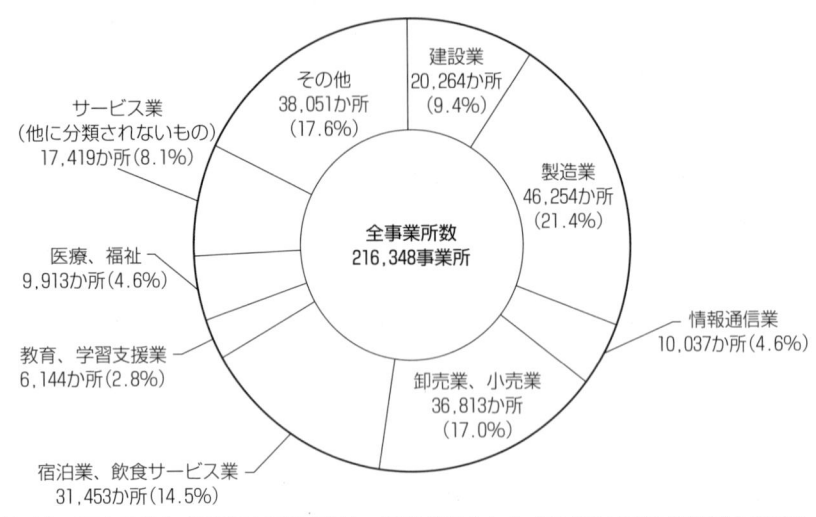

〈出典〉 厚生労働省「「外国人雇用状況」の届出状況まとめ（平成30年10月末現在）」別添2・5頁・図5（https://www.mhlw.go.jp/content/11655000/000472892.pdf）

　また、外国人就業者数が多い産業も、1位が製造業の29.7％（43万4,342人）です。2位にサービス業（他に分類されないもの）15.8％（23万510人）、卸売業、小売業と宿泊業、飲食サービス業が12.7％（18万6,061人／18万5,050人）と同率で並んでいます。

　ここから見ても、いずれの割合でもトップの製造業においては技能実習生が、卸売業、小売業と宿泊業、飲食サービス業をはじめとする各種サービス業では留学生（資格外活動）が中心となって外国人雇用率を高めていることがわかります。

　外国人を雇用する全国の事業所21万6,348事業所のうち、事業所規模を見ると、トップは従業員数「30人未満」の事業所です（58.8％）。次に「30〜99人」の18.5％と続き、500人以上の大企業は4.0％（8,546か所）となっています（**図表1−7**）。

　「30人未満」の事業所については、前年同期比で13.8％増と全ての規模の事

図表 1 − 6 産業別外国人労働者数 （2018年10月現在）

外国人労働者が多い産業は製造、サービス業、卸売・小売、宿泊・飲食サービス

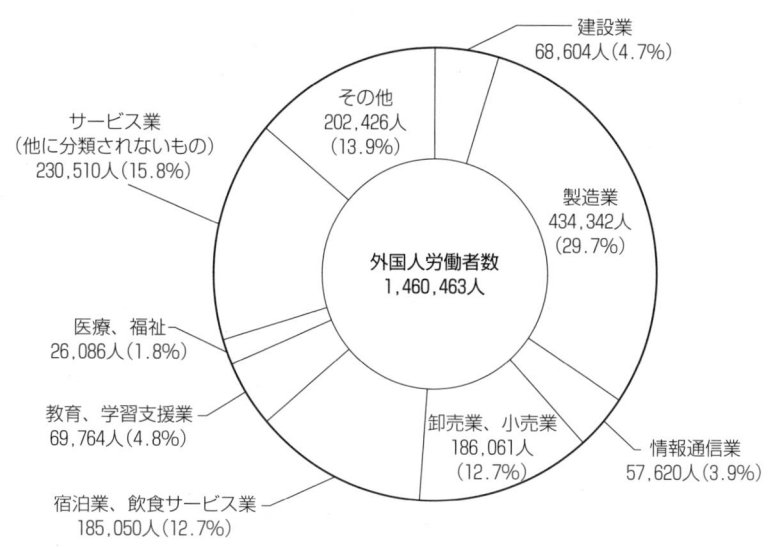

建設業
68,604人(4.7%)

その他
202,426人
(13.9%)

サービス業
（他に分類されないもの）
230,510人(15.8%)

製造業
434,342人
(29.7%)

外国人労働者数
1,460,463人

医療、福祉
26,086人(1.8%)

教育、学習支援業
69,764人(4.8%)

卸売業、小売業
186,061人
(12.7%)

情報通信業
57,620人(3.9%)

宿泊業、飲食サービス業
185,050人(12.7%)

〈出典〉 厚生労働省「「外国人雇用状況」の届出状況まとめ（平成30年10月末現在）」別添2・8頁・図8 − 1 （https://www.mhlw.go.jp/content/11655000/000472892.pdf）

業所において最も高い増加率です。製造業や建設業など技能実習生を雇用する事業所、サービス業で留学生などを雇用する事業所は一般的に事業規模が小さいためにこのような結果になっているものと思われます。

　ただし、2019年4月にスタートした改正入管法で、在留資格「特定技能（1号・2号）*5」が創設されたことによって、これまでは正規の就労ビザが取得できなかった産業分野の製造業・建設業・宿泊業など14業種において、外国人雇

---

*5　改正入管法に基づいて創設された新しい在留資格。労働力不足が著しい14業種において、これまで就労系の在留資格（就労ビザ）では従事することができなかった特定産業分野で一定の労働作業を行う外国人労働者に付与される。条件を満たせば、建設業、造船・舶用工業をはじめとした14業種において雇用が可能。ただし「特定技能2号」については、2019年4月時点で受入れが決まっているのは、建設業、造船・舶用工業の2業種で、他の12業種については当面2号の受入れは予定されていない（Q1 − 2）。

図表1−7 事業所規模別外国人雇用事業所の割合（2018年10月現在）

外国人雇用者が多い事業所規模は（30人未満）の事業所で前年から13.8%の増加

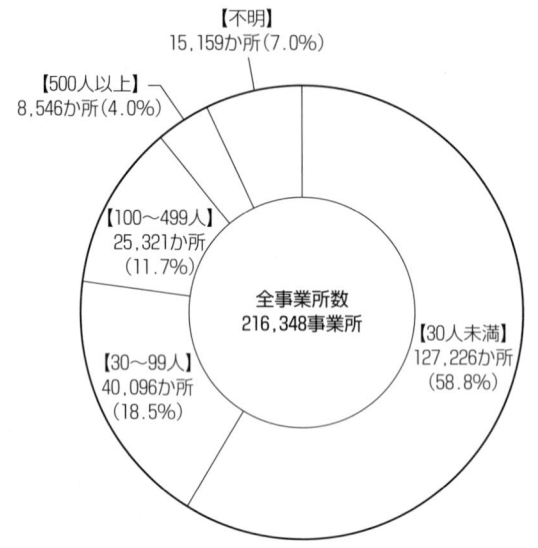

〈出典〉 厚生労働省「「外国人雇用状況」の届出状況まとめ（平成30年10月末現在）」別添2・6頁・図6（https://www.mhlw.go.jp/content/11655000/000472892.pdf）

用が可能になりました。したがって、来年度以降、いずれの企業規模の事業所においても、外国人雇用者数はさらに増加していくことが予想されます。

外国人労働者が多い都道府県の上位は、1位東京で労働者全体の30%（43万8,775人）を占め、2位愛知（10.4%／15万1,669人）、3位大阪（6.2%／9万72人）となっており、やはり外国人労働者が大都市圏に集中していることが明らかです（**図表1−8**）。一方、前年同期比の増加率で見ると、1位熊本（31.2%増／1万155人）、2位大阪（24.7%増／9万72人）、3位鹿児島（23.8%増／6,862人）で、東京は11.1%増となっています。

このように、求人数が多く賃金の高い大都市圏に外国人が集中する問題点については、政府もあらゆる施策を検討しているようですが、現時点で有効な解決策はまだ実行されていません。

図表 1 - 8 都道府県別外国人労働者数（2018年10月現在）

外国人雇用者数は東京・愛知・大阪がトップ3で増加率は熊本・大阪・鹿児島

（単位：所、人）

	外国人労働者数		構成比 (注2)		外国人労働者数		構成比 (注2)
		うち派遣・請負労働者 [比率] (注1)				うち派遣・請負労働者 [比率] (注1)	
全国計	1,460,463	309,470 [21.2%]	100.0%	24 三　重	27,464	10,031 [36.5%]	1.9%
1 北海道	21,026	796 [3.8%]	1.4%	25 滋　賀	17,238	8,063 [46.8%]	1.2%
2 青　森	3,137	26 [0.8%]	0.2%	26 京　都	17,436	1,940 [11.1%]	1.2%
3 岩　手	4,509	201 [4.5%]	0.3%	27 大　阪	90,072	14,573 [16.2%]	6.2%
4 宮　城	11,001	909 [8.3%]	0.8%	28 兵　庫	34,516	5,106 [14.8%]	2.4%
5 秋　田	1,953	9 [0.5%]	0.1%	29 奈　良	4,116	489 [11.9%]	0.3%
6 山　形	3,754	320 [8.5%]	0.3%	30 和歌山	2,395	171 [7.1%]	0.2%
7 福　島	8,130	1,221 [15.0%]	0.6%	31 鳥　取	2,755	67 [2.4%]	0.2%
8 茨　城	35,062	6,899 [19.7%]	2.4%	32 島　根	4,297	1,257 [29.3%]	0.3%
9 栃　木	24,016	8,965 [37.3%]	1.6%	33 岡　山	16,297	1,621 [9.9%]	1.1%
10 群　馬	34,526	13,775 [39.9%]	2.4%	34 広　島	31,851	3,610 [11.3%]	2.2%
11 埼　玉	65,290	13,083 [20.0%]	4.5%	35 山　口	7,723	787 [10.2%]	0.5%
12 千　葉	54,492	7,579 [13.9%]	3.7%	36 徳　島	4,389	221 [5.0%]	0.3%
13 東　京	438,775	80,438 [18.3%]	30.0%	37 香　川	8,703	830 [9.5%]	0.6%
14 神奈川	79,223	15,353 [19.4%]	5.4%	38 愛　媛	8,376	1,241 [14.8%]	0.6%
15 新　潟	8,918	926 [10.4%]	0.6%	39 高　知	2,592	186 [7.2%]	0.2%
16 富　山	10,334	2,078 [20.1%]	0.7%	40 福　岡	46,273	7,948 [17.2%]	3.2%
17 石　川	9,795	2,585 [26.4%]	0.7%	41 佐　賀	5,258	461 [8.8%]	0.4%
18 福　井	8,651	2,890 [33.4%]	0.6%	42 長　崎	5,433	274 [5.0%]	0.4%
19 山　梨	6,910	2,255 [32.6%]	0.5%	43 熊　本	10,155	667 [6.6%]	0.7%
20 長　野	17,923	3,738 [20.9%]	1.2%	44 大　分	6,254	562 [9.0%]	0.4%
21 岐　阜	31,279	9,966 [31.9%]	2.1%	45 宮　崎	4,144	77 [1.9%]	0.3%
22 静　岡	57,353	26,720 [46.6%]	3.9%	46 鹿児島	6,862	464 [6.8%]	0.5%
23 愛　知	151,669	46,960 [31.0%]	10.4%	47 沖　縄	8,138	1,132 [13.9%]	0.6%

注1　「うち派遣・請負労働者［比率］」欄は、労働者派遣・請負事業を行っている事業所に就労している外国人労働者数及び当該都道府県の外国人労働者数に対する比率を示す。

注2　「構成比」欄は、事業所総数及び外国人労働者総数（全国計）に対する、各都道府県の事業所数及び外国人労働者数の比率を示す。また、各都道府県の構成比の数値は四捨五入しているため、合計が100%にならない場合がある。

〈出典〉　厚生労働省「「外国人雇用状況」の届出状況まとめ（平成30年10月末現在）」別添3・別表2　(https://www.mhlw.go.jp/content/11655000/000472893.pdf)

Q12 入管法の改正で何が変わったのですか？

A

国内の労働力不足を補う目的で、在留資格「特定技能1号」と「特定技能2号」が新設され、従来の就労ビザでは外国人労働者は従事できなかった一定の労働作業が、14業種の一定の職務範囲内で行えるようになりました。新在留資格を取得するためには、外国人労働者は職種に関する技能評価試験や日本語能力試験に合格すること（技能実習2号修了者はいずれも免除）、雇用主には外国人労働者に対する支援計画の策定・実施が義務化されています。

1 「特定技能1号」「特定技能2号」の創設

2019年4月に施行された改正出入国管理・難民認定法（以下「改正入管法」という）では、人手不足が著しい特定の14業種に限定し、外国人労働者の受入拡大を図るため、新しい在留資格（就労ビザ）が創設されました。

創設された在留資格は「特定技能1号」「特定技能2号」とされ、この在留資格の下、**図表1-9**にあるとおり、14業種の労働現場において、外国人はこれまで従事できなかった一定の労働作業を行えるようになりました。

ただし、「特定技能1号」で従事する業務については「（特定産業分野に属する）**相当程度の知識又は経験を必要とする技能を要する業務**」、「特定技能2号」は「（特定産業分野に属する）**熟練した技能を要する業務**」と定義されていて、14業種内の労働現場だからといって、どのような作業でも無条件で行っていいわけではありません。

事業所が外国人を、「特定技能1号・2号」で雇用しようとする場合、入管

図表 1 - 9 特定技能 1 号・特定技能 2 号の概要（2019年 5 月執筆時）

分　野	【特定技能 1 号】今後 5 年間の受入れ予定数	【特定技能 2 号】今後 5 年間の受入れ予定数	在留期間の制限と永住申請の可否
① 建設業	3 万〜 4 万人		〈特定技能〉 1 号：最長 5 年（更新必要） 2 号：3 年／ 1 年／ 6 月（更新可） 〈永住申請〉 1 号：不可 2 号：可
② 造船・舶用工業	1 万〜 1 万3,000人		
③ 介護業	5 万〜 6 万人	③〜⑭業種について、当面、特定技能 2 号の受入れ予定はなし	③〜⑭は特定技能 1 号のため最長 5 年（更新必要）永住申請は不可
④ 外食業	4 万1,000〜 5 万3,000人		
⑤ ビルクリーニング業	2 万8,000〜 3 万7,000人		
⑥ 農業	1 万8,000〜 3 万6,500人		
⑦ 飲食料品製造業	2 万6,000〜 3 万4,000人		
⑧ 宿泊業	2 万〜 2 万2,000人		
⑨ 素形材産業	1 万7,000〜 2 万1,500人		
⑩ 漁業	7,000〜9,000人		
⑪ 自動車整備業	6,000〜7,000人		
⑫ 産業機械製造業	4,250〜5,250人		
⑬ 電気・電子情報関連産業	3,750〜4,700人		
⑭ 航空業	1,700〜2,200人		

法で厳格に決められた職種の範囲内でのみ就労させることが可能です。また、制度の内容と運用が、従来の一般的な就労系の在留資格（「技術・人文知識・国際業務」）などと比べて、複雑なものになっていることもあり、雇用主企業には関係機関に支払う費用などの金銭的コストや、厳格な関係法令遵守義務など重い負担が課されます。それでも不足する人材を補うために、外国人労働者を雇用したいと切望する企業は多く、改正入管法は人手不足に苦しむ多くの産業

から歓迎されているようです。

　このように、日本政府が外国人労働者拡大に舵を切った要因は、言うまでもなく国内の労働力人口の減少による深刻な人手不足です。

　現在の有効求人倍率は1.63倍（厚生労働省「一般職業紹介状況（平成31年4月分）について」）で、163件の求人に対し100人の労働者しか充足できていない厳しい状況です。また、この労働力不足は一時的な問題ではなく、日本人の労働力人口は今後、2040年までの間に毎年十数万～百万人単位で不足すると予測されています（総務省：生産性人口の減少／2017年）。

　これは、国内の高齢者や女性の活用だけで補える数字ではありません。したがって、このような労働者人口の減少と政府の施策推進によって、今後も外国人を雇用する企業はますます増加していくことが予想されます。

2 「特定技能1号・2号」で外国人が従事できる職務

　14業種の産業分野では、外国人が在留資格「特定技能1号」「特定技能2号」を取得して、一定の労働業務に従事することが認められました。ただし、前述のとおり、全ての職種がその対象になるわけではありません。また「特定技能2号」を取得できるのは当面、建設業と造船・舶用工業の2業種に限定されています。

　図表1−10では、各業種において「特定技能1号」「特定技能2号」の保持者が従事できる職務内容の概要や取得要件、雇用形態や所轄省庁をまとめています。

　また、Q3−18では、特定技能1号の外国人を雇用する方法について解説していますので、併せて確認してください。

図表 1 −10 特定技能 1 号・特定技能 2 号で外国人雇用が認められる14業種の職務内容ほか（2019年 5 月執筆時）

※　現時点で「特定技能 2 号」付与の対象となっているのは①建設業と②造船・舶用工業のみ。

分野	従事できる職務	「特定技能」取得に必要な外国人材基準【18歳以上であること・学歴不問】	求められる雇用形態	所轄省庁
① 建設業	型枠施工・左官・コンクリート圧送・トンネル推進工・建設機械施工・土工・屋根ふき・電気通信・鉄筋施工・鉄筋継手・内装仕上げ／表装	〈特定技能 1 号〉 ・「技能実習 2 号」を良好に修了した日本在留中の外国人 または帰国済みの外国人 または ・分野ごとの特定技能 1 号評価試験に合格すること ・日本語能力判定試験（仮称）に合格すること 〈特定技能 2 号〉 分野ごとの特定技能 2 号評価試験等に合格すること ・班長等の監督者としての実務経験（ 1 〜 3 年程度） 日本語試験はなし	直接雇用	国土交通省
② 造船・舶用工業	溶接・塗装・鉄工・仕上げ・機械加工・電気機器組立			
③ 介護業	身体介護のほか、これに付随する支援業務 ※　介護施設利用者の入浴・食事・排せつの介助・機能訓練の補助やレクリエーションの実施等。訪問介護サービス業務には従事できない。	〈特定技能 1 号〉 ・「技能実習 2 号」を良好に修了した日本在留中の外国人 または帰国済みの外国人 または ・分野ごとの特定技能 1 号評価試験に合格すること ・日本語能力判定試験（仮称）に合格すること 〈特定技能 2 号〉 当面受入れ予定なし	直接雇用	厚生労働省
④ 外食業	外食業全般（飲食物調理・接客・店舗管理）		直接雇用	農林水産省
⑤ ビルクリーニング業	建築物内部の清掃		直接雇用	厚生労働省
⑥ 農業	耕種農業全般（栽培管理・農産物の集出荷・選別等）・畜産農業全般（飼養管理・畜産物の集出荷・選別等）		直接雇用または派遣	農林水産省

分野	従事できる職務	「特定技能」取得に必要な外国人材基準【18歳以上であること・学歴不問】	求められる雇用形態	所轄省庁
⑦ 飲食料品製造業	飲食料品製造業全般（飲食料品（酒類を除く）の製造・加工、安全衛生）		直接雇用	農林水産省
⑧ 宿泊業	フロント・企画・広報・接客・レストランサービス等の宿泊サービスの提供	〈特定技能1号〉・分野ごとの特定技能1号評価試験に合格すること・日本語能力判定試験（仮称）に合格すること〈特定技能2号〉当面受入れ予定なし	直接雇用	国土交通省
⑨ 素形材産業	鋳造・鍛造・ダイカスト・機械加工・金属プレス加工・仕上げ・工場板金・めっき・アルミニウム陽極酸化処理・機械検査・機械保全・塗装・溶接		直接雇用	経済産業省
⑩ 漁業	漁業（漁具の製作・補修、水産動植物の探索、漁具・漁労機械の操作、水産動植物の採捕、漁獲物の処理・保蔵、安全衛生の確保等）養殖業（養殖資材の制作・補修・管理、養殖水産動植物の育成管理・収獲（穫）・処理、安全衛生の確保等）	〈特定技能1号〉・「技能実習2号」を修了した日本在留中の外国人または帰国済みの外国人または・分野ごとの特定技能1号評価試験に合格すること・日本語能力判定試験（仮称）に合格すること〈特定技能2号〉当面受入れ予定なし	直接雇用または派遣	農林水産省
⑪ 自動車整備業	自動車の日常点検整備・定期点検整備・分解整備			国土交通省
⑫ 産業機械製造業	鋳造・鍛造・ダイカスト・機械加工・塗装・鉄工・工場板金・めっき・仕上げ・機械検査・機械保全・		直接雇用	経済産業省

分野	従事できる職務	「特定技能」取得に必要な外国人材基準【18歳以上であること・学歴不問】	求められる雇用形態	所轄省庁
	工業包装・電子機器組立・電気機器組立・プリント配線板製造・プラスチック形成・金属プレス加工・溶接	〈特定技能1号〉・「技能実習2号」を修了した日本在留中の外国人または帰国済みの外国人または・分野ごとの特定技能1号評価試験に合格すること・日本語能力判定試験（仮称）に合格すること〈特定技能2号〉当面受入れ予定なし	直接雇用	経済産業省
⑬ 電気・電子情報関連産業	機械加工・金属プレス加工・工場板金・めっき・仕上げ・機械保全・電子機器組立・電気機器組立・プリント配線板製造・プラスチック形成・塗装・溶接・工業包装			
⑭ 航空業	空港グランドハンドリング（地上走行支援業務・手荷物や貨物取扱業務等）・航空機整備（機体・装備品等の整備業務等）			国土交通省

3 労働者は試験合格・雇用主は支援計画の策定・実施が要件

　「特定技能1号」を取得すれば、すでに日本に在留している外国人、現在は海外にいる外国人を呼び寄せて雇用することも可能です。ただし、各業種で「特定技能1号」を取得するためには、日本在留中の外国人・海外にいる外国人のいずれの場合であっても、**図表1−10**のとおり、業務ごとに行われる技能評価試験と日本語能力検定試験（4級以上）などの日本語試験に合格しなければいけません。

　なお、国内在留者の場合で「技能実習2号」を良好に修了した外国人、また、現在は帰国していても、過去に「技能実習2号」を良好に修了している外国人

は、技能試験や日本語試験を受験する必要はなく、無試験で取得が可能です。

　ちなみに、当面は建設業と造船・舶用工業の2業種で受入れが予定されている「特定技能2号」については、技能評価試験の開始が2021年度であることと、技能試験合格に加えて1〜3年程度の監督者としての実務経験が併せて取得要件とされていることから、合格者が現れるのは当面先になると見込まれています。ただし、建設業については、既存の技能試験が受験可能であることから、これに合格することによって、2021年を待たずして特定技能2号の取得者が誕生することになりそうです。

　一方、「特定技能1号」の外国人労働者を雇用する企業や事業所は、制度上「受入れ機関」と呼ばれ、外国人労働者の保護と適正な雇用管理が義務化されています。たとえば、雇用契約の締結においては、日本人労働者と同等額の給与を支払うことや外国人労働者が一時帰国を希望した場合には帰国休暇を取得させることなどを明記しておかなければいけません（**特定技能雇用契約の締結**）。

　また、「特定技能1号」の外国人を雇用する事業所は、労働者保護のために**1号特定技能外国人支援計画**の策定と実施が義務化されています。ただし、マンパワー不足等により、自社による計画の実施が困難な中小企業等の場合は、今回の改正入管法で新設された、**登録支援機関**に計画の全部の実施を委託することもできます。

4　「特定技能」創設で企業が受けるメリット

　産業界にとって、今回の法改正の最も大きなメリットは、これまでかなわなかった一定の労働作業現場における外国人労働者の雇用が実現したことです。従来の、いわゆる就労ビザと呼ばれる在留資格を持つ外国人労働者は「高度外国人材」と呼ばれ、入管法上、彼らの就労が許可される職種は「専門的・技術的分野」のホワイトカラー職に限られていて、「特定技能」で許可されている労働業務を行うことはできません。

　これまでは、留学生が短時間アルバイトという形でコンビニや飲食店等で、また、農業や建設業等では技能実習生が「技能・技術・知識」を学び実習する

という名目で、一定の単純労働現場における人手不足を補ってくれていました。しかし、留学生の日本在留の目的はあくまで学業であるため、入管法は週28時間以内の稼働時間しか認めておらず、雇用側は規定の労働時間を超えて就労させることはできません。また、技能実習制度の下、単純労働業務を担ってくれる技能実習生についても、在留期間が最長5年と決められているので、5年経過後はそれ以上の就労・在留は認められず、帰国させなければいけません。いずれにしても、長期間安定的に人手不足を補ってくれる存在ではありませんでした。

　しかし、「特定技能」の場合、1号は最長の在留期間が5年とされているものの、技能実習生として3年以上の経験があればそのまま「特定技能1号」に移行することが可能なので、技能実習の最長在留期間5年に加えて特定技能1号の5年で合計10年間就労できます。

　さらにその後、「特定技能1号」から「特定技能2号」に移行できる業種の場合は、無期限の就労が可能になります（特定技能2号の在留期間は期間更新について更新回数の制限がないため、更新されれば在留期間は無期限）。

　このように、雇用主企業にとって、今回の法改正で創設された「特定技能」で雇用する外国人は長期の継続雇用が可能であることから、人手不足に苦しむ産業・企業から慢性的な労働力不足を解消してくれる人材として期待されているのです。

5 増加する外国人労働者と共生していくために

　現在、国内で働く外国人労働者は毎年約20万人ずつ増加しています。加えて、在留資格「特定技能」の新設により単純計算すると、今後5年の間だけ見てもさらに125万人以上の外国人労働者が増える見込みです。

　しかし、今のところ受け入れる企業側と、彼らが生活をする私達日本社会において十分な受入れ準備が整っているとは言い難いのではないでしょうか。これまでにないペースで増えていく外国人労働者と共生していくために、労働現場である企業側では日本の商慣習や日本語教育、生活基盤となる日本社会にお

いては、帯同する家族も含めた日本語教育や生活上のルールを理解してもらう取組みなど、様々なサポートが必要になるでしょう。一方、大量の外国人を受入れる私達日本人の側にも、外国人労働者の大量流入による将来の雇用不安や賃金の押し下げ、健康保険や年金等社会保障の負担増等に関する懸念が生じてくるのは当然のことです。

　こうした問題や懸念を、官民一体となって取り除く努力を重ねつつ、今回の入管法改正が日本社会に参入する外国人労働者と、受け入れる日本人双方に良い結果をもたらすよう、官民・日本人・外国人が共に努力していく必要があるでしょう。

　なお、本書では、主に従来の「専門的・技術的分野の高度外国人材」と呼ばれる外国人が保持する在留資格「技術・人文知識」などについて解説しているため、在留資格「特定技能」については制度の概要の解説に留めています。

　特定技能に関する詳細をご希望の読者におかれては、専門書や以下の管轄省庁ウェブサイトなどを参考にしてください。

> ☞ 法務省「新たな外国人材の受入れ及び共生社会実現に向けた取組（在留資格「特定技能」の創設等）」(http://www.moj.go.jp/nyuukokukanri/kouhou/nyuukokukanri01_00127.html)

Q1-③ 技能実習制度とは何ですか？

A

外国の青年労働者を実習生として受け入れ、日本の産業や職業上の技術・技能・知識を働きながら習得してもらい、帰国後に習得した技術などを活かして母国の産業発展を担う、「人づくり」を目的とした制度です。この制度に基づく在留資格「技能実習」には「技能実習1号・2号・3号」の区分があり、「技能実習2号」を良好に修了した外国人は、Q1-2で解説した新在留資格「特定技能1号」に変更（すでに修了して帰国済みの場合は招へい）することが可能です。

1 技能の海外移転が目的の制度で、在留資格「技能実習1号、2号、3号」から成る

　技能実習制度とは、主に開発途上国からの外国人を受け入れ、一定期間日本国内の企業などで、職業上の技能・技術・知識（以下「技能」という）を学ばせ、彼らが母国に帰国した後、その習得した技能を本国で活用することにより技能の移転を図り、開発途上国の発展に寄与することを目的として1993年に創設された制度です。

　技能実習を行う外国人の活動は、①「技能実習1号、イ・ロ」（滞在可能な在留期間は最大1年）、②「技能実習2号、イ・ロ」（同2年）と③「技能実習3号、イ・ロ」（同2年）の6種類に分かれています。

　来日1年目の「技能実習1号」の技能実習生は、来日直後に2か月間の講習（座学）を受講して、その後、各自個別の企業で10か月の実習を行います。これらの実習が終わり、法律に規定された学科試験と実技試験に合格した技能実

習生は、出入国在留管理局で在留資格変更（ビザ変更）の許可を得た上で、「技能実習2号」に移行し、さらに2年間の実習（労働）を続けることができます。

加えて、「外国人の技能実習の適正な実施及び技能実習生の保護に関する法律」（以下「技能実習法」という）という法律が2017年11月に施行され、さらに「技能実習3号」（最長2年）が追加されました。

これによって、それまでの合計3年から5年に、外国人技能実習生が就労できる期間が延長されたのです。しかし、技能実習生2号あるいは3号として働く場合、どんな分野、職種でも就くことができるのかというとそうではありません。

2 技能実習2号への対象職種

技能実習1号を終えた後、2号に移行して就労できる職種（受入企業が技能実習生を雇用してよい職種）は、法定の80職種144作業（2019年5月28日時点／随時増減あり）に限定されています。

その分野は以下のとおりです。

① 農業
　　2職種6作業（施設園芸・畑作・野菜・果樹・養豚・養鶏・酪農）
② 漁業／養殖業
　　2職種9作業（かつお一本釣り漁業・延縄漁業・いか釣り漁業・まき網漁業・ひき網漁業・刺し網漁業・定置網漁業・かに、えびかご漁業・ほたてがい・まがき養殖）
③ 建設業
　　22職種33作業（さく井・建設板金・冷凍空気調和機器施工・建具制作・建築大工・枠型施工・鉄筋施工・とび・石材施工・タイル張り・かわらぶき・左官・配管・熱絶縁施工等）
④ 食品製造
　　11職種16作業（缶詰巻締・食鳥処理加工・加熱性水産加工・ハム・ソーセージ・ベーコン・パン・惣菜製造等）
⑤ 繊維・衣服
　　13職種22作業（紡績運転・織布運転・染色・ニット加工等）

⑥　機械・金属
　　　15職種29作業（鋳造・鍛造・機械加工・ダイカスト等）

⑦　その他
　　　14職種26作業（家具製作・印刷・溶接・塗装・ビルクリーニング・自動車整備・介護等）

※　上記7分野に、社内検定型の職種として「空港グランドハンドリング業務」（1職種3作業：航空機地上支援・航空貨物取扱・客室清掃業務）を含む。

　企業は、これら80職種144作業の職種・作業以外で、外国人を技能実習生（2号・3号）として雇用することはできません（一部、技能実習3号に移行できない職種や作業あり）。

　なお、これら法定の職種や作業内容で技能実習生を雇用したいと希望する企業などで、技能実習制度を利用するのが初めてであり、手続きに関する知識が全くないという場合は、日本政府の所管団体である**公益財団法人 国際研修協力機構**（JITCO/ ジッコ）に問い合わせをするといいでしょう。

　この団体は、外国人技能実習生の受入れ・手続き・送出し・人材育成・実習生保護などを目的に1991年に設立された団体です。企業個別の事情に応じた相談対応から始まり、手続きの案内やサポートまで、技能実習生受入れに関するあらゆるサポートを行っています。

３ 技能実習制度は「企業単独型」と「団体監理型」の２種類

　外国人技能実習生を受け入れる方法には、2つの方法があります。1つは「**企業単独型**」で、実習生を受け入れる日本側の企業が、海外の現地法人や合弁企業・取引先の職員などを呼び寄せて技能実習を行う方法です。

　たとえば、大企業の日本本社が途上国の現地法人の幹部候補生を招へいして実習を行い、技能を習得した実習生が母国に帰国、現地法人の中核スタッフとして活躍する…などのケースが該当します。ただし、この、主に大企業が利用する企業単独型という方法を利用して来日する実習生は少なく、技能実習生全体のわずか3.4％（2017年末データ・JITCO）程度です。

一方、残り96.6％の実習生は、もう１つの「**団体監理型**」という受入れ方法によって来日します。

　団体監理型は、国内の商工会議所や中小企業団体などの「**監理団体**」が一括して技能実習生を受入れ、傘下の一般企業（実習を行う企業や団体）で技能実習（**労働**）を行わせる方法です。

　この団体監理型の場合、前出の企業単独型と異なり、実習生の招へいに現地で実習候補生の選考や決定・派遣業務に携わる、（海外現地の）「**送出し機関**」と日本国内の監理団体という２つの機関が介在することになります。

　技能実習生の雇用を希望する中小企業は、これら監理団体の傘下に入ることによって、（監理団体と契約を結んだ）海外の送出し機関から派遣される外国人技能実習生を受け入れることができるようになる、というわけです。

　また、2017年11月に施行された、技能実習法という法律によって、新しく実習生を受け入れる各監理団体を監理監督する「**外国人技能実習機構**」という機関も新設されました。このように2017年11月以降は、海外の送出し機関、送出し機関と契約して実習生を受け入れる監理団体、さらに外国人技能実習機構を介在した、新しい技能実習制度が始まっています。

　なお、この新制度の導入と同時に、前述した技能実習１号を終えた後、２号、３号に移行して就労できる職種（受入れ企業が技能実習生を雇用してよい職種）には、新たに、「**介護**」が追加されたことも大きなニュースになりました。

４ 在留資格「特定技能１号」との関係性

　「技能実習２号」を良好に修了した外国人は、改正入管法で新設された在留資格「特定技能１号」（Ｑ１−２で解説）の技能評価試験や日本語試験が免除され、（「技能実習２号」で修了した同分野・同業務の中で）「特定技能１号」に移行することが可能です。

　※　「技能実習２号」を修了していない外国人の場合は、分野ごとの技能評価試験と日本語能力試験合格が必要（**図表１−10**参照）。

　ただし、前述の技能実習の７分野の対象業種・作業の全てがそのまま「特定

技能1号」の対象分野と業務になっているわけではありません。

　「技能実習2号・3号」の対象である業種や作業の中でも、「特定技能1号」の対象となっていないものもあります。

　したがって、「特定技能」の外国人労働者の採用を念頭に、技能実習生の導入を検討する場合は、従事させる作業が、将来「特定技能」の対象になる業務なのか、事前に確認した上で計画を立てる必要があるでしょう。

　ただし、外国人材の大量受入れは、国にとって長期的な推進政策であるため、特に「特定技能」の対象となる業種や職種は今後さらに増えていくことになるでしょう。

　したがって、現時点では「特定技能」の対象とはなっていない業種や職種も、将来は対象になっていくことが十分考えられますので、外国人材の受入れを検討している企業は、常に情報収集をしておくことが求められます。

　なお、本書では、主に、従来の「専門的・技術的分野の高度外国人材」について解説しているため、技能実習制度や在留資格「特定技能」については制度の概要の説明に留めています。

　技能実習制度や特定技能に関する詳細をご希望の読者におかれては、各制度の専門書や以下の管轄省庁、機構のウェブサイトなどを参考にしてください。

> ☞技能実習制度について…公益財団法人 国際研修協力機構（JITCO・ジツコ）
> （https://www.jitco.or.jp/）
> ☞法務省「新たな外国人材の受入れ及び共生社会実現に向けた取組（在留資格
> 「特定技能」の創設等）」（http://www.moj.go.jp/nyuukokukanri/kouhou/
> nyuukokukanri01_00127.html）

Q1 ④ 外国人の在留資格・ビザ（査証）とは何ですか？

A

在留資格とは、外国人が、日本に上陸を許可されるときに与えられる滞在資格のことをいいます。2019年4月現在、全部で29種類あり、基本的に日本に在留する外国人は全員、この29種類のいずれか1種類の資格を持って、就労や就学などの活動に従事しています。同時に2種類以上の資格を持っていたり、29種類の資格のどれにも当てはまらない外国人は存在しません（観光・商用目的等で滞在している短期滞在者や、「仮放免*6」「仮滞在*7」の者は除く）。世間一般では、この「在留資格」そのものを「ビザ」や「就労ビザ」と呼ぶこともあります。

　在留資格を世間一般では「ビザ」、また、**図表1−11**の「①就労が可能な在留資格19種類」を就労ビザと呼ぶことも多いようです。一方、「ビザ」の本来の意味は「査証（VISA）」と呼ばれる、外国人がある特定の国に入国するにあたり、その国の海外公館から交付される入国許可証のことです。したがって、「在留資格」とビザ（査証）*8」はまったく別のものです。

　在留資格には「永住者」や「日本人の配偶者等」のように、外国人個人の身

＊6　在留外国人が不法滞在などで入国管理局の収容施設に収容され、退去強制（強制送還）処分に応じない場合などにおいて、処分対象の外国人の請求が認められれば、条件付きで一時的に身柄拘束が解かれる処分。仮放免中、就労はできないなど様々な制限がある。そうした制限にかかる義務を果たさない場合、仮放免は取り消され再び収容施設に拘束されることもある。

＊7　難民認定申請において、申請結果が出るまでに与えられる滞在許可をいう。仮滞在中、就労はできない。

＊8　国家が外国人に対して、その外国人が所持しているパスポートが有効なものであって、かつその外国人が入国することに差し支えがないと示した証明書。本国以外の海外の大使館・領事館で発行、パスポートに貼付される。

分に基づく在留資格や、高度外国人材と呼ばれ（専門的・技術的分野）で就労する外国人労働者が持つ、「技術・人文知識・国際業務」をはじめとする就労系の在留資格、また、国内の教育機関で学ぶ留学生が付与される「留学」などがあります。

　就労や就学・婚姻生活など特定の目的で、日本に中長期にわたって在留しようとする外国人は入国前に、予定している在留活動が正当なものかどうか、法務省による事前審査を受けます。審査の結果、無事に許可がされれば、海外の日本大使館で日本入国のための査証（VISA）を受けることができ、受け取った査証をもって日本に入国します。その初めての入国に際し、到着した空港において、個人の在留資格が決定され、在留資格と在留期間などが明記された在留カード[*9]（**図表2−1**）の交付を受けるというしくみです。

　本書では今後、読者の理解に資するため、事例に応じて、「永住者」や「日本人の配偶者等」の在留資格を「**身分系の在留資格**」、「技術・人文知識・国際業務」などの就労活動を目的とする在留資格を「**就労系の在留資格**（就労ビザ）」と表現することがあります。

図表1−11　在留資格一覧表

① 就労が可能な在留資格19種類と在留期間

	在留資格	その在留資格内で従事することが可能な活動内容・職種など（例示）	在留期間
1	外交	外国政府の大使、公使、総領事、代表団構成員などとその家族	外交活動を行う期間
2	公用	外国政府の職員等とその家族	5年、3年、1年、3月、30日または15日
3	教授	大学の教授、講師など大学やそれに準ずる機関、高等専門学校などで研究、研究の指導または教育を行う者	5年、3年、1年または3月
4	芸術	収入を伴う画家、作曲家、著述家などその他芸術上の活動を行う者	5年、3年、1年または3月

[*9] 中長期滞在者に対し、上陸許可や在留資格変更許可、在留期間更新などの在留に関する許可に伴って交付されるカード。常時携帯することが義務付けられている。

	在留資格	その在留資格内で従事することが可能な活動内容・職種など（例示）	在留期間
5	宗教	外国の宗教団体から派遣される宣教師など宗教家が行う布教その他宗教上の活動を行う者	5年、3年、1年または3月
6	報道	外国の報道機関の記者、カメラマンなど外国の報道機関との契約に基づいて行う取材その他の報道上の活動を行う者	5年、3年、1年または3月
7	経営・管理	企業の経営者・管理者	5年、3年、1年、4月または3月
8	法律・会計業務	外国法事務弁護士、外国公認会計士、弁護士、公認会計士、司法書士、税理士、弁理士など	5年、3年、1年または3月
9	医療	医師、歯科医師、薬剤師、看護師、准看護師、保健師、助産師、歯科衛生士、診療放射線技師、理学療法士、作業療法士、視能訓練士、作業療法士、臨床工学技士、理学療法士、義肢装具士	5年、3年、1年または3月
10	研究	政府関係機関や企業などの研究者など、研究の業務を行う者（ただし「教授」の活動に該当する者を除く）	5年、3年、1年または3月
11	教育	小・中・高等学校、中等教育学校、特別支援学校、専修学校または各種学校もしくはそれに準ずる教育機関の語学・その他の教育を行う教師	5年、3年、1年または3月
12	技術・人文知識・国際業務	・システムエンジニア、技術開発・設計者など理学、工学、そのほかの自然科学分野の技術に関する業務を行う者 ・企画、財務、マーケティング、営業、通訳・翻訳、語学学校の講師、海外取引業務、服飾のデザイナーなど人文科学の分野に関する業務及び国際業務を行う者	5年、3年、1年または3月
13	企業内転勤	外国の親会社・子会社・孫会社ほか関連会社などにあたる事業所から期間を定めて派遣される転勤者（技術・人文知識・国際業務に該当する活動を行う者）	5年、3年、1年または3月
14	興行	歌手、ダンサー、俳優、ファッションモデル、プロスポーツ選手、サーカスの動物飼育員、スポーツ選手のトレーナー、振付師、演出家など興業にかかる活動を行う者	3年、1年、6月、3月または15日
15	技能	外国料理の調理師、貴金属加工職人、パイロット、外国に特有の建築士・土木技師、外国製品の修理技能士、動物の調教師、スポーツの指導者、ソムリエなど産業上の特殊な分野に属する熟練した技能を有する者	5年、3年、1年または3月

	在留資格	その在留資格内で従事することが可能な 活動内容・職種など（例示）	在留期間
16	技能実習	・技能実習第①号 ・技能実習第②号 ・技能実習第③号 　上記①、②号、③号全て、以下イ、ロのいずれかに分類。 　イ．海外にある合弁企業等事業場の関係を有する企業の社員を受け入れて行う活動→「企業単独型」 　ロ．商工会等の非営利団体の責任及び管理の元で行う活動→「団体監理型」	1号：1年を超えない期間 2号、3号：2年を超えない期間
17	高度専門職	【「高度人材ポイント制度」に基づく在留資格】 〈1号〉 　高度の専門的な能力を有する人材として次のイ～ハまでのいずれかに該当する活動を行う者（日本の学術研究または経済の発展に寄与することが見込まれるもの） 　イ．日本の公私の機関との契約に基づいて研究、研究の指導もしくは教育をする活動または当該活動と併せて当該活動と関連する事業を自ら経営し、もしくは活動機関以外の公私の機関との契約に基づいて研究、研究の指導もしくは教育をする活動 　ロ．日本の公私の機関との契約に基づいて自然科学もしくは人文科学の分野に属する知識もしくは技術を要する活動に従事または当該活動と併せて当該活動と関連する事業を自ら経営する活動 　ハ．日本の公私の機関において貿易、その他の事業の経営を行い、もしくは当該事業の管理に従事する活動または当該活動と併せて当該活動と関連する事業を自ら経営する活動 〈2号〉 　1号の活動を行った者で、その在留が日本の利益に資するものとして、法務省令で定める基準に適合する者が行う次の活動 　イ．日本の公私の機関との契約に基づいて研究、研究の指導または教育をする活動 　ロ．日本の公私の機関との契約に基づいて自然科学または人文科学の分野に属する知識または技術を要する活動に従事する活動 　ハ．日本の公私の機関において貿易その他の事業の経営を行いまたは当該事業の管理に従事する活動	1号→5年 2号→無期限

	在留資格	その在留資格内で従事することが可能な活動内容・職種など（例示）	在留期間
17	高度専門職	二. 2号イからハまでのいずれかの活動と併せて行う、「教授」「芸術」「宗教」「報道」「法律・会計業務」「医療」「教育」「技術・人文知識・国際業務」「興行」「技能」に掲げる活動 ※ 2号のイ〜ハまでのいずれかに該当する活動を除く。	
18	介護	日本の介護福祉士養成施設を卒業し、介護福祉士の資格を取得した者	5年、3年、1年または3月
19	特定技能	【2019年4月施行】 〈1号〉 　下記特定産業分野（14業種）に属する相当程度の知識または経験を必要とする技能を要する業務 〈2号〉 　建設及び造船・舶用工業分野（2業種）に属する熟練した技能を要する業務 ○14業種：介護、ビルクリーニング、素形材産業、産業機械製造業、電気・電子情報関連産業、建設、造船・舶用工業、自動車整備、航空、宿泊、農業、漁業、飲食料品製造業、外食業	1号→1年、6月、4月（5年以内） 2号→3年、1年、6月 ※ 2号は更新回数の制限なし

② 就労できない在留資格5種類と在留期間

	在留資格	その在留資格内で従事することが許されている活動内容	在留期間
20	文化活動	収入を伴わない日本文化の研究者や専門家の指導を受けてこれを習得する活動を行う者	3年、1年、6月または3月
21	短期滞在	観光、ビジネス上の会議・業務連絡・講習会や会合への参加などの短期商用、親族・知人の訪問などを行う一時的な滞在者	90日、30日または15日以内の日を単位とする期間
22	留学	大学、短期大学、高等専門学校、特別支援学校の高等部、中学校、特別支援学校の中等部、小学校、特別支援学校の小学部、専修学校、各種学校ほかこれらに準ずる教育機関において教育を受ける学生 ※ 資格外活動許可を受ければ、週28時間以内（夏休み等の長期休暇期間中は特例として週40時間以内）のアルバイト就労が可能。ただし、風俗店等での就労は不可。 ※ 日本語学校在学の留学生も同様。	4年3月、4年、3年3月、3年、2年3月、2年、1年3月、1年、6月または3月

	在留資格	その在留資格内で従事することが可能な活動内容・職種など（例示）	在留期間
23	研修	技術・技能または知識習得のための研修生 ※ 「技能実習①号」及び「留学」に該当する活動を除く。	1年、6月または3月
24	家族滞在	「教授」から「文化活動」までの在留資格を持って在留する外国人または「留学」の在留資格を持って在留する外国人が扶養する配偶者、子供 ※ 資格外活動許可を受ければ、週28時間以内のアルバイト就労が可能。風俗店等での就労は不可。	5年、4年3月、4年、3年3月、3年、2年3月、2年、1年3月、1年、6月または3月

③ その他及び身分に基づく在留資格5種類と在留期間

	在留資格	その在留資格内で許されている活動内容	在留期間
25	特定活動	外交官、企業の経営者などの家事使用人（家政婦など）、卒業後に日本で就職活動を行う留学生、ワーキングホリデー、アマチュアスポーツ選手、EPA協定に基づく看護師、介護福祉候補生など ※ 一定条件のもと就労可能	5年、3年、1年、6月、3月または5年を超えない範囲で法務大臣が個々の外国人について決定する期間
26	永住者	法務大臣から永住を認められた者（特別永住者を除く） ※ 就労に職種などの制限なし・就労期間・職種の制限なし。	無期限
27	日本人の配偶者等	日本人の配偶者、実子、特別養子（日系2世など含む） ※ 就労に職種などの制限なし・就労期間・職種の制限なし。	5年、3年、1年または6月
28	永住者の配偶者等	永住者・特別永住者の配偶者及び永住者・特別永住者の子（日本で出生し、その後引き続き日本に在留している者） ※ 就労に職種などの制限なし・就労期間・職種の制限なし。	5年、3年、1年または6月
29	定住者	インドシナ難民、日系3世、外国人配偶者の実子など法務大臣が特別な理由を考慮して一定の在留期間を指定し居住を認める者 ※ 就労に職種などの制限なし・就労期間・職種の制限なし。	5年、3年、1年、6月または5年を超えない範囲で法務大臣が個々の外国人について指定する期間

Q1⑤ 外国人採用手続きの流れを教えてください（すでに日本に在留している外国人を採用する場合）。

A

> すでに日本に在留している留学生を新卒採用する場合、また、転職希望の外国人を中途採用する場合のフローは、図表1−12で概要を確認してください。各フローごとの詳細は後の設問で解説します。

　外国人を初めて採用しようとする事業所にとって、どのような流れで採用計画を立てていけばいいのか戸惑うこともあると思います。まずはフローを参考に概要をつかんだ上で、実際の採用手続きを進めてください。

図表1−12 採用内定から入社までの流れ（日本にいる外国人を採用する場合）

1．在留資格等の確認

・採用面接時に、在留カードの提示を求め、現在持っている在留資格の確認をします（雇用主による入管法による確認義務あり）。

・転職者を中途採用する場合、現在持っている在留資格において従事できる職種（個々の在留資格ごとに、従事できる職務内容が定められています／**図表1−11**参照）と入社後に従事する職種が一致しない場合、現在の在留資格を従事する予定の職務内容が行える在留資格に変更する手続きを行う必要があります。

　[例] 高等学校など教育機関の語学教師から一般企業で営業や通訳業務、エンジニアなどの他職種に転職する場合（転職前の在留資格は「教育」、転職先で従事する業務は「技術・人文知識・国際業務」に該当）

・留学生を新卒採用する場合、あるいは既卒で就職活動のため、在留資格「特定活動」（就活のための特例ビザ）の下、日本に在留している外国人を採用する場合、「留学」あるいは「特定活動」から、就労可能な在留資格へ変更する必要があります。

2．雇用契約の締結

・採用予定者と直接、入社後の賃金など労働条件をよく話し合い、書面（FAXや

電子メールなども可）による雇用契約を結びます（労働基準法上の義務あり）。
・書面で交付する場合は可能な限り、日本語の雇用契約書に加え、外国人が理解
　できる母国語や英語などの標準的な言語で翻訳文を作成し、両方を本人に配布・
　労使双方の捺印・署名を行い、一部ずつ原本を保管します。

3．就労ビザ申請

【ケース1】中途採用（転職前の職種と別職種で採用する場合）
　　このケースでは、基本的には転職者が従事する職種に該当する、新しい在留
資格へ変更する手続き（在留資格変更許可申請）を行います。

【ケース2】中途採用（転職前と同職種で採用する場合）
　　この場合は【ケース1】と異なり、外国人が保有している在留資格と新しく
従事する職種が同じなので基本的には何ら手続きを行う必要はありません。採
用する外国人が次回の在留期間の更新手続きを行うときに、転職先の事業に関
係する関係書類を提出すればよいことになっています。
　※　ただし、法務省は、転職先での活動内容が合法かどうか確認する審査であ
　　る「就労資格証明書交付申請」を行うよう推奨しています。

【ケース3】新卒採用（日本に留学している外国人を新卒で採用する場合）
　　留学生の在留資格、「留学」や就職活動中の特例ビザ「特定活動」から、入社
後に従事する職種に応じた在留資格に変更申請手続きを行います。

〈以下、在留資格変更許可申請が許可された場合〉

4．受入れ準備

・必要に応じて受入れ準備を整えます。
　［例］借り上げ社宅等の住居の手配、日本語教育のためのスクールや教材選び、
　　　　その他受入れ時の教育訓練の準備など

5．入社後の手続き

・雇用主が行う出入国在留管理庁への「中長期在留者の受入れに関する届出」
・外国人本人が行う出入国在留管理庁への「契約機関／活動機関に関する届出」
　について、外国人社員に対する指導（転職者の場合）
・ハローワークへの届出（雇用主が行う「雇用保険資格取得届」「外国人雇用状況
　の届出」）など
・年金事務所への届出（「健康保険・厚生年金保険被保険者資格取得届」）など

外国人採用手続きの流れを教えてください（海外から外国人を呼び寄せる場合）。

A

企業が海外にいる外国人を採用し、日本に呼び寄せる場合のフローについては、図表1−13で概要を確認してください。各フローごとの詳細は後の設問で解説します。

　外国人を初めて採用しようとする事業所にとって、どのような流れで採用計画を立てていけばいいのか戸惑うこともあると思います。まずはフローを参考に概要をつかんだ上で、実際の採用手続きを進めてください。

図表1−13 採用内定から入社までの流れ（海外にいる外国人を呼び寄せて採用する場合）

1．在留資格（就労ビザ）取得可能性の確認

・候補者が決定したら、採用予定者が保持する学歴や職歴などが、取得する在留資格の取得要件を満たしているかどうか確認します（履歴書や、大学・大学院の卒業証明書による事前確認）。

　※　入管法において、「19種類」の在留資格には、個別に取得するための必須条件（職種に関連する専攻科目の短期大学卒業以上または日本の専門学校卒業以上の学歴、同一職種内での10年以上の職歴や職務に関する評価試験合格など）が細かく定められています。

　※　外国人が従事する職務内容が「19種類」の在留資格のいずれかに該当しても、本人の学歴や職歴が要件を満たさない場合、就労ビザは許可されません。

2．雇用契約の締結

・採用予定者と直接、入社後の賃金など労働条件をよく話し合い、書面（FAX や電子メールなども可）による雇用契約を結びます（労働基準法上の義務あり）。

・書面で交付する場合は可能な限り、日本語の雇用契約書に加え、外国人が理解

できる母国語や英語などの標準的な言語で翻訳文を作成し、両方を本人に配布・労使双方の捺印・署名を行い、一部ずつ原本を保管します。

３．就労ビザ申請

雇用主企業がスポンサー（申請代理人）となり、企業の所在地を管轄する出入国在留管理局に対して、在留資格認定証明書交付申請を行います。

〈以下、在留資格認定証明書が交付された場合〉

４．受入れ準備

必要に応じて受入れ準備を整えます。

［例］

・外国人が、母国または海外の日本大使館等で行う、査証（VISA）申請に関する情報提供
・借り上げ社宅など来日後の住宅の手配
・日本語教育のためのスクールや教材選び
・外国人来日時のフライトの手配
・関連会社等からの転勤者で、社会保険の社会保障協定の該当者の場合、必要な手続きのサポート
・その他受入れ時の教育訓練の準備

５．入社後の手続き

・居住地への転入届や銀行口座開設のサポート
・雇用主が行う出入国在留管理局への「中長期在留者の受入れに関する届出」
・ハローワークへの届出（雇用主が行う「雇用保険資格取得届」「外国人雇用状況の届出」）など
・年金事務所への届出（「健康保険・厚生年金保険被保険者資格取得届」）など

第２章から、いよいよ、実際の採用手続きに関する解説に進みます。

外国人労働者
採用前の実務Q&A

Q2 ① 求人募集に外国人留学生が応募してきました。採用して就労ビザを取得できるのかわかりません。どんなことをチェックすればいいのですか？

A

留学生の採用を検討する場合、在留カードの真贋や有効性に関するチェックを行った上で、アルバイト（資格外活動）で雇用するときには、資格外活動許可の有無と稼働時間の上限を超えていないか確認します。また、新卒者を正規雇用する場合、採用する職務内容が就労ビザを取得できる内容なのか（「在留資格該当性*10」）、候補者の学歴や職歴が取得しようとする在留資格の基準を満たしているのか（「上陸許可基準適合性*11」）慎重に調査した上で採用を決定します。

1 在留カードのチェックポイント①

　留学や就労などですでに日本に在留している外国人の面接では、何をおいても、最初に外国人が常時携帯している在留カードの提示を求めます。

　在留カードによって、候補者が日本に適法に在留しているのか（不法滞在者等ではないか）、働くことができる在留資格を持っているのか（不法就労者ではないか）という点をしっかりと確認しておかなければいけません。

---

*10　外国人が在留資格の取得（申請）を行うときに、従事する活動内容が入管法で定義された、29種類の在留資格（2019年8月現在）のいずれかの活動内容に該当するかどうかということ。出入国在留管理庁は、在留資格認定証明書交付申請時や在留資格変更申請時において、外国人が行う活動内容と申請する在留資格で行うことができる活動内容が一致するかどうかについても審査を行う。

*11　外国人本人の学歴や職歴などの条件が、取得しようとする在留資格で個別に定められた要件（上陸許可基準）を満たすこと。「上陸許可基準」は在留資格ごとに法務省令で定められている。

在留カードは、日本に3月以上在留する外国人全てに交付されており（一部例外あり）、基本的に企業の採用面接に参加する外国人は皆持っているはずです（90日以下の短期滞在で求職活動を行っている外国人は除く）。

　また、雇入れ時に外国人の在留カードをあらかじめ確認することは、雇用主の義務とされています。

　在留カードの確認をせずに、万一「不法滞在[*12]」や「不法就労[*13]」の状態にある外国人を雇用してしまった場合、会社は「不法就労助長罪[*14]」という罪に問われる可能性があります。

　そうしたトラブルを避けるためにも、面接時には、外国人に対して必ず在留カードの提示を求め、必要な項目を確認した上で選考を進めましょう。

　なお、現状、多くの偽造在留カードが出回っており社会問題にもなっています。知らずに偽造在留カードの保持者を採用してトラブルに巻き込まれることを防ぐためにも、コピーではなく必ず原本を提示してもらい、コピー（表裏の両面）を取り、雇用主控えとして保管しておきます。

　また、法務省のウェブサイトでは、在留カードの個別番号の有効性をチェックする「在留カード等番号失効情報照会」という検索サイトを公開しています。

　このサイトでは、在留カードの個別番号が有効なものかどうか確認することができます。外国人の面接時にはこのサイトを利用して、提示された在留カードの有効性をチェックしておくことをお勧めします。ただし、サイトに記載されているとおり、現在出回っている偽造在留カードの中には実在する正規の在留カードの番号が記載された精巧なものも多く、カード保持者の氏名など個人情報が公開されない、このサイトだけでは残念ながらカードの真贋について最終的に判断することができません。

[*12]　不法に日本に入国し在留している、または許可された在留期間を超えて不法に在留（オーバー・ステイ）していること。

[*13]　有効な在留資格は持っているが、自身の在留資格では従事できない活動内容（職種等）で就労していること（例：留学生が許可された就労制限時間を超えて長時間のアルバイト就労を行う等）。

[*14]　不法滞在や不法就労の外国人を就労させる者または就労をあっせんする者（雇用主である企業も含む）に課される処罰。3年以下の懲役または300万円以下の罰金が課される。

したがって、採用を決定する最終局面では、在留カードと併せて住民票の提示を求め、２点の照合を行うのも有効です。

　いずれにしても、採用時に在留カードの原本提示を求め、コピーを保管しておくことは、雇用主として最低限の確認義務を果たしたことになり、不法就労などの予期しないトラブルのリスクを最小限に抑えるために必要です。

☞ 法務省　出入国在留管理庁「在留カード等番号失効情報照会」（https://lapse-immi.moj.go.jp/ZEC/appl/e0/ZEC2/pages/FZECST011.aspx）

　以下、在留カード（**図表２−１**）の各項目について、基本的なチェックポイントを解説します。

①　**在留資格**

　在留資格の名称。大学や専門学校など国内の教育機関に留学している学生の場合は「留学」、すでに日本で就労ビザを取得して働いている外国人の場合は「技術・人文知識・国際業務」などの在留資格が記載されています。

②　**就労制限の有無**

　就労が可能なのかどうか記載されています。「就労不可」とある場合、原則就労はできませんが、カード裏面・⑥欄の資格外活動許可欄に「許可：原則週28時間以内・風俗営業等の従事を除く」と記載されていれば、風俗店以外の職場で週28時間以内のアルバイト就労が可能です。

　資格外活動許可とは、外国人が持っている在留資格で従事できる活動（留学生の場合は就学活動）の**範囲外**において、就労活動を行おうとするとき、あらかじめ出入国在留管理局から受けておかなければいけない許可のことをいいます。

　現役の外国人留学生が行うアルバイトや、大学等を卒業した後、日本で**就職活動**をしている外国人、また在留資格「家族滞在」を持つ外国人が受ける資格外活動許可が代表的です。

　なお、①欄の在留資格が「**永住者**」「**日本人の配偶者等**」「**永住者の配偶者等**」

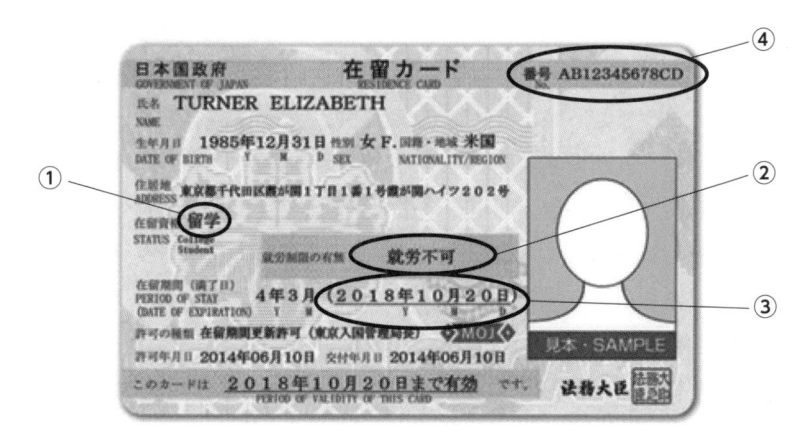

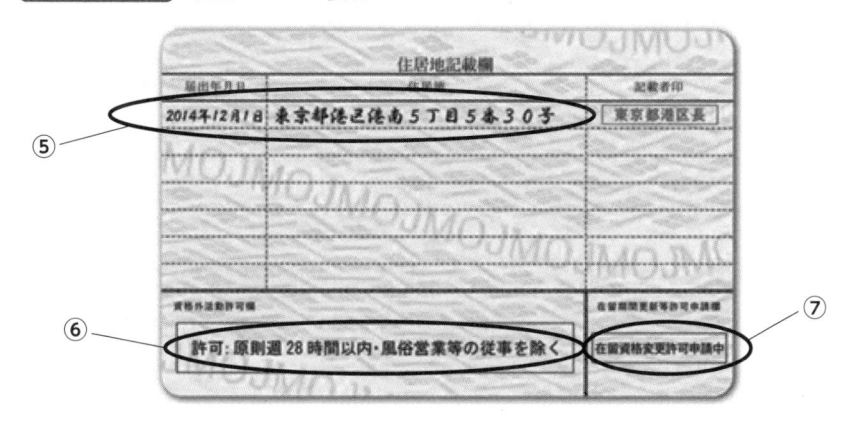

〈出典〉 法務省 出入国在留管理庁「「在留カード」及び「特別永住者証明書」の見方」
（http://www.immi-moj.go.jp/newimmiact_1/pdf/zairyu_syomei_mikata.pdf）

「定住者」のいずれかで②欄が「就労制限なし」と記載されている場合、労働時間や職種などの就労制限は一切ありません。日本人労働者と同様、週28時間以上のフルタイム、また風俗店などでの雇用も可能です。

③ 在留期間（満了日）

在留カードの保持者が、日本に在留できる最終期限日が明記されています。

在留期間更新（ビザの延長）申請や在留資格変更（ビザの種類変更）申請をしないまま、③欄の在留期間（満了日）を過ぎてしまうと満了日の翌日から不法滞在となります。

ただし、カード確認時時点で在留期間が超過している場合であっても、カード裏面の⑦欄に「**在留資格変更許可（または在留期間更新許可）申請中**」とあれば、カード保持者は、在留期間更新申請や在留資格変更申請を行っており、現在は出入国在留管理局による審査が継続中であるという意味で、合法的に日本に在留していることを意味します。

※　在留期間更新申請や在留資格変更申請は、③欄の満了日までに行えばよく、出入国在留管理局での審査期間は一般的に2週間から長ければ2か月ほどかかることもあるため、申請時期によっては在留期間が超過しても審査が終わらないケースがあります。その場合は、**審査が完了するまで**または**本来の在留期限の満了後2か月が経過する日**までは適法に日本に在留することができるとされているため、結果的に不法滞在とはなりません。

④　番号

在留カードの識別番号です。前述の法務省のウェブサイトで、提示された在留カードが実在しているカードなのかどうか（失効しているものではないか）を調べられます。また、このサイトでは最近よく出回っている偽造在留カードの見分け方について説明しているので確認しておきましょう。

> ☞ 法務省 出入国在留管理庁「在留カード等番号失効情報照会」（https://lapse-immi.moj.go.jp/ZEC/appl/e0/ZEC2/pages/FZECST011.aspx）

⑤　住居地記載欄

現在、住民登録をしている最新の住所が住居地の市区町村役場によって明記されています。

⑥　資格外活動許可欄

資格外活動許可の有無。「②　就労制限の有無」を参照。

⑦ **在留期間更新等許可申請欄**

「③ 在留期間（満了日）」を参照。

　以上、在留カードによって、適法な在留資格を持っていることが確認できたら、次に、その候補者を御社で採用できるのか、つまり御社で雇用するために必要な就労ビザを取得することが可能なのか精査しなければなりません。

　具体的には、留学生の新卒採用であれば、留学ビザから前掲「図表1-11 在留資格一覧表」の「①就労が可能な在留資格」のいずれかの在留資格に変更できるかどうかということです（「技能実習」は除く）。また、転職者の中途採用であれば、転職者が現在持っている在留資格を変更せずに御社で雇い入れできるのか、もしできない場合は、雇入れが可能となる（候補者が入社後に従事する職務内容に該当する）、新たな在留資格に変更できるのかということについて事前に確認をします。

　この点については、入社後に従事させる職務内容と外国人自身の学歴や職歴等のバックグラウンドを総合的に見て判断する必要があります（後掲「3．新卒採用の場合、従事する職務内容と本人の履歴確認がポイント」参照）。

2 在留カードのチェックポイント②

1 留学生を短時間アルバイトで採用する場合

●アルバイトに必要な資格外活動許可を受けているか確認する

　図表2-1(1)「② 就労制限の有無」と(2)「⑥ 資格外活動許可欄」を併せて確認します。

　「② 就労制限の有無」の欄で「不可」とあっても、⑥の資格外活動許可欄に「許可：原則週28時間以内・風俗営業等の従事を除く」という記載があれば、週28時間以内の短時間雇用が可能です。

　企業が留学生をアルバイトとして雇用する場合、必ずこの資格外活動許可の有無を確認しなければなりません。②に「就労不可」と記載されていて、⑥の

欄にも資格外活動許可の記載がない場合は、その外国人を雇用することはできず、知らずに雇用してしまうと雇用した企業も不法就労助長罪に問われる可能性があるので注意が必要です。

このように、資格外活動許可を持っている留学生は、**学業に支障がない範囲**で、風俗店などを除く、コンビニや飲食店などの単純労働の職場でもアルバイト就労が可能です。

ちなみに、学業に支障がない範囲とされているのが、「週28時間以内」という就労時間の制限なのですが、在留資格「留学」で資格外活動を許可されている外国人は、夏休みなど長期休暇期間中に限って「週40時間以内」の就労も認められます（「家族滞在」や「特定活動」の在留資格で資格外活動許可を得ている外国人には週40時間の特例はなく、これらの在留資格では週28時間以内の就労しか認められません）。

なお、「週28時間以内」は、1人の留学生が複数の就業先で就労する場合、全ての就業先で就労した労働時間の合計で判断します。したがって、留学生アルバイトの面接をするときには、現在他の就業先でアルバイトをしているかどうか、また、しているのであれば、週の労働時間は何時間程度なのかあらかじめ確認しておくことが不法就労防止のために重要です。

また、「風俗営業等の規制及び業務の適正化等に関する法律」（以下「風営法」）の規制対象となる業態や店舗は、留学生が資格外活動許可を受けているとしても、彼らに従事させる職種にかかわらず、アルバイト雇用することはできません。

たとえば、クラブやスナック・バーなど風営法の規制対象になる店舗において、留学生に従事させる業務が裏方の皿洗いや清掃など接客を伴わないものであったとしても違法となるので注意してください。

❷ 留学生を正社員で新卒採用する場合

●在留期間（満了日）を確認する

留学生を新卒で正規雇用するためには、留学生が保持している留学ビザを、

（「留学」で許可されている）在留期間の満了日までに、採用後に従事する職種に応じた在留資格へ変更申請を行う必要があります。したがって、留学生の採用を内定したら、在留カードに記載された在留期間（満了日）で、現行の留学ビザの有効期限を確認してください。

「留学」の在留期間（満了日）までに、上記の在留資格変更申請を行わない場合、その外国人は不法滞在となってしまい、日本で就職することができなくなってしまいます。このように、留学生を正規雇用する場合は特に、在留期間の満了日について慎重にチェックしておく必要があります。

3 新卒採用の場合、従事する職務内容と本人の履歴確認がポイント

1 在留資格該当性と、本人が上陸許可基準を満たすことを確認

企業が留学生を新卒採用する場合、「留学」から採用後に行わせる職務内容に応じた在留資格（「技術・人文知識・国際業務」など）に、在留資格変更許可申請を行う必要があることは述べました。

なお、在留資格変更が許可されるために最も重要なポイントは主に以下の3点となります。

① 外国人に従事させる職務（活動）がいずれかの（就労系）在留資格に合致していること（入管法でいう「**在留資格該当性**」に合致すること）

② 本人の学歴や職歴などの条件が、取得しようとする在留資格で個別に定められた要件を満たすこと（法務省令で定められた、在留資格ごとの「**上陸許可基準**」を満たすこと＝「**上陸許可基準適合性**」に合致すること）

③ 外国人が取得する在留資格を持って行う活動が「**安定的・継続的**」であること（雇用主である企業について、売上や決算などから判断する経営状況が安定していて事業が継続する見込みがあること。事業の「適正性」も含む）

ちなみに、以上3点のポイント（条件）は留学生に限らず、既卒の転職者ま

たは海外にいる外国人を呼び寄せて雇用する場合も同様です。両者の場合も留学生の在留資格変更と同様に、①から③までの要件を全て満たしていることを証明できなければ在留資格の変更や更新または取得ができません。

※　ただし、2019年5月に入管法の法務省告示が改正され、日本の四年制大学の卒業者が在留資格「特定活動」を取得することで、上記の基準（従事する職務と、職務に関連する学歴や専門科目）を満たさずとも、飲食店のホールスタッフや接客業務等に就くことができるようになりました。詳細はQ3－19とQ3－20で確認してください。

ここでは、外国人本人に関わる①と②のそれぞれのポイントに関して解説します。

まず、「①　外国人に従事させる職務（活動）がいずれかの（就労系）在留資格に合致していること」については、外国人が行う職務内容が、いずれかの在留資格で従事できるとされている内容であることを指します（個別の職務内容は「図表1－11　在留資格一覧表」で確認）。

たとえば、「専門的・技術的分野の高度外国人材」と呼ばれる、外国人労働者の7割以上が保持する「技術・人文知識・国際業務」を例に挙げると、外国人が入社後に、システムエンジニア、技術開発、設計者、営業、通訳・翻訳、語学学校の講師などの職務を行うことが、①の条件を満たすことになります（＝在留資格該当性を満たす）。

一方、「②　本人の学歴や職歴などの条件が、取得しようとする在留資格で個別に定められた要件を満たすこと」については、在留資格ごとに決められている、学歴や職歴などの在留資格取得要件を本人が満たしているということを指します（＝上陸許可基準を満たす）。

したがって、たとえば、外国人が入社後、システムエンジニアとして就労するのであれば、在留資格「技術・人文知識・国際業務」を申請しますが、その場合、外国人に求められる要件（上陸許可基準）は、「就職する職務の専門分野である情報工学など関連する自然科学分野の科目を履修して短期大学以上あるいは国内の専門学校を卒業していること」または「関連した分野における10年

以上の職務経験」のいずれか（システム工学を専攻して四年制大学を卒業あるいはシステムエンジニアとしての職務経験が10年以上ある）を満たしていることです。

なお、この本人が満たさなければいけない要件については、在留資格ごとに異なるため、雇用主は変更を希望する在留資格（従事させる職務内容）に関して、十分に事前確認を行った上で、候補者の学歴や職歴を精査し、在留資格変更の可能性を正確に判断しなければなりません。

最終的に、候補者の在留資格変更の可能性が十分にあると判断できた場合にのみ、採用の内定通知を出すことができます。

② 日本の大学を卒業した留学生に対する緩和措置

●従事する業務と大学の専攻科目との関連性は柔軟に判断される

上記のとおり、外国人の職務が就労系の在留資格のいずれかに当てはまること、その在留資格を取得するために、関連する専門分野における、一定の学歴や職歴などの諸要件を本人が満たしていることは、在留資格の変更や取得に必要な絶対条件です。

要するに、**雇用される外国人の学歴や職歴など個人のバックグラウンドが、従事する職務内容と一致または関連していなければ、就労ビザは許可されない**ということです。

ただし、この点について法務省は、日本の四年制大学（短期大学や高等専門学校を含む）を卒業した留学生が、就職の際に行う在留資格変更審査においては、職務内容と専攻科目の関連性に関して柔軟に判断するとしています。

つまり、**職務内容と専攻科目の関連性が必ずしも完全一致しない場合であっても、許可される事案がある**ということです。

この点も含め、留学生の在留資格変更に関しては、許可がされた事例や、されなかった事例について法務省が公開しているガイドラインがあるので、そちらもよく確認してください。

☞ 法務省 出入国在留管理庁「留学生の在留資格「技術・人文知識・国際業務」への変更許可のガイドライン（平成30年12月改訂）」(http://www.moj.go.jp/content/001132222.pdf)

とは言っても、以上のような在留資格ごとに定められた職務内容や要件について、入管法になじみがなく、日々の業務に忙しい人事担当者が自ら調査し、正確に理解した上でミスのない手続きを行うことは難しいという事情もあるでしょう。

ですので、就労ビザ取得に関して何かわからないことがあるときには、最寄りの出入国在留管理局に尋ねるか、または外国人の入国管理業務を専門としている行政書士や弁護士に相談することをお勧めします。

4 過去に週28時間以上のアルバイトを行っていないか確認する

雇用主は留学生の新卒採用にあたり、過去に行っていたアルバイトに関して、①風営法で規制の対象となる事業や店舗で就労していなかったか、②週28時間を超えて常習的に長時間労働を行っていなかったか、という2点についてあらかじめ確認をとっておくといいでしょう。

なぜなら、上記2点の入管法違反を行った経歴がある留学生は、留学ビザから就労ビザへ在留資格変更許可申請を行っても残念ながら、許可がおりない可能性が高いからです。

2012年に導入された新外国人在留管理制度によって、出入国在留管理庁は留学生の資格外活動（アルバイト活動）の状況を容易に把握できるようになっています。

また、企業が行う所得税の納税手続きを通じて、住民税を決定する市区町村役場から発行される課税証明書や納税証明書には、在留外国人の所得額が1円単位で記載されます。したがって、制限時間を大きく超えて高額なアルバイト収入を得ていた留学生が、卒業後に正規の就労ビザを取得しようと在留資格変

更申請を行った場合、審査の過程で事実が発覚し、それが原因で申請が却下されるという事例も少なくありません。

　悪質な資格外活動違反が常態化していた留学生について、出入国在留管理庁は、その事実をほぼ把握していると思っておいたほうがいいでしょう。ですので、そのような留学生に対しては在留資格変更が許可される可能性が低くなります。

　雇用主にとって、せっかく多くの手間と費用をかけて、内定者の就労ビザの手続きをサポートしても、本人の資格外活動違反によって就労ビザが取得できず、それまでの採用活動が無になるリスクは避けたいものです。ですので、在留資格変更手続きのサポートを行う内定者に対しては必ずこの2点について事前に確認をとっておくといいでしょう。

Q2-2 求人募集に外国人の転職希望者が応募してきました。採用して就労ビザを取得できるのかわかりません。どんなことをチェックすればいいのですか？

A

転職者の採用を検討する場合、留学生同様、在留カードの真贋や有効性に関するチェックを行った上で、現在の在留資格と在留期間が有効であれば、そのまま雇い入れることができます。しかし、従事させる職務内容が、現在の在留資格で行えない活動である場合は、在留資格の変更申請を行い許可を受けてからでなければ雇用は開始できません。

在留資格の変更が必要なケースでは、新たな職務内容が、就労ビザを取得できる内容なのか（在留資格該当性）、候補者の学歴や職歴が取得しようとする在留資格で個別に定められた基準を満たしているのか（上陸許可基準適合性）を慎重に調査した上で、採用を決定しなければなりません。

1 在留カードのチェックポイント

　日本に在留している外国人は、すでに何らかの在留資格を持っています。そうした外国人の中途採用を検討する場合、面接で最初に確認するのは、在留カードの以下2つの項目です。

① 現在保持している在留資格（**図表2-1(1)①**）

② 在留期間満了日（**図表2-1(1)③**）

　まず、①によって、候補者が適法な在留資格を保持している（就労可能な在留資格を保持しているなど不法就労者ではない）こと、そして②で、在留期間が経過していないか（オーバーステイではないか）確認してください。次に現在の在留資格に注目します。

在留資格ごとに従事できる活動内容（職種）は決まっているので、採用しようとする外国人の現在の在留資格と、入社後に従事させる職種に応じた在留資格の比較をします。

両者を比較した上で、転職者の就労ビザの手続きは、以下2つのケースに分かれます。

❶ ケース1. 転職前に保持していた在留資格では行えない活動内容（別職種）で採用する場合

●在留資格変更許可申請が必要

このケースは、転職先で行う活動内容（職種）が、転職者が現在保持している在留資格では行えない事案です。

たとえば、在留資格「教育」を持ち国内の高校等で英語を教えている外国人を、商社が海外営業の職務を行わせるため中途採用するとします。この場合「教育」という在留資格は、国内の小中高等学校などの教育機関で教育活動（教師）を行うことのみが許されているものです。

一方、一般企業で行う海外営業という活動は、「技術・人文知識・国際業務」という在留資格内で従事することが許されている活動（職種）です。したがって、このような場合、外国人は転職先で会社員として海外営業の活動を行うため、現在の在留資格から「技術・人文知識・国際業務」に**在留資格変更許可申請**を行い、許可を得る必要があります。

就労系の在留資格の種類と、それぞれの在留資格で行える活動内容（職種）については、**図表1-11**で確認してください。ちなみに、転職に伴って出入国在留管理局に対し、在留資格変更許可申請を行った場合、正式に許可を受けた後でなければ転職先で就労（雇用主は雇入れ）を開始することはできません。

応募してきた外国人が何らかの就労ビザを持っているから大丈夫と、変更許可を得る前に安易に雇入れをしてしまうと、本人は資格外活動（不法就労）、雇い入れた企業は不法就労助長として入管法違反に問われる可能性があります。

❷ ケース２．転職前と同じ活動内容、または現在保持している 就労系の在留資格で行える活動内容で採用する場合

●在留期間更新許可申請または就労資格証明書交付申請を行う

　このケースでは基本的にケース１と異なり、特に手続きをすることなく、現在の在留資格で許可されている在留期間（満了日）まで引き続き、転職先で就労することが可能です。たとえば、在留資格「技術・人文知識・国際業務」を持ってＡ社でシステムエンジニアとして就労していた外国人が、Ｂ社に同じシステムエンジニアで転職するような場合が最もわかりやすい例です。

　あるいは、同じく「技術・人文知識・国際業務」を持ってＡ社でシステムエンジニアとして就労していた外国人が、転職先のＢ社では技術営業として勤務する場合も、エンジニアと技術営業の業務はいずれも「技術・人文知識・国際業務」で行える活動内容（職種）であるため、ケース２に該当し、基本的に転職に伴う就労ビザに関する手続きを行う必要はありません。

　ケース２の事案では、現在持っている「技術・人文知識・国際業務」の在留期間を延長する手続きである、**在留期間更新許可申請**を、在留期間満了日の３か月前から満了日までの間に行い、許可を受ければ、その後も転職先での就労を継続することができます。

　ただし、後の設問Ｑ３−２でも解説しますが、在留期間更新も含めて、就労ビザの審査については雇用主の事業の「適正性・安定性・継続性」も併せて、包括的な審査が行われます。

　したがって、転職先で行っている職務内容や、外国人の学歴などが要件を満たしているからといって、必ずしも転職先における在留期間の更新が許可されるとは限りません。雇用主の決算状況などから、事業の「安定性・継続性」が基準を満たしていないと判断されれば、在留期間の更新申請は不許可（＝就労ビザは延長されない）とされてしまう可能性もあります。

　ですので、ケース２の外国人を中途採用した場合には、転職が法的に問題な

いことを出入国在留管理局に認定してもらう、「就労資格証明書交付申請*15」を行い、事前の許可を得ておくと安心です。

　就労資格証明書とは、転職するまたは転職した外国人が、転職後の活動内容や転職先の実態・安定性に関する様々な証明書類を出入国在留管理庁に提出し、出入国在留管理庁が、その転職に問題がないことを判断した場合に交付する文書のことです。ちなみに転職者と雇用主にとって、この就労資格証明書の申請・取得は入管法上の義務ではありません。

　ただ、就労資格証明書を取得しているということは転職者にとって、また採用した雇用主にとっても転職先での就労が不法就労ではないという証明になるため、意識の高い外国人者や企業ほど転職の都度きちんと取得しているようです。

　以上、ケース１また２のいずれにおいても、中途採用の外国人に従事させる活動内容（職種）が、現在持っている在留資格内で行えるものなのか、あるいは他の在留資格の活動なのか、正確に判断するのが難しいケースもあるでしょう。

　そのように、どうしても自社での判断が難しい場合は、管轄の出入国在留管理局に相談するか、または行政書士などの入管業務の専門家に問い合わせて、正確な情報を入手、慎重に判断した上で採用を決定してください。

2 「永住者」「永住者の配偶者等」「日本人の配偶者等」「定住者」には職種・稼働時間などの制限はない

　在留カード（**図表２−１**）に記載された①在留資格が、「永住者」「永住者の配偶者等」「日本人の配偶者等」「定住者」のいずれかの場合で、かつ②欄が「就

---

*15　日本に在留する外国人からの申請に基づいて発行された、外国人が行うことができる「就労活動」を法務大臣が証明する文書。転職する外国人が現在持っている在留資格で、転職先における就労が可能なのかどうか、転職後の活動内容や転職先の実態・安定性に関する様々な証明書類を管轄の出入国在留管理局に提出し、出入国在留管理局による（転職が問題ないと）認定を受ける目的で申請・取得することが多い。

労制限なし」と記載されている場合は、活動内容（職種）や業種、稼働時間なども含めて一切の就労制限はありません。日本人労働者と同様に、単純労働はもちろん、週28時間以上のフルタイムまた風俗店等での雇用も可能です。

　この4つの在留資格は「技術・人文知識・国際業務」などのように、外国人が行う就労活動に基づいて付与された在留資格と異なり、永住権保持者や日本人・永住者の配偶者や子などといった、身分に基づいて付与された在留資格です。したがって、この4つの在留資格を保持する外国人には、前者のような活動内容（職種）や業種または稼働時間の制限がかからないのです。

　このように、彼らの採用にあたっては従事させる仕事内容の精査が必要ないため、雇用がしやすい在留資格ではあるのですが、身分に基づいて付与されているものだけに、たとえば日本人（または永住者）の配偶者が死別や離婚した場合などは在留資格を失い、その結果、雇用主は雇用を継続することが難しくなることも留意しておかなければいけません。

　しかし、これらの在留資格でも、配偶者との死別や離婚後に、その他の適正な在留資格に変更できる場合は雇用継続が可能となります。本事案については、後の設問Q4－8で解説します。

　また、在留資格「研修」や「文化活動」では、特定の雇用企業における就労、また「特定活動」で、ワーキングホリデー中にアルバイト就労の許可を受けているケースなどがあり、そのような場合は別途パスポートに添付されている、**指定書**によって就労制限の有無を確認することになります。

Q2③ 求人募集に、海外に住んでいる外国人が応募してきました。採用して就労ビザを取得できるのかわかりません。どんなことをチェックすればいいのですか？

A

海外にいる外国人の採用を検討する場合、在留資格該当性に加えて、本人の学歴や職歴などが取得しようとする在留資格の上陸許可基準を満たすかどうか、確実に判断した上で内定を出し、「在留資格認定証明書*16」の取得ができれば、招へいして雇用することが可能です。本人の学歴や職歴に関しては、招へいする雇用主による詳細な確認が重要です。

履歴書や卒業証明書で就労ビザ取得可能性を判断する

　海外にいる外国人を採用し、就労ビザを取得した上で日本に呼び寄せるには、これまで説明してきた日本在住の留学生や転職者を雇用する場合と同様、従事させる活動内容（職種）が「技術・人文知識・国際業務」をはじめとする就労系の在留資格のいずれかに該当すること（在留資格該当性）、それに加えて本人の学歴や職歴が、申請する在留資格で求められている要件を満たしていること（上陸許可基準適合性）が第一の条件です。

　前述のとおり、入管法において、「技術・人文知識・国際業務」をはじめと

---

*16　英語では、Certificate of eligibility といい、海外にいる外国人を招へいして雇用するために必要な資格証明書。主に海外にいる外国人を雇用しようとする日本国内の団体が申請代理人となり、採用予定の外国人及び雇用主（企業）について、就労ビザの取得に関する法務省の事前審査を受け、審査の結果、許可がなされたときに発行される証明書のことをいう。在留資格認定証明書を交付された外国人は、原本を海外の日本大使館などにおいて提示し、日本入国に必要な査証（VISA）を受けることができる。

する就労系の在留資格には、個別に取得するための必須要件が細かく定められています。

これらを満たさない場合、就労ビザは許可されないため、応募の段階で要件を満たしているかどうか、本人から提出された履歴書や卒業証明書などから確実に確認しておく必要があります。

① 学歴で要件を満たす場合は、卒業証書や履修証明書で確認を

海外から外国人のITエンジニアを呼び寄せて日本で働いてもらうケースを例に挙げます。

ITエンジニアとして活動するために必要な在留資格である「技術・人文知識・国際業務」を取得するためには、基本的に候補者がITエンジニアという職務内容に関連する情報工学系の学部を専攻し、短期大学以上の高等教育機関を卒業している必要があります（または日本国内で情報工学を専攻して専門学校を卒業している場合も含まれます）。

ちなみに、海外から外国人を呼び寄せて雇用するために取得する就労ビザの手続きは**在留資格認定証明書交付申請**といいます（在留資格認定証明書の取得方法は、後の設問Ｑ３－10を参照）。

在留資格認定証明書とは、海外にいる外国人を雇用しようとする、日本に事業所のある企業などが申請代理人となり、外国人本人と雇用主（企業）に関する法務省の事前審査を申請し、審査の結果、「この外国人は、日本で就労ビザを取得する資格があり、雇用主企業の方も、外国人を雇用する資格を満たしています」という許可がされたときに発行される証明書のことです。

この在留資格認定証明書を取得すること＝海外在住の外国人の就労ビザを取得すると理解するとわかりやすいでしょう。

招へい元である雇用主企業が出入国在留管理庁に対して行う、在留資格認定証明書の交付申請には、外国人の学歴を証明する大学等の卒業証書のコピーや、職歴を証明する前職の在籍証明書などを立証書類として提出します（招へい元の企業規模による）。

それら立証書類によって、出入国在留管理庁は本人が在留資格認定証明書（就労ビザ）を取得するために必要な要件を満たしているかどうか判断するのです。

したがって、企業が海外にいる外国人の採用を検討する場合、まずは本人に対し、履歴書に加えて大学などの卒業証書のコピーの提出を求めてください。

卒業証書には、本人氏名や大学名、発行日などの情報の他に、取得した学位（学士号、修士号など）や専攻科目が記載されているはずです。それによって、多くの場合は、就労ビザを取得するために必要な学歴に関する要件を満たしているのかどうか判断できます。ただし、卒業証書のスタイルは発行する教育機関によってそれぞれ微妙に異なります。たとえば、"Bachelor of Arts"（教養学士号）というようなシンプルな記載のみされていて、人文学系の学士号保持者であることは確認できるものの、実際に専攻した科目が具体的にわからないものもあります。

そのような曖昧な表現で記載された卒業証明書を立証書類として、在留資格認定証明書の交付申請を行った場合、出入国在留管理庁は、従事する職務内容と専攻科目が関連しているのか判断できず、結果的に審査の合否に影響する可能性があります。

ですので、雇用主は専攻科目が明確に判断できない卒業証書の提出を受けた場合、卒業証明書と併せて、成績証明書（Academic Transcript）や単位履修証明（Credit）も提出してもらい、専攻科目を確認しておく必要があります。出入国在留管理庁に在留資格認定証明書の交付申請を行うときには、これら卒業証書や、必要に応じて単位履修証明などを立証資料として提出するのですが、基本的にコピーを提出すればよく、海外にいる外国人に依頼すればメールで容易に提出してもらうことができます。

このように選考段階における専攻科目の事前確認は重要なポイントであるため、確実に行ってください。

❷ 職歴で要件を満たす場合は、在籍証明書の提出を

では、外国人が就労ビザ取得の要件を学歴ではなく職歴で満たす場合、雇用

主はどのようなことを確認しておけばいいのでしょうか。

「技術・人文知識・国際業務」をはじめ、「技能」や「企業内転勤」などの在留資格は学歴ではなく、職務経験によっても就労ビザの取得要件を満たすことができます。

それぞれの在留資格ごと、また同じ在留資格の中でも、職種ごとに必要な経験年数は異なりますが、IT エンジニアや企画・財務・会計などの総合職業務に従事する目的で「技術・人文知識・国際業務」を取得するのであれば、短期大学卒業以上（職務内容に関連する専攻科目）の学歴が必要です。しかし、このような学歴を備えていない場合でも「同様の職種で10年以上の職務経験」があることを証明できれば取得できる可能性があります。

したがって、情報工学系の専攻科分野で、短大卒以上の学歴を持たない外国人を海外から日本に呼び寄せて、IT エンジニアとして「技術・人文知識・国際業務」の在留資格を取得させようとするのであれば、本人が提出する履歴書（Resume）などで IT エンジニアとして、10年以上の職務経験を持っているかどうか確認してください。

また、選考課程において、候補者が職務経験を証明できる「在籍証明書」（退職時に前勤務先から発行されたもの）を持っていることがあります。その場合は提示を求め、それによって職務経験（経験職種や年数）を確認することができます。

ただし、発行される在籍証明書は国籍また企業ごとに様式が異なります。職種や経験年数などの事項が記載されていない在籍証明書もあり、その場合は職務内容や経験年数の確認ができません。就労ビザの取得要件を職歴によって満たす外国人の場合、就労ビザの申請で（前職の勤務先が発行した）適切な形式の「在籍・退職証明書」を出入国在留管理庁に提出できなければ、許可がおりることはありません。

したがって、そのような外国人が前職の在籍証明書を取得していない場合は、採用を内定した時点で前職の企業に発行を依頼してもらうことになります。

就労ビザ申請のため、出入国在留管理局に証明する必要がある項目をカバーした在籍証明書については、次ページ**図表2−2**（出入国在留管理庁に提出する）在籍証明書・書式（日英）を参考にしてください。

　このような形式で、以前勤めていた会社などに在籍証明書を発行してもらうよう、外国人本人から依頼してもらい入手します。英語の書式であれば、英語圏の企業に限らず、ほほどの国の企業・団体であっても発行してくれるはずですので、こうした書式を利用するといいでしょう。

　なお、職務経験の「10年」に関しては、実際の職務経験年数以外に、海外の教育機関を含む大学や高等学校などで職種に関連する専攻科目を学んでいた教育期間も含めることができます。

　また、同じ職種であれば勤務先が違っても問題ありません。たとえばA社で5年、B社で5年、C社で3年、合計13年のITエンジニアとしての職務経験を持つ外国人が、就労ビザを取得するためにはA社とB社の2社の在籍証明書は必ず提出しなければなりませんが、C社の在籍証明書は必ずしも必要ありません。ただし、「10年」の職務経験年数に1か月でも足りない場合（証明できない場合）、**就労ビザは許可されません。**最低「10年」という職務経験年数の要件は絶対です。

　ときどき、「数か月足りないけど、ちょっとだけだから大目に見てもらえるかも」と安易に申請してしまう外国人や企業もあるようですが、絶対に就労ビザは許可されませんので、その点はご注意ください。

※ 以下は一例です。

発行日付は必ず記入してもらいます。

April 1 , 2019/2019年 4 月 1 日

Certificate of Employment
在籍証明書

Name: Peter O' Donnell
被雇用者氏名： ピーター・オドネル

Nationality: Ireland
国籍 アイルランド

Date of birth: January 5 , 1984
生年月日 1984年 1 月 5 日

Date of Employment: May 1 , 2007
入社日 2007年 5 月 1 日

職務内容はできるだけ具体的に記載してもらいます。職務経験の証明が必要な職種の場合、出入国在留管庁が許可・不許可の判断をするために必要な項目です。

Date of Resignation: March 31, 2019
退職日 2019年 3 月31日

Position: Interpreter, translator（English, Japanese）
職務 通訳・翻訳業務担当（英語、日本語）

Years of Continuous Employment: Years: 11 Months: 11
勤務期間 年：11年 月：11か月

I hereby certify that the above statement is true and correct.
上記記載事実を証明します。

＜Signature＞署名
_____
Chris Smith
証明書発行者氏名

CEO, Managing Director
発行者の役職

```
ABC Inc.
1 - 2 - 3 , Marunouchi, Chiyoda-ku, Tokyo 111-2222
Contact (Tel) :81- 3 -XXXX-XXXX
会社名
会社所在地
連絡先：電話番号
```

会社代表者や人事部代表者など証明書の発行者の署名と連絡先を記載します。就労ビザの審査時に、出入国在留管理局から在籍確認の連絡（電話ほか）が行くことを想定して、在籍証明書の事実内容を確実に証明してくれる発行者か責任部署（人事部など）の連絡先も入れておくといいでしょう。

Q2 4 外国人の採用を内定したので、雇用条件を理解してもらうために雇用契約書を交付したいと思います。どのように作成すればいいでしょうか？

A

外国人へ交付する雇用契約書も日本人に対するものと同様に、労働法の基準に沿った適正な内容で作成し、外国人の母国語や英語で翻訳文を付けておくと効果的です。また、日本の労働環境に慣れていない外国人社員には、特に労使トラブルになりうるポイントについて、口頭での説明も加えるなど配慮した上で、雇用契約を取り交わすことが大切です。

1 労働条件の通知・雇用契約書の締結は雇用主の義務

　外国人の採用を決定したら、日本に既に在留している留学生や中途採用の外国人、海外にいる外国人にかかわらず、彼らに対して労働条件を通知するか、または雇用契約書の取り交わしを行わなければなりません。

　理由の1つには、外国人の就労ビザを申請する際、彼らの雇用条件を立証する添付資料として、労働条件通知書の写しを、出入国在留管理庁に提出しなければならないということがあります（雇用主の企業規模によっては免除される事案もあり）。

　しかし、それ以上に重要な理由として、雇用主は外国人の人事労務管理に関して、日本人社員に対するのと同様に重い責任を負っているからです。

　労働基準法（第3条）は、雇用主が労働者を雇用する際、賃金や労働時間その他の労働条件に関して国籍による差別をすることを禁止しています。

　したがって、外国人の雇入れにあたっても日本人に対するのと同様に、雇用主は労働基準法の定めに従い本人に対して、明確に労働条件を示さなければな

りません（労働基準法第15条）。

　また、外国人労働者に対する処遇については、労働基準法以外の労働契約法、最低賃金法、労災保険法、雇用保険法、健康保険法、厚生年金保険法などの労働者に関する様々な法律も日本人同様に等しく適用されます。

　加えて、雇用対策法の下、2007年10月以降、外国人を雇用する事業主に対し、外国人労働者の雇用改善や、労働者に関する様々な法律の遵守、外国人雇用管理責任者の配置などを努力義務とした、ガイドライン「**外国人労働者の雇用管理の改善等に関して事業主が適切に対処するための指針**」（厚生労働省）が定められました。

　このガイドラインにも、「外国人を雇用するときは、労働条件を明示し本人に通知すること」と明記されています。外国人を雇用する企業は、このガイドラインにあらかじめ目を通し、内容を理解しておくといいでしょう。

☞ 「外国人労働者の雇用管理の改善等に関して事業主が適切に対処するための指針」（https://www.mhlw.go.jp/bunya/koyou/gaikokujin-koyou/01.html）

---

2 雇用契約書の締結は就労ビザ申請手続きに入る「前」に

　外国人の採用を決定した企業は、必ず内定者の就労ビザ手続きに入る前に、雇用契約書の取り交わしを行うようにしてください。

　なぜなら、中小企業によく見られるのですが、採用を決めた企業が1日も早く内定者に働いてもらう目的で、細かい雇用条件の明示と合意を省略し、早々に就労ビザの具体的な取得手続き（留学生採用の場合は「在留資格変更許可申請」、海外から呼び寄せる場合は「在留資格認定証明書交付申請」）に着手するケースがあります。

　そのようなケースでは、重要な雇用条件をあらかじめ明らかにせずに、たとえば「給料は○○円で」といった程度の大まかな条件だけを口頭で、あるいは

労働法の最低基準を満たしていない、紙切れ一枚程度の簡単な労働条件通知書の交付で済ませていることが多いようです。

このようなやり方は労務管理上の問題もありますが、それに加えて、就労ビザ申請に大きな影響を与えることがあります。

就労ビザ申請時には、企業規模の大きい事業所をのぞく多くの雇用主企業は、出入国在留管理庁に雇用契約書あるいは労働条件通知書の写しを提出しなければなりません。

必要な提出書類は雇用契約書の他にも多くあるため、外国人と雇用主は、雇用契約書の作成と並行して、それらの書類の作成・収集準備に入ります。

そして、双方共に時間と手間をかけ、必要書類を完全に揃え、いざ出入国在留管理庁に提出をしようと、最終的に雇用契約の確認をしたところ、提示された雇用条件が外国人の希望に合わず、最終的に内定を辞退されたという事案も実際にあるのです。

このような事態は、雇用主と外国人双方に時間と労力のロスという残念な結果をもたらしてしまいます。特に企業が就労ビザ申請の手続代行を行政書士や弁護士など、外部の専門家に依頼していた場合は併せて金銭的な被害も被ることになるでしょう。

このようなリスクを避けるためにも、採用者が内定したら、最初に必要な雇用条件を明示、労使双方の合意を確定した後で、就労ビザの手続きに着手してください。

3 労働条件通知書よりも雇用契約書の締結を

労働基準法では、雇用主が労働者の採用にあたり、**労働条件**を書面やファックス・メールなどによって、労働者に明示することを義務付けていますが、**雇用契約書**の取り交わしまでは義務付けていません（労働条件通知書）。

では、労働条件通知書と雇用契約書の違いは何でしょうか。いずれにおいても、労働者に対して明示しなければいけない事項（例：労働契約の期間、就業する場所、賃金など）は同じです。違う点は、労使双方の署名・捺印の有無です。

労働条件通知書は雇用主が、法律で定められている一定の労働条件を、書面に記載して労働者個人に配布するものであり、一方通行的な「通知書」です。

　一方、雇用契約書は、労働条件について、雇用主と労働者が合意をし、その証明として書面に双方の署名・捺印をし、2通の原本を作成、それぞれ1通ずつの原本を保管しておく「契約書」です。労働基準法上は、労働条件通知書あるいは雇用契約書、いずれの方法によっても雇用主としての、労働条件の明示義務は果たしていることになります。

　なお、外国人の就労ビザを申請する場合も、出入国在留管理庁に提出するのは労働条件通知書でもよいことになっています。

　実際、日系企業の場合、中小企業はもちろん中堅あるいは大企業であっても、その多くが日本人・外国人に限らず、雇用契約書ではなく労働条件通知書を交付しているようです。

　このように、労使双方の合意・確認までを含めた雇用契約書を取り交わしていない企業の場合、いったん労働条件に関する労使トラブルが起こると「言った、聞いていない」と泥沼の論争になり解決に時間がかかってしまいます。

　また、労使紛争に発展しないまでも、採用した日本人含め外国人社員が、事前の労働条件の確認不足によって不満を募らせ、短期間で退職してしまうケースは経験上、さらに多く見られます。

　このような残念な結果を招かないために、雇用主として、一方的に雇用条件を通知する労働条件通知書ではなく、雇用契約書を作成し、外国人の合意を得た上で、安心して入社してもらうことが長期の継続雇用につながるのではないでしょうか。

　なお、外国人労働者は、先進国出身者、途上国出身者などの出身国の別や、新卒、既卒、職種あるいは個人の性格によっても違うので一括りにはできませんが、入社時に給与やその他の待遇面を重要視する外国人は、一般的に日本人に比べて多いようです。

　したがって、外国人と取り交わす雇用契約書は、特に給与や昇給などの重要

な待遇面について、将来労使トラブルに発展することがないよう、正確で適正な表記、表現で作成しましょう。

4 雇用契約書作成に必要な４つのポイント

特に初めて日本で働く外国人に対しては、労働条件と併せて、できるだけ労働法や慣行など日本の労働環境に関する状況を本人に説明し、理解してもらった上で雇用契約を取り交わしておくといいでしょう。

なぜなら、既卒で母国や海外での就労経験はあるものの、来日経験がなく、日本文化や労働環境にまったく知識がない外国人が初めて日本で働き始めると、長時間労働や上司・同僚との関係性など母国とまったく異なる職場環境に驚き、順応できず、結果、せっかく就労ビザを取得して来日・入社したのに、あっという間に帰国してしまうというケースが少なくありません。

このようなことにならないよう、雇用契約を取り交わす課程で、できるだけ会社の労働条件に加えて、日本の労働環境に関する情報を提供しておくと「そんなことは聞いていなかった」というようなことにならず、早期退職・帰国のリスクを防げるのではないかと思います。

① ポイント１．労働法に従った適法な雇用契約書の作成を

労働条件通知書や雇用契約書によって労働者に明示しなければならない事項は、労働基準法で定められています。その中でも、必ず（書面またはファックスや電子メール・SNS などによって、明示しなければならない項目）と、（その会社に、就業規則などで決まりがある場合は明示しなければならない項目）に分かれています。

以下の記載事項を漏れなく明記して、通知についても法令通りの方法で行わなければ、雇用主には労働基準法の義務違反が発生します。

① 必ず書面またはファックスや電子メール・SNS 等で明示しなければならない項目

以下の項目は、必ず、雇用契約書に記載して本人に配布しなければなりません。

- 労働契約の期間
- 有期労働契約を更新する場合の基準

  ［例］正社員なのか、有期の契約社員なのか、契約社員の場合、契約の満了時期はいつなのか、契約更新があるのか、更新をする場合はその要件等
- 就業の場所、従事する業務

  ［例］労働者が実際に労働する職場の住所や、採用後に従事する業務内容など
- 始業・終業の時刻、時間外労働の有無、休憩時間、休日、休暇、2交代制で就業させる場合における就業時転換に関する事項
- 賃金額、計算や支払い方法、締切日、支払時期、昇給に関する事項（退職金や賞与については除く）
- 退職に関する事項（解雇の事由を含む）

> ※　①の項目については、2019年4月の労働基準法施行規則の改正により、従来の書面による通知から、書面を含むファックスや電子メール・SNSなどによっても通知が可能になりました。ただし、電子メールやSNSで明示する場合は、印刷がしやすいよう添付ファイルで送らなければなりません。

② **必ず明示しなければならないが、書面でなくてもよい項目**

- 昇給に関する事項

この明示は、雇用契約書の配布、口頭、あるいは該当する項目が記載されている就業規則を渡すことによっても可能です。

③ **その会社に就業規則などで決まりがある場合、明示しなければならない項目**

- 退職金支払いの規定がある場合、その規定が適用される労働者の範囲や退職金の決定・計算・支払い方法・支払い時期
- 退職金以外の臨時的な賃金（慶弔金など）、賞与、最低賃金額に関する事項

- 労働者に負担させる食費・作業用品・その他に関する事項
- 安全衛生に関する事項
- 職業訓練に関すること
- 災害補償や業務外の傷病扶助に関すること
- 表彰・制裁に関すること
- 休職に関すること

上記の明示は雇用契約書の配布、口頭、あるいは該当する項目が記載されている就業規則を渡すことによっても可能です。

❷ ポイント2．トラブルが起こりやすい事項について、具体的に明記する

以下の4点は、具体的に明記されていないと、その適用をめぐって判断があいまいになり、将来トラブルになりやすい要注意項目です。

雇用契約書を作成したら、これらの項目は特に念入りに、外国人労働者にとって、わかりやすく容易に理解できる表現になっているか確認してください。

① 有期雇用契約の場合、契約期間、また、契約の更新があるのかどうか

雇用契約の更新がある場合は更新の基準や、契約更新をしない場合、契約満了何か月前までに労働者に通知するかなど。就業規則で代用する場合、就業規則も併せて配布するか、イントラネットなどで閲覧する場合はアドレスも記載する。

② 年次有給休暇の取得時期や取得方法

③ 基本給・時間外労働時の賃金、賞与の支払いや昇給、みなし残業手当など主に賃金面について

④ 試用期間含む解雇に関する事由

❸ ポイント3．就労ビザの取得や更新ができた場合に発効する、停止条件を付ける

採用を内定した外国人は、就労ビザが許可、または更新されなければ働くこ

とはできません。

　したがって、雇用契約書には必ず、就労ビザの許可・更新がなされない場合は、雇用契約が無効であることを明確に示す条項を入れておきます。表現はどのような形でもかまいません。

[記載例]

　「この雇用契約は、日本政府の正当で就労可能な在留資格の許可または在留期間の更新を条件として発効する。」

（上記英訳）

This agreement shall take effect upon receipt from the Japanese government of work and residence permission or renewal of that permission.

❹ ポイント４. 外国人の母国語または英語の翻訳文を添付する

　企業規模にかかわらず、日系企業の多くが、外国人社員に対しても日本人に対するものと同様に日本語だけの雇用契約書や就業規則を配布しているようです。

　日本語能力が比較的高い外国人であっても、表現が特殊な雇用契約書や、長文の就業規則を読んで、正確に理解するのは難しいはずです。社員として、必ず、知っておかなければならない会社のルールが示されているものが雇用契約書や就業規則です。たとえ、法律で決められたとおりの方法で作成・配布をしたとしても、受け取る社員が肝心の内容を十分に理解できないのであれば意味がありません。

　ですので、社員が雇用契約書や就業規則の内容をスムーズに理解できるように、できれば本人の母国語で、それが難しいのであれば多国籍の社員向けに、公用語版として英語で翻訳文を作成して配布することも検討してください。

　従来の雇用契約書を、今すぐに英語や外国語に翻訳するのが難しいのであれば、厚生労働省がインターネットで公開している、外国語版の労働条件通知書のモデル版を利用することもできます。

2019年5月現在、英語、中国語、韓国語、ポルトガル語、スペイン語、タガログ語、インドネシア語、ベトナム語の8か国語版が公開されています。こうしたモデル版を参考にして、会社の個別の状況・労働条件に応じた雇用契約書を作るのもいいでしょう。

☞ 厚生労働省「外国人労働者向けモデル労働条件通知書」（8か国語版）（https://www.mhlw.go.jp/new-info/kobetu/roudou/gyousei/leaflet_kijun.html）

公用語の英語翻訳版に関しては、英語を母国語とする外国人社員だけではなく、英語を外国語として理解する外国人のためにも、**シンプルでわかりやすい英文**で作成します。雇用契約書や就業規則の英語翻訳には、ネィティブしかわからないような、格調高い英文は必要ありません。

図表2-3の雇用契約書（日本語・英語併記）は、筆者が作成したモデル版です。この雇用契約書は、雇用主企業に就業規則がないことを前提に作成しています。

このモデル版を利用して、英文雇用契約書を作成する際には、各項目を自社の現状にあわせて適切な内容に調整してください。

図表2-3 雇用契約書の記載例（日英）

EMPLOYMENT CONTRACT
雇用契約書

ABC Co., Ltd. (the "Company") and Nigel John Taylor (the "Employee") hereby enter into the following contract of employment.

ABC株式会社（以下、甲という）とNigel John Taylor（ナイジェル・ジョン・テイラー）（以下、乙という）とは、以下の条件により労働契約を締結する。

1. Employment Period

　　The period of employment shall be from January 1, 20XX to December

31, 20XX (one year with the possibility of renewal).

1．雇用期間

20XX 年 1 月 1 日〜20XX 年12月31日 （1 年・更新あり）

2. Renewal of contract

The contract may be renewed. It shall be determined by the following factors.

(1) Volume of work to be done at the time the term of contract expires

(2) Employee's work record and work attitude

(3) Employee's capability

(4) Business performance of the company

(5) State of progress of the work done by the employee

(6) Others

2．契約更新の有無

更新する場合がある。更新をする場合は次により判断する。

(1) 契約期間満了時の業務量

(2) 勤務成績・態度

(3) 能力

(4) 会社の経営状況

(5) 従事している業務の進捗状況

(6) その他

3. Place of Employment

The Employee will be located at the Employer's head office (give address).

3．就業場所

本社 （住所記載）

4. Work to be Performed

Prepare internal reports for overseas operations, check various English language contracts, interpret for senior executives, assist with general departmental work (general strategy, overseas subsidiary and affiliated company planning and partnerships) and perform the work of other departments to the extent that this does not interfere with the principal work responsibilities of the International Planning Department.

4．従事すべき業務

海外向け社内報発行、各種英文契約チェック、要人通訳、部付業務全般（全体戦略、海外子会社・関連会社企画、提携）補佐等、尚その他、国際企画部の基本業務に支障のない範囲で他部門の業務も行う。

5．Work Hours

9：00 am to 5：00 pm（Rest period 12：00 pm to 1：00 pm）

When December 30 is a work day, work hours will be until 1：00 pm.

5．就業時間

9：00〜17：00（休憩時間12：00〜13：00）

12月30日が出勤日の場合、勤務時間は13：00までとする。

6．Holidays

Holidays include Saturdays, Sundays, national holidays, the afternoon of December 30 to January 4, other specially determined holidays, summer holidays (five days during the months of July and August)

6．休日休暇

土曜日、日曜日、国民の休日、12月30日午後〜1月4日、その他特別の理由により決定する臨時休業日、夏期休暇5日（7月〜8月）

7．Overtime Work

Applicable

7．所定労働時間を超える労働の有無

あり

8．Annual Paid Vacation Days

The Employee shall have twelve annual paid vacation days that may be taken in half days (morning or afternoon).

Two half vacation days shall be calculated as one full vacation day, but half days may only be taken a total of twelve times.

Unused vacation days may be carried over to the next year only.

8. 年次有給休暇

有給休暇は年間12日とし、半日単位（午前・午後）で取得することができる。但し、半日休暇は2回取得をもって有給休暇1日に換算し、1年度につき12回を限度とする。今年度の年次有給休暇に残余日数がある場合は翌年度に限り繰り越すことを認める。

9. Wages

Basic Salary:	XXXXX Yen
Overtime Allowance: Within legal hours:	XXXXX Yen
Outside of legal hours:	Paid in accordance with the Labor Standards Law.
Bonus:	XXXXX Yen
Retirement Benefits:	Not applicable

Salary increases shall be determined based on the Employee's qualifications according to the Company's separately determined criteria.

9. 賃金

基本給与：	XXXXX 円
時間外手当：法定内	XXXXX 円
法定外	労働基準法の規定通りの割増賃金を支払う。
賞与：	XXXXX 円
退職金：	支給しない

給与処遇については、甲の定めるところにより別に発令する資格を適用し、処遇する。

10. Salary Calculation Period

I. Salary shall be paid monthly for the period from the first to the last day of the month ("Salary Period").

II. Employees joining or leaving the company in the middle of a Salary Period shall be paid proportionately for the days worked.

10. 給与計算期間

I. 給与の計算期間（以下給与期間という）は毎月の1日から末日までとする。

II. 給与期間の中途において入退社したときは、在社日数に応じ1／営業

日数の日割額をもって計算する。

11. Pay Day

Salary shall be paid on the 20th day of the Salary Period. In the event that pay day falls on a non-business day, salary shall be paid on the business day prior to pay day. The bonus shall be paid on the 10th of the corresponding month. In the event that bonus payment day falls on a non-business day, the bonus shall be paid on the business day prior to that day.

11. 給与支給日

給与期間の20日に支給し、給与支給日が休日にあたるときは、前日に繰り上げ支給する。

賞与は該当月の10日の支給とし支給日が休日にあたるときはその前日とする。

12. Allowance

Transportation Costs: Transportation costs shall be paid in accordance with the Company's rules.

12. 手当

通勤費：甲の規定により支給する。

13. Social Insurance

The Employee shall be covered by health insurance, employee pension, employment insurance and workers'accident compensation Insurance.

13. 社会保険

健康保険、厚生年金、雇用保険、労災保険の各保険に加入する。

14. Termination of Employment

〈Termination〉

The Employee's employment shall be terminated for any of the following.

(1) The Employee's request to resign for personal reasons is approved;

(2) A predetermined period of employment ends;

(3) Death of the Employee;

(4) The Employee requires more than the stipulated amount of leave due to a non-work related injury or illness.

〈Termination Procedures〉

In the event of termination due to the Employee's personal reasons or due to termination of the contract period, the Employee shall submit a statement of resignation with the reason to the Company on the appropriate Company form at least one month prior to termination.

Retirement benefits shall not be paid upon termination of employment.

14. 退職に関する事項

（退職）

乙が次の各号のいずれかに該当するときは退職とする。

　　(1) 自己の都合により退職を願い出て承認されたとき

　　(2) 期間の定めのある雇用が満了したとき

　　(3) 死亡したとき

　　(4) 業務外の傷病による休職が所定の期間を経過したとき

（退職の手続）

乙が自己の都合または契約期間満了にて退職するときは、その事由を記載した甲所定の退職願を添えて少なくとも退職日の1ヶ月前までに甲に申し出ることとする。

退職の際、退職金は支給しないものとする。

15. Dismissal

〈Dismissal〉

The Employee shall be dismissed for any of the following.

　　(1) The Employee is deemed unable to handle the assigned work due to mental or physical disability;

　　(2) The Employee is deemed unsuitable for employment due to lack of necessary skills or poor work performance;

　　(3) The Employee fails to demonstrate a positive attitude toward work and fails to improve after repeated warnings;

　　(4) The Employee fails to cooperate with colleagues or engages in behavior that has a damaging effect on other employees'work performance;

(5) Any other serious problem that merits dismissal after the appropriate procedures have been taken.

⟨Dismissal Procedures⟩

In the event of dismissal as described in the previous clause, except in the event of the following, the Company shall provide the Employee with a thirty-day notice period or a notice allowance equivalent to thirty days'average wages as stipulated in the Labor Standards Law. The thirty-day notice period may be shortened only by the amount of days for which average wages are paid.

(1) Dismissal during the probationary period within fourteen days of employment;

(2) Dismissal for reasons attributable to the Employee when approved by the Labor Standards Supervision Office.

15. 解雇に関する事項

（解雇）

乙が次の各号のいずれかに該当するときは甲は乙を解雇する。

(1) 精神または身体の障害により、業務に耐えないと認められるとき

(2) 能力が著しく不足し、または勤務成績が著しく不良で就業に適さないと認められるとき

(3) 勤務態度が不良で、再三注意、指導しても改善が見られないとき

(4) 著しく協調性を欠き、他の従業員の業務遂行上悪影響を及ぼすとき

(5) 前各号のほか、乙に解雇するに足る重大な事由があり、所定の手続きを経たとき

（解雇の手続）

前項により解雇する場合には、次の各号に掲げる場合を除き、甲は30日前に乙に予告し、または労働基準法に規定する平均賃金の30日分に相当する予告手当を支給する。その場合、予告日数の30日間に関しては、上記予告手当を支払った日数だけ短縮することができる。

(1) 試用期間中であって採用日から14日以内の場合

(2) 乙の責に帰すべき事由によって解雇する場合で、労働基準監督署長の認定を受けた場合

16. Confidentiality

   I. Employees, while employed by the Company and after termination of employment, may not disclose, use for any other purposes or leak Company or Company director, employee, customer or other confidential or personal information obtained during the Employee's work without a valid reason.

   II. In the event that the Employee intentionally or unintentionally violates clause I above, the Employee must compensate the Company for damages. In the event that the damage is unintentional, however, the amount may be reduced or the Employee exempted.

   III. When so requested by the Company, the Employee must observe, implement and sign any Company documents regarding confidentiality (namely the Statement of Treatment of Personal Information).

16.（秘密保持義務）

   I. 乙は業務上知り得た甲、甲の役員、従業員、顧客その他の関係者の秘密及び個人情報を正当な理由なく開示し、利用目的を逸脱して取扱い、または漏洩してはならない。

   在職中はもとより、退職後においても同様とする。

   II. 乙が故意または過失によりI.に違反し、それによって甲に損害を与えた場合にはその損害を賠償しなければならない。但し過失によるときは事情によりこれを減免することがある。

   III. 乙は甲が要求する場合には甲の秘密事項に関する適切な書類（秘密保持契約）を遵守し、実行かつ署名しなければならない。

17. Prohibition of Concurrent Employment

   The Employee may not become a director or employee of another company or conduct a business without permission from the Company.

17. 兼業の禁止

   乙は甲の許可なく、他の会社の役員、従業員となり、または自ら事業を営んではならない。

18. Reference

   Any matters not covered by the above agreement shall be determined by the Labor Standards Law and other related laws. This agreement shall take effect upon receipt from the Japanese government of work and residence permission or renewal of that permission.

18. 備考

上記に定めのない事項については労働基準法等関係諸法令の定めに従うものとする。

なお、この雇用契約は乙に対する、日本政府の正当で就労可能な在留資格の許可または在留期間の更新を条件として発効するものとする。

Date: _____ day of _____ , 20XX

日付：

Employer（Company）

     Taro Yamada, Human Resources Dept. Manager

     ABC Co., Ltd.

     〈Address〉

     _____

雇用主（甲）

     人事部部長　山田　太郎

     ABC 株式会社

     〈住所〉

     _____

     （署名又は押印）

Employee

     Nigel John Taylor

     〈Address〉

     _____

被雇用者（乙）

     ナイジェル・ジョン・テイラー

     〈住所〉

     _____

     （署名）

A

外国人社員にも日本人社員同様に、雇用契約書と併せ、「守秘義務及び競
業避止に関する誓約書」を交付して署名をもらっておきましょう。秘密保持
義務を課す「営業上の秘密」については、①秘密管理性、②有用性、③非
公知性という要件全てを満たすことが求められます。

また、同業他社への転職に制限をかける競業避止義務については、①制限
の利益、②場所的範囲、③制限の対象となる職種の範囲、④代償の有無
などによって、その内容が合理的なものであるかどうかが判断されます。

就業規則や雇用契約書の他に、秘密保持契約書・誓約書で義務の履行を義務付ける

通常、会社員は入社時、特定のプロジェクトなどの参画時または退職時など
に「秘密保持契約（誓約）書」などによって、在職中（プロジェクト参画時）に
知り得た営業上の機密について守秘義務を課せられます。

これらの秘密保持義務は、不正競争防止法という法律を根拠にしており、企
業はこの法律を基に、主に就業規則に必要な条項を記載して、社員が追うべき
営業上の秘密保持義務を明示しています。

ただし、就業規則に、このような秘密保持義務に関する条項を記載していな
い、または設立から間がなく、就業規則自体がないという企業もあると思いま
す。そのような企業が、日本人・外国人に限らず、社員の採用を行う場合は雇
用契約書に、秘密保持誓約条項を必ず入れておくべきです。

とは言っても、雇用契約書に秘密保持に関する一般的な条文を入れるだけで

は、業種や外国人の職種によっては不十分な場合もあるでしょう。たとえば高度な専門職や役員の場合は特に、転職前に在籍していた企業に対して、厳しい秘密保持義務を負っていることが多いものです。

　そのような社員に対しては、前職における秘密保持・競業避止義務の有無について確認した上で、個別に取り交わす契約書や誓約書によって、義務の履行に関する合意を得ておくことが重要です。

❶ 秘密保持義務を課す「営業秘密」とは？

　不正競争防止法によって、雇用主が社員に対して守秘義務を課せられる「**営業秘密**」であると認められるには、①秘密管理性（秘密として管理されている情報であること）、②有用性（事業活動に有用な技術上または営業上の情報であること）、③非公知性（公然と知られていない情報であること）という3要件全てを満たすことが求められます。

　雇用主の判断によって、どのような情報でも広範囲に秘密保持の対象にして、守秘義務を課せられるわけではないということです。

　また、雇用主が上記の要件全てを満たすと判断し、秘密保持の対象として、社員に秘密保持義務を課したとしても、その情報が実際に不正競争防止法で保護の対象となる「営業秘密」に該当するのかという最終判断は何らかのトラブルが発生し、裁判に発展したときに裁判所が下すことになります。

　それでも、雇用主企業が「営業秘密」として扱う自社の営業上の重要情報について、雇用契約書や個別の秘密保持契約書によって、秘密保持義務を明確に示しておくことは重要です。

　不正競争防止法については、所管する経済産業省のウェブサイトで詳細や秘密保持契約書の記載例などが見られます。このサイトでは、経済産業省がモデル版としている雇入れ時の秘密保持契約書（日本語）の記載例も見られますので、興味がある読者は参考にしてください。

☞ 経済産業省「不正競争防止法」(https://www.meti.go.jp/policy/economy/ chizai/chiteki/index.html)

② 競業避止義務（転職禁止）は無制限には課せられない

　就業規則や秘密保持契約書でよく見られる、「社員は、乙を退職後〇年は、会社と競合する企業に就職したり、役員に就任するなど直接、間接を問わず関与したり、または競業する企業を自ら開業してはならない」というような条文を、競業避止義務といいます。

　これは、不正競争防止法に基づいて、退職する社員が業務上知り得た秘密などを持ってライバルの同業他社に転職することを制限するものです。しかし、この競業避止義務は労働者に対して憲法上保障されている、職業選択の自由（転職）を制限することになるため、雇用主は無制限にこれを義務付けることはできません。

　裁判例では、競業避止義務の内容が有効であるかどうかは次の4つの基準から判断されると示されています。

① 制限の利益（いつまで義務を負うか／いつまで転職できないか）

② 場所的範囲（転職先の所在地）

③ 制限の対象となる職種の範囲（転職できない職種がどのように限定されているか）

④ 代償の有無（転職を禁止する期間について退職金の上積みがされているか、または毎月の支払いがされているか）

　実際に訴訟になった場合、これらの基準によって、課せられた競業避止義務が有効かどうか厳格に判断されることになります。

　たとえば、①の制限の利益については一般的に、転職禁止期間は6か月から長くて2年以内、②の場所的範囲（転職禁止の事業所の地域）については、営業

範囲が重複する市町村程度とされているようです。これら裁判例で示された基準を大幅に超える、長い転職禁止期間や広範囲にわたる転職禁止地域を定め、競業避止義務を課したとしても、そもそもの契約自体が無効になってしまう可能性があります。

　したがって、競業避止契約についても、秘密保持義務契約同様、法律の趣旨や適用範囲、有効性をきちんと理解した上で適法な契約書を作成し、社員に十分説明した上で合意を得ておくといいでしょう。

　秘密保持契約書を作成したい場合は、弁護士や司法書士などの契約書作成の専門家、あるいは人事労務管理を専門とする、社会保険労務士などに相談すると有効なアドバイスを得られます。

　以下に、筆者が作成した就業規則や雇用契約書に記載する、一般的な秘密保持誓約条項の条文例（日英）と、秘密保持に関する誓約書のオリジナルサンプルを掲載していますので参考にしてください。

■秘密保持義務条項の記載例

【日本語】

秘密保持

　従業員は職務上の注意を欠いて会社の業務上の秘密・機密情報を不正に使用、開示及び漏洩させてはならない。

2．前項にいう会社の業務上の秘密・機密とは、会社が保有する技術上もしくは営業上の情報であって、会社が秘密・機密として指定したものをいう。

3．会社を退職後も同様の扱いとする。退職する従業員は秘密・機密保持契約書を提出しなければならない。これに反し、秘密・機密情報を漏洩した従業員には損害賠償請求をおこなうことがある。

【英文翻訳】

Secrets and Confidentiality

　Employees must not use improperly, disclose or leak Company business secrets or confidential information through carelessness.

2．For the purposes of the preceding clause, Company business secrets and confidential information shall be defined as Company owned technology or sales information that the Company has designated as secret or confidential.

3．Former employees shall also have the same obligations regarding Company secrets and confidential information. Terminating employees must submit a Confidentiality Pledge. Employees who violate this pledge and leak secrets or confidential information may be required to pay compensation for damages.

■競業避止義務条項の記載例

【日本語】

競業避止

　従業員のうち役職者、又は企画の職務に従事していた者が退職し、又は解雇された場合は、会社の承認を得ずに離職後1年間は日本国内において会社と競業する業務を行ってはならない。また、会社在職中に知り得た顧客と離職後1年間は取引をしてはならない。

2．退職する従業員には競業避止誓約書の提出を求める。これに違反し会社損害を与えた場合には、損害賠償を請求することがある。

【英文翻訳】

Non-Competition

　Managers or employees engaged in planning whose employment is terminated or who are dismissed may not engage in business that competes with the Company within Japan for a period of one year after leaving the Company without permission from the Company, and they may not do business with customers of which they learned through their work with the Company for a period of one year after leaving the Company.

2．Terminating employees must submit a Pledge of Non-Competition. Those who violate the pledge and cause damage to the Company may be required to pay compensation for damages.

20XX 年 X 月 X 日

Date: _____

Confidentiality and Non-Competition Pledge
守秘義務および競業避止に関する誓約書

To: Taro YAMADA, President
ABC Inc.
代表取締役　山田　太郎殿
ABC 株式会社

Name　　　　　　　Seal
Address
氏名　　　　　　　　（印）
住所

　In my appointment to the employee of the Company and upon termination of employment, I pledge to observe the following.
　私は、貴社に入社、退職にあたり、以下の事項を遵守することを誓約いたします。

記

1. Confidentiality
1. 守秘義務

(1) I pledge not to disclose or divulge any confidential Company information learned in the course of my duties to any third party, whether during or after my term of office. I also pledge not to use any confidential information for personal benefit or for the benefit of a third party.
(1) 職務上知り得た貴社の機密事項を在職中および退任後も、第三者に開示または漏えいしないことを誓約致します。また機密事項を自らまたは第三者のために使用しないことを誓約致します。

(2) I pledge that even if I am involved in the formation or creation of confidential information, the confidential information belongs to the Company.

(2) 機密情報については、私がその秘密の形成、創出に関わった場合であっても、その機密情報の帰属は、貴社にあることを誓約致します。

(3) When my employment terminates, I will return to the Company all materials used at the Company and all documents, photographs, electronic data and other materials used in Company business.

(3) 退職する場合においては、貴社で使用する資料および貴社の業務で使用した機密情報に関する書類、写真、電子データ等を貴社に返還致します。

2. Non-Competition Requirement
2. 競業避止義務

(1) I pledge not to compete with any business engaged in by the Company or enter into any competitive transaction that may conflict with the interests of the Company during my term as employee without the approval of the Company.

(1) 在職中は、貴社の承認を受けることなく、貴社が行う事業と競合し、利益の衝突を来すおそれのある競業取引を行わないことを誓約致します

(2) I pledge not to engage in the business of manufacturing or selling _____ materials, and not to become an investor, shareholder, employee, director or consultant of any individual or entity in the same business as the Company in the same or a neighboring prefecture to a Company business location for a period of two years following termination of my employment without the Company's approval.

(2) 退職後、2年間、貴社の承認を受けることなく、貴社の事業所が存する同一都道府県および隣接する都道府県において、○○資材の製造・販売を業とする事業を行うこと、および同事業を行う個人または法人の出資者、株主、従業員、取締役または顧問等に就任等しないことを誓約致します。

外国人を採用する前のチェック・リスト

はじめに、Q1-5で以下の【ケース1】、Q1-6で【ケース2】の採用の流れを確認してください。

【ケース1】日本にいる留学生や転職者の採用

☐ ① 面接時、在留カードの原本を提示してもらい、カードの真贋や資格外活動の有無など不法性はないかチェックしたか？（在留カードのコピーを保管した）　　　　　　　　〔参考：Q2-1、Q2-2〕

☐ ② 採用後、就労ビザの変更や更新、就労資格証明書の取得が可能か確認したか？　　　　　　　　　　　〔参考：Q2-1、Q2-2〕

【ケース2】海外にいる外国人の採用

☐ ① 選考時、候補者に従事させる業務に応じた在留資格（就労ビザ）が取得できるか、確認したか？（履歴書、大学などの卒業証書や履修証明書等を確認した）　　　　　　　　　〔参考：Q2-3〕

■採用を決定した後のチェック項目
【ケース1・2共通】

☐ ③ 雇用契約書や秘密保持契約を取り交わしたか？　わかりにくい部分は本人に十分説明を行ったか？　　〔参考：Q2-4、Q2-5〕

☐ ④ 受入れ準備は整っているか？
　　・借り上げ社宅や寮の手配を行ったか？　　　　　〔参考：Q4-6〕
　　・日本語学校等の手配など必要に応じて手配を行ったか？

就労ビザ取得の実務Q&A

Q3-1 就労ビザの審査については、雇用主の事業規模によって、提出書類や審査期間に違いがあるのでしょうか？

A

就労ビザの申請において、雇用主は「所属機関」とされ、その企業規模によって4つにカテゴリー分けされています。上場企業や一定額以上の給与所得税を納税している企業はカテゴリー1・2とされ、申請書類の数や審査にかかる期間が、その他のカテゴリーの企業に比べて軽減・短縮化されています。

1 雇用主企業は企業規模ごとにカテゴリー分けされている

　外国人が入国管理に関する様々な申請手続きを行う場合、その外国人の雇用主である企業も「所属機関」として、自社に関する様々な資料を提出して、外国人とともに審査を受けることになります。

　2009年9月以降、国はこれら就労ビザのスポンサーである雇用主企業を、規模ごとに**図表3-1**のような4つのカテゴリーに分け、就労ビザに関する申請を行うときに提出する添付資料や立証資料の数、また審査にかかる所要期間について差別化しています。

　この表からもわかるとおり、企業規模の大きい企業であればあるほど、就労ビザ申請時に提出する立証書類の種類や数が軽減され、審査にかかる期間も短くなります。

　提出書類について言えば、大企業であるカテゴリー1や、給与所得の源泉徴収納税額が大きい（業績が高い）カテゴリー2までの団体や個人が雇用主として、就労ビザの申請をする場合、カテゴリー3や4の団体であれば絶対に提出しなければならない外国人本人の学歴や職歴・履歴を証明する立証書類をはじ

図表3−1 就労ビザ申請時の企業カテゴリー

	カテゴリー1	カテゴリー2	カテゴリー3	カテゴリー4
カテゴリー区分	・日本の証券取引所に上場している企業 ・保険業務を営む相互会社 ・国内あるいは海外の国・地方公共団体 ・独立行政法人 ・特殊法人・認可法人 ・国内の国・地方公共団体の公益法人 ・法人税法別表第1に掲げる公共法人	・前年分の「給与所得の源泉徴収票等の法定調書の合計表」中、「給与所得の源泉徴収票等の法定調書の合計表」の「源泉徴収税額」が1,500万円以上ある団体・個人	・前年分の「給与所得の源泉徴収票等の法定調書の合計表」が提出された企業・団体・個人で、「源泉徴収税額」が1,500万円未満の団体・個人	・カテゴリー1、2、3のいずれにも該当しない団体・個人 ※　主に、設立間もなく、「給与所得の源泉徴収票等の法定調書の合計表」を提出していない新規設立企業や個人事業主などが該当。
提出書類の数	カテゴリー3、4に比べて**大幅に軽減**		カテゴリー1、2に比べて多い。	カテゴリー1〜3に比べて多い。
審査の所要期間（目安）	・在留外国人の在留資格変更や在留期間更新、海外から招へいする場合の在留資格認定証明書交付申請の平均的な審査にかかる所要期間 ⇒2週間〜1か月程度		・在留外国人の在留資格変更や在留期間更新の平均的な審査にかかる所要期間 ⇒1か月〜2か月程度 ・海外から招聘する場合の在留資格認定証明書交付申請の平均的な審査にかかる期間 ⇒1か月〜長くて2、3か月	

め、雇用契約書、雇用主の決算書、登記事項証明書など様々な書類の提出が基本的に全て免除されます。

　なお、申請書類の詳細は法務省のウェブサイトから確認できます。また、カテゴリーごとの具体的な提出書類の種類については、Q3−6及びQ3−10で解説していますので、そちらで確認してください。

2 就労ビザ申請時には、カテゴリーの区別に限らず、学歴・職歴等の立証書類の確認と提出を

　就労ビザ申請時、雇用主によって提出が義務付けられている立証資料は、カテゴリー1の団体の場合、上場企業であることを証明できる四季報の写しなど、カテゴリー2の団体の場合は、1,500万円以上の源泉徴収税を納税していることが証明できる「給与所得の源泉徴収票等の法定調書の合計表」の写し（提出先税務署の受付印があるもの）のみとなります。

　つまり、外国人が就職・転職で就労ビザの変更や更新申請を、または海外にいる外国人が日本の企業から招へいされて、就労ビザの取得申請をする場合、カテゴリー1や2のような大企業が雇用主であれば、出入国在留管理庁に提出する書類は、申請用紙（外国人本人の署名と会社代表者印の押印がされたもの）に加えて基本的には、上記の四季報の写しや税務書に提出した証明書のコピーのみを提出すればいいだけです。

　ただし、これらの提出書類は、あくまでも出入国在留管理庁が「必須提出書類」として一般に公開しているものであり、申請後、必要に応じて他の添付資料の追加提出を求めてくるケースも多く、そのような追加要請が予想される場合は、事前に必要と思われる資料について、カテゴリー1、2の雇用主であっても申請の時点で提出しておくほうが無難です。

　出入国在留管理庁が追加提出を要請する書類とは、申請する内容（在留資格を変更・更新する場合・招へいする場合の在留資格認定証明書交付申請など）や在留資格によって様々ですが、よく見られるのは、外国人が従事する職務内容が、所定の申請用紙の記載内容からだけでは、判断できなかった場合などが該当します（在留資格該当性が判断できない）。

　そのような場合、出入国在留管理庁はカテゴリー1、2の企業であっても、雇用主に対して、入社後の職務内容に関する立証書類を要請してくることがあります。したがって、入社後の職務に関して雇用主が記述した「職務記述書」や「雇用理由書」などを、最初から立証資料として提出しておくと、追加要請

によって生じる審査期間の長期化などのタイムロスが避けられます。

　筆者が上記のような就労ビザ申請の代行業務を受託するときには、依頼主企業がカテゴリー1や2の顧客であっても、提出が免除されている外国人の大学等の卒業証書や在職証明書のコピーなどの重要な立証書類は必ず提出をお願いし、申請時点で出入国在留管理庁に提出しています。

　なぜなら、立証書類の提出が免除されているといっても、学歴や職歴などの外国人が就労ビザを取得するために求められている要件は、カテゴリーの別に限らず、必ず満たさなければならない入管法の規定です。

　したがって、外国人による学歴や職歴の詐称を前提にしているわけではありませんが、カテゴリー1や2の企業が、立証書類を提出しなくて良いからと、経歴に関する確認を怠って、将来何かトラブルが起これば、申請の提出を代行した筆者、依頼主である顧客（雇用主企業）、そして申請人である外国人本人に対してもペナルティが課せられる可能性があるのです。

　このような、大学の卒業証書や前職の在職証明書などについては、コピーを提出すればよく、特に卒業証書は卒業時に全員が交付されているものなので、採用予定の外国人に依頼をすればメールで簡単に提出してもらえます。

　一般的な企業であれば日本人の新入社員に対しても、大学等の卒業証明書の提出を求めているはずです。カテゴリー1、2の企業であっても日本人社員同様、自社がスポンサーとなる外国人の学歴や職歴の確認を行い、就労ビザ申請では必ず、立証書類も含めて提出しておくことをお勧めします。

A

就労ビザ申請のスポンサーとなる雇用主企業に関しては、「事業の適正性・安定性・継続性」が審査されます。したがって、その財務状況によっては事業の安定性と継続性が問題となり、たとえ外国人本人が就労ビザを取得できる要件を満たしていたとしても、許可を受けられないケースもあります。雇用主企業は事前に判断基準を確認し、財務状況が厳しい場合は出入国在留管理庁が求める、財務状況に関する補強書類を慎重に作成・提出する必要があります。

1 雇用主は事業の「適正性・安定性・継続性」を審査される

　出入国在留管理庁は、就労ビザの審査にあたり、従事する業務が申請する在留資格に該当するものであるか（在留資格該当性）、本人の学歴や職歴などが在留資格の取得要件を満たしているか（上陸許可基準の適合性）、また、その外国人が日本で働くことに相当性があるかという3点に加えて、雇用主企業の事業の適正性・安定性・継続性という点も併せて審査の対象にしています。

　具体的には、雇用主企業は、以下のような観点からの審査が行われます。

（①は事業の適正性について）
　①　事業に必要な許認可などを適正に取得しているか。違法・不法行為を行っ

ていないか

（以下、②〜⑧は事業の安定性・継続性について）

　　②　資本金の大小

　　③　営業活動により得られる売上高

　　④　粗利益

　　⑤　従業員数

　　⑥　営業種別・営業品目・本社、支店、営業所などの施設状況

　　⑦　既存の会社の場合は決算内容、新規設立会社の場合は事業計画

　　⑧　今後の事業が適正かつ確実に行われることの可能性

　簡単に言うと、「雇用主企業が違法・不法行為を行っておらず、外国人に同職種の日本人労働者と同等の適正な給与を支払い、社会保険料などの負担をし、その上で長期間、継続的雇用する使用者責任を負える経済的な状況にあるのか。会社が短期間で倒産・廃業して、雇用した外国人を短期間で放り出すようなことはないか」という点から審査しているといえます。

　事業主については、これらの観点から行われた審査によって、もし、「雇用主の事業の適正性・安定性・継続性は就労ビザを与える条件を満たしていない」と判断された場合には残念ですが、いくら他の条件を完全に満たしていたとしても、その雇用主の下での就労ビザは許可されることはありません。

　設問の場合、財務状況が債務超過ということなので、財務状況から見た、事業主の事業の継続性という点で問題になります。しかし、事業の継続性については、単に現時点・単年度の決算状況だけで判断はされず、将来の事業活動に継続性があるかということが見られるので、基本的には直前期と前々期（直前期の1期前）の2期分の財務状況が審査対象になります。

　それでは、具体的にどのような財務状況の場合、就労ビザの取得が難しくなるのかについては、法務省が公開しているガイドライン「外国人経営者の在留資格基準の明確化について（2　事業の継続性について）」で事前の判断をすることが可能です。

☞ 法務省「外国人経営者の在留資格基準の明確化について」(http://www.moj.
go.jp/nyuukokukanri/kouhou/nyukan_nyukan43.html)

　このガイドラインに記載されている、財務状況に応じた、事業の継続に関する審査基準をまとめたものが、**図表３－２**となります。

　設問では、債務超過があるということなので、この基準をもとに、事業主として就労ビザを取得できる可能性があるか検討してください。

２　財務状況が厳しい場合は補強書類を作り込む

　図表３－２のケース①〜④の状況にある企業については、就労ビザの申請時に、財務状況に関する補強書類を作成し提出する必要があります。

　ガイドラインによると、以下のような立証書類の提出が求められています。

①　今後１年間の事業計画書及び予想収益を示した立証書類など

②　中小企業診断士や公認会計士など、企業評価を行う公的資格を有する第三者が、改善の見通し（１年以内に債務超過の状態でなくなることの見通しを含む）について評価を行った書面（評価の根拠となる理由が記載されているものに限る）。

　①についてはただ単に、事業計画に「〇〇万円の売上増加を見込んでいます」と記載するだけでは、出入国在留管理庁に納得してもらうのは難しいので、〇〇万円の売上が、会社の何の事業から見込まれるのか、どの程度実現性があるのかを立証するために、たとえば売掛先との業務契約書のコピー（売上見込の数字が入ったもの）など、できるだけ具体的な立証資料を添付する必要も出てくるでしょう。

　このように、債務超過などを抱えた赤字会社であっても、今後の事業の継続性と後述の「外国人雇用の必要性」について、出入国在留管理庁を納得させることができれば希望する外国人の雇入れに可能性が出てくるはずです。

図表3－2 雇用主の財務状況に関する就労ビザ審査基準

事　例	財務状況	就労ビザが許可される可能性
ケース①	前々期（注１）と直前期（注２）に売上総利益（注３）がない。	事業の継続性がないと判断され、就労ビザの許可がされない可能性が高い。
ケース②	前々期に売上総利益はあるが、直前期に売上総利益、直前期末に剰余金（注４）がなく、直前期末に欠損金（注５）と債務超過（注６）、前々期末に債務超過がある。	
ケース③	前々期に売上総利益はあるが、直前期に売上総利益、直前期末に剰余金がなく、直前期末に欠損金と債務超過があるが、前々期末に債務超過はない。	事業の継続性が低いと判断され、就労ビザの許可がされない可能性が高い。ただし債務超過が１年以上継続しておらず、１年以内に債務超過の状態でなくなる見通しや、財務状況改善の具体策について説明できれば可能性がある。
ケース④	前々期に売上総利益はあるが、直前期に売上総利益、直前期末に剰余金がなく、直前期末に欠損金があるが債務超過はない。	事業の継続性はあると判断され、就労ビザの許可がされる可能性はある。ただし事業の実態がない場合は許可されない。
ケース⑤	前々期に売上総利益はあるが、直前期に売上総利益、直前期末に剰余金はないが、欠損金はない。	事業の継続性はあると判断され、就労ビザが許可される可能性は高い。
ケース⑥	直前期に売上総利益と直前期末に剰余金がある。	

注１　（決算）前々期⇒直前期の１期前の期
注２　直前期⇒決算が確定している期
注３　売上総利益⇒粗利益（売上－売上原価）
注４　剰余金⇒資金準備金及び利益準備金
注５　欠損金⇒期末未処理損失、繰越損失
注６　債務超過⇒貸借対照表上で「負債の部」の合計が「資産の部」の合計を上回った状態

Q3-2　財務状況が厳しく債務超過に陥っている企業ですが、立て直しのために
外国人採用を必要としています。就労ビザ取得のために企業が
備えておく要件があれば教えてください。

3 外国人雇用の必要性を説明する

　雇用予定の外国人を中心に据えて展開する特定の事業を計画している場合や、外国人を雇用することによって、大きな売上を見込める事業があるのなら特に、その事業に関する、念入りに作り込んだ事業計画書を提出しましょう。

　その場合も、客観的に見て信頼が置け、第三者である公認会計士や中小企業診断士などに評価・作成してもらったものを提出すると効果的です。

　雇用主にとって、**なぜその外国人を雇用する必要があるのか**ということを、他に在籍している日本人社員や（外国人社員がいれば）外国人社員との関連性も含め、客観的にうまく説明できれば、財務状況が厳しい企業であっても就労ビザが許可される可能性が出てきます。

雇用予定の外国人の給与額について、どの程度に設定すれば就労ビザが許可されるのか目安を教えてください。

A

外国人の給与額については、社内規程などに基づいて設定されている、能力や職種・年齢など、日本人社員にも同様に適用される合理的な評価方法による賃金の差別化は問題ありません。ただし、就労ビザの申請にあたっては、最低賃金以下など不当に低い給与額では許可を受けることができません。就労ビザ取得に必要な給与額の水準については、法務省が公開しているガイドラインを確認する必要があります。

外国人社員の給与の決定について、最も重要なポイントは、外国人であるということのみの理由で、その会社で働く同職種の日本人に支払う給与額より低額にすることはできません。

なぜなら、労働基準法第3条で、「使用者は労働者の国籍・信条または社会的身分を理由として賃金・労働時間その他の労働条件について、差別的取扱いをしてはならない」と規定しているからです。

したがって、単に外国人だからという理由だけで、社内で同じ仕事をする日本人よりも低い賃金を設定することは労働基準法違反となります。

このことを踏まえた上で、就労ビザ申請についてみると、「技術・人文知識・国際業務」などの一般的な就労系の在留資格の上陸許可基準（在留資格を取得するための必要な要件）の1つに「**日本人が従事する場合に受け取る報酬と同等額以上の報酬を受けること**」という要件があります。つまり、外国人社員を雇用する場合、社内で外国人と同じ職務内容の業務に就く他の社員と同様の条件で賃金を決定すれば間違いがないということになります。

なお、入管法や法務省令などで「給与額は○○円以上」と明確な数字の基準

を示して、「この額以上なら就労ビザの許可がおります」などと規定しているわけではありません。したがって、出入国在留管理庁が給与額に関する基準について、明確に回答してくれることはないのですが、一定のガイドラインは公開されています。

2008年3月（2015年3月改訂）に公開された「「技術・人文知識・国際業務」の在留資格の明確化等について」というガイドラインで、「技術・人文知識・国際業務」への在留資格変更申請に関し、留学生の新卒入社時や既卒で中途入社のコンサルタントなどの給与について、基準となる給与額を具体的に示しています。

留学生の新卒入社時では月給20万円、既卒のコンサルタントは月給45万円など、職務内容の具体例を挙げて、在留資格の変更や取得に成功した事例が挙げられています。このページもよく参考にした上で、現行の社内規程に基づいた公平な賃金設定を行ってください。

☞ 法務省入国管理局「「技術・人文知識・国際業務」の在留資格の明確化等について」（http://www.moj.go.jp/nyuukokukanri/kouhou/nyukan_nyukan69.html）

Q3 4 外国人と雇用契約ではなく、業務委託契約を結んで働いてもらいたいと思います。就労ビザの取得は可能ですか？　また、労働保険や社会保険の手続きは必要ですか？

A

就労ビザの取得にあたっては、スポンサーとなる企業との間で交わす契約が直接雇用契約ではなく、業務委託契約や請負契約また委任契約などであっても、適法な契約であれば問題ありません。ただし、契約の種類にかかわらず、内容が中長期にわたって安定的な収入を保障できるものでなければ就労ビザは許可されません。

また、設問の業務委託契約の場合、基本的に外国人は個人事業主となり、健康保険や厚生年金ではなく、個人で国民健康保険や国民年金に加入しなければなりませんが、日本の社会保障に関する知識が乏しい外国人も多いため、事業主が業務委託契約という形態を選択するのであれば、社会保険の加入や確定申告といった納税義務についても十分に説明し、本人の理解と合意を得ておく必要があります。

1 長期間の就労・安定した収入を保証できれば契約の種類は問わない

　外国人が日本で働くために就労ビザを取得するためには、基本的に日本国内の企業などとの間で就労に関する何らかの契約を結ばなければいけません。

　多くの外国人は企業と直接、雇用契約を締結し、それに基づいて就労し、就労ビザの取得・更新をしています。ただし、その契約については必ずしも雇用契約だけしか認められないかというとそうではなく、業務委託契約や委任契約または請負契約も契約内容によっては対象となります。

「内容によっては」というのは、その業務委託契約や請負契約が法律を遵守している適法なものであることはもちろんですが、結ばれている労働条件が「長期的に継続しており、かつ安定した収入を得られる」内容であることが重要だということです。

　たとえば、一般派遣契約によくある「トライアル1か月・あとは3か月更新をその都度更新する可能性あり」というような、短期的で不安定な契約内容であれば、その会社が単独でビザのスポンサーとなり、1年以上など長期の在留期間で在留資格変更や在留期間更新、または海外から外国人を招へいする在留資格認定証明書を取得することは難しいでしょう。

　つまり、設問の回答としては、契約内容の中身が、外国人に対して継続した長期の就労及び安定した収入を保証するものであれば契約の種類にかかわらず、企業は就労ビザのスポンサーになり外国人を雇用することが可能です。

2 業務委託契約を結ぶ場合は十分な事前説明を

　業務委託契約や請負契約など、社員として雇用する直接雇用契約以外の契約を結ぶ場合、外国人労働者は「個人事業主」となります。その場合、外国人本人には通常の直接雇用契約に基づく被雇用者とは異なり、確定申告による納税や、国民健康保険や国民年金への加入義務が発生します。

　在留期間更新（就労ビザの延長）には、適正な納税や社会保険負担への加入義務を履行していることも重要な要件の1つなので、本人がそれらを怠ると、次回の在留期間更新に大きな影響を及ぼし、最悪のケースでは就労ビザが延長できなくなるリスクがあります。

　このような個人事業主として行わなければならない行政手続きについて、知識が不足している外国人が多いので、業務委託契約や請負契約を結ぶ場合は、会社側が雇用契約との違いや納税・社会保険加入など必要な手続きについて事前に説明しておくことが重要です。

　確定申告や社会保険の個人負担に関する知識を持たない外国人が、会社から言われるままに業務委託契約を結んで就労し、あとになってトラブルになって

いる事例が散見されます。

このようなリスクを避けるためにも、業務委託契約などの労務契約を結ぶ場合は、雇用契約以上に注意深く、外国人労働者の理解を得られるよう事前説明を行ってください。

また、外国人と取り交わす業務契約や請負契約は、適法なものであることが重要です。

就労ビザの取得や延長時には、出入国在留管理庁に業務委託契約書などの写しを提出しなければなりませんが、適法な契約内容及び実態でなければ、就労ビザの許可を得ることはできません。

業務委託契約や請負契約を結ぶときには、顧問弁護士や社会保険労務士などの専門家に相談してください。

以下は厚生労働省が発行している、請負契約の締結に関するガイドブックです。また、筆者が作成したオリジナルの業務委託契約書の日英文サンプルも参考にしてください。

☞ 厚生労働省・都道府県労働局「労働者派遣・請負を行う事業主の皆様へ 労働者派遣・請負を適法に行うためのガイド」（https://www.mhlw.go.jp/file/06-Seisakujouhou-11600000-Shokugyouanteikyoku/0000078287.pdf）

図表3－3 業務委託契約書の記載例（日英）【講師業務】

ABC School Instructor Contract
ABC スクール講師・業務委託契約書

ABC School （"ABC School"） contracts ＿＿＿＿＿＿＿＿＿ （"Contractor"） as an ABC School instructor （"Instructor"）.

ABC スクール（以下甲という）は＿＿＿＿＿＿＿＿＿（以下乙という）に、ABC スクール講師（以下、講師という）を委託する。

Article 1 Contract

ABC School contracts the Contractor as an Instructor in accordance with the provisions of this agreement, and the Contractor agrees to the work.

第1条（委託契約）

甲は乙に対し本契約条項に従って講師となることを委託し、乙はこれを受託した。

Article 2 Purpose and Obligations

ABC School will provide the Contractor with an instruction site and all necessary equipment, and the Contractor will give lectures and instruction to the attendees.

第2条（目的義務）

甲は乙に講義場所と必要備品を提供し、乙はこれにより受講者に講義・教授をするものとする。

Article 3 Equipment and Instructional Materials

ABC School will clearly state and prepare all equipment to be lent to the Contractor.

(1) The equipment provided will generally be limited to equipment that can be used for multiple classes or that can be shared with other instructors.

(2) The Contractor must obtain approval from ABC School to use equipment other than that provided.

第3条（備品及び教材）

甲が乙に貸与する備品は甲が明示し用意する。

(1) 貸与する備品は基本的に複数の講座または他の講師が共有して使用可能なものに限る。

(2) 甲が乙に貸与する備品以外に乙が別の備品を使用する場合は甲の承認を得るものとする。

Article 4 Classroom Use

ABC School will clearly indicate the classroom to be used by the Contractor.

第4条（教室の使用）

甲が乙に貸与する教室は、甲が指定し、甲が明示する。

Article 5 Courses and Classes

The Contractor will hold classes _____ times per month for each course.

(1) ABC School will present the Contractor with a class schedule for each half-term, and ABC School and the Contractor will together discuss and decide upon the days and times of the Contractor's classes.

(2) ABC School and the Contractor will together discuss and decide what to do about classes that fall on national holidays or other days that ABC School is closed.

第5条（講座講義）

乙の講座講義回数は1講座につき、月＿＿＿回とする。

(1) 講義日程は半期毎に甲が乙に提示し乙の講義曜日及び時間は甲、乙協議し決定する。

(2) 講義日が祝日、甲の休業日に当たった場合は甲乙協議する。

Article 6 Payment of Instructor Fee

ABC School will pay an instructor fee to the Contractor with the conditions described below.

(1) _____ % of the total amount (excluding sales tax) received for the courses taught by the Contractor.

(2) The instructor fee will be calculated for a month-long period beginning the first day of the month and ending the last day of the month.

(3) Payment will be made by the 25th day of the month directly to an account at a financial institution indicated by the Contractor based on course fees (excluding sales tax) received by the 15th day of the month.

第6条（講師料支払い）

甲は乙に以下の条件で講師料を支払う。

(1) 乙の担当する講座の受講料総額（税別）の＿＿＿％とする。

(2) 講師料の計算期間は当月1日より月末までの1ヶ月間とする。

(3) 支払い方法は、当月15日現在の受講料（税別）を基に当月25日までに、乙の指定する金融機関口座に振り込むものとする。

Article 7 Reduction of Instructor Fee

In the following circumstances, ABC School may reduce the instructor fee paid to the Contractor.

(1) The Contractor changes the instructor for a class without confirming with ABC School.

(2) The Instructor is late for a class without reason or misses a class without confirming with ABC School.

第7条（講師料の減額）

甲は乙への講師料支払いを以下の場合、減額することがある。

(1) 講義の講師を甲の確認なしに変更した場合

(2) 講義の時間を講師が理由なく守らなかった場合及び講義を甲の確認なしに欠講した場合

Article 8 Effective Period

The effective period of this agreement begins April 1 of each year and ends on March 31 of the following year.

(1) If this agreement is made during the middle of the year, the effective period will end on March 31.

(2) If neither ABC School nor the Contractor express intent otherwise at least two months prior to the end of the effective period, this agreement will be automatically extended for successive one-year periods.

第8条（有効期間）

本契約の有効期間は毎年4月1日より翌年3月31日までとする。

(1) 年度の途中で締結した場合はその年度の年度末3月31日までとする。

(2) 期間満了の2ヶ月前までに甲、乙双方から意義申し出のないときは、本契約は自動的に1年間延長されるものとする。以降も同様とする。

Article 9 Termination of This Agreement

In any of the following circumstances, ABC School may end this agreement after informing the Contractor in writing of a month-long notice period.

(1) The Contractor violates any single one of the provisions of this agreement.

(2) The Contractor experiences poor health or other unavoidable circumstances and discusses with ABC School to obtain approval to end the agreement.

(3) The Contractor continually misses class or is late without authorization, or engages in socially immoral conduct.

(4) The Contractor is related to an organized crime group or other similar group.

第9条（契約の解除）

以下の事項が発生した場合は、甲は1ヶ月の予告期間を定めて、書面により乙に通知することにより、本契約を終了させることができる。

(1) 乙が本契約、各条項の一つでも違反した場合

(2) 乙の健康などやむを得ない事情が発生し、甲と協議し甲の確認を得た場合。

(3) 無断で休講したり、遅刻が連続した場合、社会的道義的に反する行為があった場合

(4) 乙が反社会的団体又はこれらの団体と関係がある場合

Article 10 Implicit Provisions

In the event of any matters not set forth in this agreement or uncertainty regarding any provisions of this agreement, ABC School and the Contractor will resolve the matter amicably in good faith.

第10条（明文なき事項）

本契約に定めなき事項、または本契約の各条項に疑義が生じた時は、甲乙誠意をもって円満に解決するものとする。

In witness hereof, both parties sign and stamp one copy of this agreement, ABC School retaining the original and the Contractor retaining a copy.

Date _____ __, ____

ABC School:

Taro Yamada, CEO and President   Stamp

ABC School

1-2-3, ○○ Minato-ku, Tokyo

Contractor:

(Address)

(Name)

(Signature)　　---

　以上、契約締結の証として本証書1通を作成し、甲乙双方が記名捺印のうえ、甲が本証を保有し、乙は写しを持つものとする。

　　　　　　　　　　　　　　　　　　20　　年　　月　　日

（甲）東京都港区〇〇1-2-3　　　　（乙）（住所）

　　　ABC スクール　　　　　　　---

　　　理事長　山田太郎　印　　　（氏名）　　　　　　　　　㊞

就労ビザ申請について、書類作成や申請手続きを外国人本人に全て任せて大丈夫でしょうか？　事業主として、どの程度まで手続きに関わればいいのか教えてください。

A

就労ビザ申請の提出書類は、外国人本人に関するものに加えて、決算書や雇用契約書など雇用主が作成しなければならない書類も多くあります。入管行政に知識がなく、日本語が完全ではない外国人社員だけに書類作成や提出を任せてしまうとミスが発生し、就労ビザを取得する要件を備えているにもかかわらず、申請が却下されてしまったり、審査にかかる期間が長期化するおそれがあります。申請に必要な書類作成は外国人任せにせず、雇用主企業が責任を持って完全に代行するか、または最大限のサポートを行うべきでしょう。

　まず、海外にいる外国人を招へいする在留資格認定証明書交付申請については、Ｑ３−10で解説しているとおり、基本的に日本国内の雇用主が外国人の代理人となり、書類作成から申請書の提出までを全面的に代行します。

　しかし、留学生の新卒採用や転職者の中途採用に伴って申請する在留資格変更申請や在留期間更新許可申請については、入管法上、あくまでも外国人本人が行います。

　ですので、申請書に署名をするのも外国人本人で、実際の申請も本人（雇用主である企業の職員や依頼を受けた申請取次者の代行も可）が出入国在留管理局の窓口で行うのが基本です。

　しかし、実際には外国人単独で、出入国在留管理庁が要求する多くの添付書類を不備なく準備してスムーズに申請を行い、迅速な許可を得られるかといえば、申請内容にもよりますが難しいのではないでしょうか。

たとえば、以下は、在留資格変更許可申請を行うときに必要な申請書類です。これらは外国人本人に関する書類ですので、集める（作成する）のはそう難しいものではないでしょう。

〈外国人本人が用意する書類の一例〉
- 在留資格変更許可申請書
- 履歴書
- 専門学校・大学・大学院などの卒業証明書または卒業見込み証明書
- 以前勤務していた職場の在職証明書（外国語の場合は日本語に翻訳したもの）
- 各種検定試験などの取得証明書（日本語能力検定試験や TOEIC など）
- （必要に応じて）出入国在留管理庁あての申請理由書　など

　これに対して、雇用する会社が提出する書類として、最低限必要なものとして以下のものが挙げられます。

〈雇用する会社が用意する書類の一例〉
- 当年度分・給与所得の源泉徴収票等の法定調書合計表のコピー
- 法人登記簿謄本の写し
- 会社案内
- 直近の決算書のコピー
- 出入国在留管理庁あての雇用理由書
- 雇用契約書のコピー　など

　以上のように、会社が用意しなければならない書類も多く、書類によっては、その記載内容や方法が、出入国在留管理庁の許可・不許可の判断に大きな影響を与えるもの（雇用契約書や雇用理由書など）があります。

　ですので、そういったセンシティブな申請書類を日本の入管法や入管行政に関する知識に乏しい外国人だけに全て任せるのはリスクがあります。

　もちろん、筆者のような入国管理業務の専門家である行政書士などに依頼していただくことが、雇用する外国人の就労ビザ取得への近道ではありますが、

それが不可能な場合、少なくとも、申請書類の作成や情報収集については、雇用する会社の人事担当者が全責任を持って行い、外国人本人には自身の大学の卒業証明書などの提出や、申請理由書（出入国在留管理庁にあてて作成する上申書・なぜ、その会社で働きたいかなどについて述べるもの）の作成をしてもらうにとどめ、その他の申請書の作成や申請手続については、会社側が全面的にリードして行うべきです。

就労ビザ取得の要件を備えているにもかかわらず、書類作成時の小さなミスによって申請が不許可になってしまっては元も子もありません。ちなみに、就労ビザ申請は一度不許可になったとしても、不許可になった理由によっては、再度申請することができますが、その場合、初回の申請に比べてかかる時間と労力が倍増してしまいます（Q3-21も参照）。

時間と手間をかけて採用した大切な人材に対して、手続きにかかる労力を惜しんだ結果、ささいな書類の作成ミスが原因で就労ビザが許可されず、採用の取消をしなければならなくなるという不幸な結果を招くことがないよう、就労ビザの申請手続きは会社が全面的にサポートすることをお勧めします。

外国人留学生（四年制大学卒業者）を新規採用することになりました。就労ビザの取得手続きについて教えてください。

A

留学生が大学などの卒業後、日本の企業に就職する場合は、在留資格「留学」から入社後、従事する職務内容に応じた在留資格へ変更するために、本人の住所地を管轄する出入国在留管理局において在留資格変更許可申請を行います。Q3−5でも解説したとおり、在留資格変更許可申請を行うのは留学生本人ですが、雇用主が作成・提出しなければならない立証書類も多く、迅速な許可取得のためにも、申請全般を雇用主が代行するか、それが難しい場合、少なくとも提出書類の作成については雇用主がサポートするようにしてください。不明な点は、申請先の出入国在留管理局や入国管理業務の専門家（行政書士や弁護士）に相談してください。

　この設問では、日本で専門学校以上の教育機関を卒業して就職する留学生が、在留資格「留学」から、最も一般的な「技術・人文知識・国際業務」に変更するときの在留資格変更許可申請について解説します。

　まず、手続きの流れの概要を確認するために、第1章の**図表1−12**をご覧ください。

　この表では、日本に在留中の外国人を新卒または中途採用するときのフローを説明しています（表中「3．就労ビザ申請【ケース3】新卒採用」）。

　なお、留学生の在留カードのチェック、また、採用後に従事させる職務内容が取得する在留資格で行うことが可能なものか、加えて、外国人の学歴や職歴が該当する在留資格を取得する要件を満たしているかどうかについての確認も重要でした。こちらについてはQ2−1で再確認してください。

1 在留資格「技術・人文知識・国際業務」とは

　まず、「技術・人文知識・国際業務」という在留資格について再確認しておきましょう。

　第1章**図表1−11**「①　就労が可能な在留資格19種類」の1つ、「技術・人文知識・国際業務」を持つ外国人は、2018年10月末時点、全労働者146万463人のうち21万3,935人で、全体の14.6％を占めています。

　19種類（データ収集時の2018年10月時点は18種類）のうち、「技能実習」と「特定技能」を除いた17種類の在留資格は「**専門的・技術的分野の在留資格**」、これらの在留資格を持つ外国人労働者は「**専門的・技術的分野の高度外国人材**」と呼ばれ、全体で27万6,770人います。さらに、この中で「技術・人文知識・国際業務」の保持者は21万3,935人なので、実に約77％の高度外国人材（ホワイトカラー人材）が、「技術・人文知識・国際業務」を持って日本で就労していることになります。

　当然、日本の大学などを卒業した留学生が取得する在留資格で圧倒的に多いのも「技術・人文知識・国際業務」となります。2017年に国内企業に就職した全留学生の91.4％は、この在留資格を取得しています。

　「技術・人文知識・国際業務」の在留資格を取得した外国人が行うことが許されている職種は、エンジニアや設計、企画、財務、マーケティング、通訳・翻訳業務、貿易・海外取引業務、または民間の語学スクールの講師、服飾デザイナーなど、その範囲がとても広いことからもわかるように、「技術・人文知識・国際業務」は1つの在留資格ではあるものの、その中で「技術」「人文知識」「国際業務」の3分野に分かれています。そして、分野ごとに就労が許可される職種（在留資格該当性）や就労ビザを取得できる要件（上陸許可基準）が異なるのです。そのため、「技術・人文知識・国際業務」は従事できる職種が広範囲でわかりにくいという印象を持つ方もいるようです。

　ですので、ここでは「技術・人文知識・国際業務」の3つの分野ごとに、従事することができる職種や取得要件について整理しておきたいと思います。

もちろん、企業が外国人を雇用するときに申請する在留資格は、「技術・人文知識・国際業務」だけではありません。研究機関が研究者を雇用するときには「研究」、大学などの高等教育機関が教授や講師を雇用するときには「教授」、飲食店が外国料理のコックやスポーツの指導者などを雇用するときには「技能」、プロモーターが外国人芸能人を招へいするときには「興行」、あるいは海外の親会社・子会社等から役員や転勤者を招聘する場合は「経営・管理」や「企業内転勤」など、従事する活動内容に応じて、様々な在留資格を選択し申請します。

　そうはいっても実際に、高度外国人材の77％、9割以上の新卒留学生が取得する在留資格が「技術・人文知識・国際業務」です。筆者も開業以来、様々な業種・規模の企業から、就労ビザ申請代行の依頼をいただいていますが、取り扱う在留資格の8割程度はこの在留資格です。

　このように、外国人を雇用する企業にとって最もなじみが深く、基礎知識を持っておいた方がよい在留資格なので、**図表3－4**を参考にして理解を深めていただきたいと思います。

図表3－4　在留資格「技術・人文知識・国際業務」の三分野

※　1つの在留資格の中で3分野に分かれている。

	①　「技術」分野	②　「人文知識」分野	③　「国際業務」分野
就労ビザが取得できる職種 （在留資格該当性）	・システムエンジニア ・各種技術開発 ・設計士 等の技術者職全般 ※　上記職種は例示	・企画・財務・会計 ・マーケティング ・広報・営業 等の総合職業務全般 ※　上記職種は例示	・通訳 ・翻訳 ・語学指導 ・貿易業務 ・海外営業 ・海外取引 ・服飾やインテリアデザイン ・商品開発等
取得要件 （上陸許可基準適合性）	次の①、②のいずれかを満たす必要がある。 ①　就職する職務に関連した自然科学（理	次の①、②のいずれかを満たす必要がある。 ①　就職する職務に関連した人文科学（国	次の①、②両方を満たす必要がある。 ①　上記の業務で「外国の文化に基盤を有

	① 「技術」分野	② 「人文知識」分野	③ 「国際業務」分野
取得要件 （上陸許可基準 適合性）	数系）分野に関連する専攻科目を履修して大学（海外の大学・国内の短期大学、海外の短期大学相当の教育機関を含む）または日本国内の専門学校を卒業していること。 ※　代表的な専攻科目：数理、物理、化学、地質科学、機械、情報工学、建築、薬学等理科系一般。 ②　就職する職務に関連した職務経験が「10年以上」あること。	語系）分野に関連する専攻科目を履修して大学（海外の大学・国内の短期大学、海外の短期大学相当の教育機関を含む）または日本国内の専門学校を卒業していること。 ※　代表的な専攻科目：経営学、法学、社会学、語学、心理学、教育学（体育学含む）歴史学等人文学系一般。 ②　就職する職務に関連した職務経験が「10年以上」あること。	する思考または感受性を必要とする業務」であること（日本人では持ちえない外国人ならではの思考や感受性が必要な業務であること）。 ②　就職する職務について「3年」以上の職務経験があること。 ※　通訳・翻訳及び語学指導に、大学（短期大学含む）以上の教育機関を卒業した者が就く場合、職務経験は必要ない。また専攻科目も制限はない（理系・人文系問わず、準学士号以上の取得者は通訳・翻訳・語学指導者として就労ビザが取得できる）。 ※　通訳・翻訳、貿易・国際取引業務などに代表される「国際業務」として就労ビザを取得するためには一定の日本語能力が必要。

2　採用が内定した留学生の在留資格変更申請のフローとスケジュール

　ここでは、留学生の採用で最も一般的な、卒業前に採用を内定し、年度初めの4月1日に入社してもらう予定で、在留資格変更申請を行うときのフローと

スケジュールについて解説します。

　※　申請の受付時期や審査にかかる所要期間は、各地方出入国在留管理局によって、多少異なる場合があります（下記フローは、東京出入国在留管理局の例年の取扱い）。

　上記のとおり、留学生の採用を内定し、4月1日の入社に間に合わせたい場合は、できるだけ早く在留資格変更許可申請を行いましょう。

　なぜなら、就職先が決まった留学生が一斉に在留資格変更許可申請を行う時期が年末から翌年3月頃までであるため、各地方出入国在留管理局が最も混雑するのがこの時期なのです。

　したがって、この時期は留学生の就労ビザ申請も含めて他の申請案件に関しても、結果が出るまでの審査期間が他の時期よりも長引く傾向があります。

　また、在留資格変更申請時に提出した書類に不備がある場合は、申請受付後に追加書類の提出が求められます。それに対応していると、審査にかかる期間が当初の予定から大幅に長期化し、在留資格変更（雇用可能開始）が4月1日の入社日に間に合わなくなる可能性もあります。

　留学生の採用を大学などの卒業前に内定、在留資格変更申請をするときには、**図表3−5**を参考に余裕を持ったスケジュールで手続きを進めてください。

3　在留資格変更申請・提出書類と記載例

1　雇用主のカテゴリー別・提出書類一覧（参考）

　留学ビザから、「技術・人文知識・国際業務」などへの在留資格の変更、また、既卒の転職者がそれまで持っていた、在留資格で従事することが許可されている範囲「外」の職種に就くときに必要な、在留資格変更許可申請（就労ビザの種類の変更）については、法務省出入国在留管理局のウェブサイトで詳細を確認してください。

留学生の在留資格変更申請を大学などの卒業前に行うフローとスケジュール

---

①　在留資格変更許可申請を行う

【時期】採用内定後または３月卒業者の場合、前年の12月１日受付開始

　採用が内定したら、留学生の住所を管轄する出入国在留管理局に対して、在留資格「留学」から「技術・人文知識・国際業務」などの就労系の在留資格へ在留資格変更許可申請を行います。

○申請は留学生本人または留学生本人から依頼を受けた、雇用主企業の職員・申請取次資格を持つ行政書士や弁護士が直接出入国在留管理局に出向き行います。

○３月卒業者の在留資格変更申請は、各地方出入国在留管理局の受付が例年、前年12月から開始されます。

○教育機関卒業前の申請には、卒業見込証明書の提出が必要です。

※　審査期間は、雇用主のカテゴリー（Ｑ３－１）によって、２週間～１か月程度／長ければ２か月かかるケースもあります。

在留資格変更が許可された場合

②　在留資格変更許可の「内定」通知が到着する

【時期】以下は教育機関の卒業前（前年12月～卒業前）に通知が到着した場合

　出入国在留管理局から、提出された在留資格変更申請の許可通知（ハガキ）が申請人あてに到着します。

○通知ハガキには、教育機関の卒業後に卒業証明書やパスポートなどを持参して出入国在留管理局を来訪するよう通知されています。

○在留資格変更許可申請が不許可（就労ビザへ変更ができない）の場合は、審査結果と理由を記載した通知が封書で送付されます。

③　大学などの卒業後・在留資格変更が完了する（就労開始が可能となる）

【時期】３月末以降

　出入国在留管理局に卒業証書の原本あるいは卒業証明書の原本、通知ハガキやパスポートなどを持参、在留資格変更を完了します。

○新しい在留資格や在留期限が記載された在留カードの交付によって、在留資格変更が完了します（就労ビザ取得）。新しい在留カードが交付された日より、就職先での就労が可能となります。

> ☞ 法務省「在留資格変更許可申請」(http://www.moj.go.jp/ONLINE/IMMIGRA TION/16-2.html)
> ☞ 法務省「在留資格変更許可申請「技術・人文知識・国際業務」提出資料」(http://www.moj.go.jp/nyuukokukanri/kouhou/nyuukokukanri07_00093.html)

　上記ウェブサイトで、自社が、いずれのカテゴリーに分類される団体なのかを確認し、必要な提出書類を確認します。

　図表3－6は「技術・人文知識・国際業務」を含む、一般的な就労系の在留資格変更にあたり、必要な提出書類の概要をまとめたものです。

　なお、実際の申請では、在留資格の種類によって提出書類が一部異なります。また、申請人である外国人や雇用主企業の事情によって、個別に精査・検討した上で提出書類を決定し作成・提出しているため、必ずしもこのとおりになるものではありません。在留資格変更申請の提出書類に関して、何か少しでも判断に迷うようなことがあれば、事前に必ず最寄りの出入国在留管理局か入国管理業務の専門家に相談することをお勧めします。

図表3－6 在留資格変更許可申請時の提出書類例「技術・人文知識・国際業務」

※　所属機関の区分（カテゴリー）については、Ｑ3－1で確認してください。

	所属機関（雇用主）の区分			
	カテゴリー1	カテゴリー2	カテゴリー3	カテゴリー4
雇用主が提出する書類【必須】	① 四季報の写しなど日本の証券取引所に上場していることを証明する書類の写し	① 前年分の「給与所得の源泉徴収票等の法定調書合計表」のコピー（届出先税務署の受付印があるもの）	① 前年分の「給与所得の源泉徴収票等の法定調書合計表」のコピー（届出先税務署の受付印があるもの） ② 申請者（外国人）に交付した労働条件通知書のコピー ③ 登記事項証明	① 前年分の給与所得の源泉徴収票等の法定調書合計表」を提出できない場合 ・「給与支払事務所等の開設届」のコピー（届出先税務署の受付印があるもの） ・直近3か月分の給与所得・退職

	所属機関（雇用主）の区分			
	カテゴリー1	カテゴリー2	カテゴリー3	カテゴリー4
雇用主が提出する書類【必須】			書 ④　会社概要など ⑤　直近の決算書のコピー	所得等の所得税徴収高計算書（領収日付印のあるもののコピー） 等適宜 ②　申請者（外国人）に交付した労働条件通知書のコピー ③　登記事項証明書 ④　会社概要など ⑤　直近の決算書のコピー、新規設立法人の場合は事業計画書
本人が提出する提出書類【必須】	①　在留資格変更許可申請書（写真貼付） ②　在留カード ③　パスポート 〈大学等に在学中の申請者の場合〉 ④　「卒業見込証明書」原本1部（卒業後に「卒業証明書」の提出要） 〈国内の専門学校に在学中の申請者の場合〉 ⑤　「専門学校卒業見込証明書」（原本）1部（卒業後に「卒業証明書」の提出要） 〈国内の専門学校の卒業者の場合〉 ⑥　「専門学校卒業証明書」の原本1部		①　在留資格変更許可申請書（写真貼付） ②　在留カード ③　パスポート 〈大学等に在学中の申請者の場合〉 ④　「卒業見込証明書」原本1部（卒業後に「卒業証明書」の提出要） 〈国内の専門学校に在学中の申請者場合〉 ⑤　「専門学校卒業見込証明書」（原本）1部（卒業後に「卒業証明書」の提出要） 〈国内の専門学校の卒業者の場合〉 ⑥　「専門学校卒業証明書」の原本1部 〈既卒者で転職に伴う「在留資格変更」の場合〉 ⑦　変更する在留資格の職種に関連す	

	所属機関（雇用主）の区分			
	カテゴリー1	カテゴリー2	カテゴリー3	カテゴリー4
本人が提出する提出書類【必須】			る科目を専攻・卒業した大学等の卒業証明書のコピー等 ⑧　職務経験の証明が必要な場合は前職から発行された「在職証明書」（コピー可） ⑨　履歴書	
★ 筆者が申請代行手続きを受託した場合に補足して提出する書類	【雇用主企業分】 ・雇用理由書 【外国人本人分】 〈既卒者で転職に伴う「在留資格変更」の場合〉 ・変更する在留資格の職種に関連する科目を専攻・卒業した大学等の卒業証書のコピー等 ・職務経験の証明が必要な場合は前職から発行された「在職証明書」（コピー可） ・履歴書		【雇用主企業分】 ・雇用理由書 〈以下は個別の案件ごとに必要に応じて依頼〉 ・労働保険や社会保険に事業主として加入していることを証明する書類（例：保険関係成立届のコピーなど） ・事業所の賃貸借契約書のコピー、事業所の外観・内部・レイアウト図等、事業所の実態を証明する資料。 【外国人本人分】 〈必要に応じて、本人が作成した「申請理由書」〉	

注）　★欄記載の書類は、出入国在留管理局が申請受付時に提出を要求しているものではありません。カテゴリー3と4の企業に関する★欄の書類については、筆者が受託する案件ごとに迅速な許可を得るために必要と判断した場合に提出をお願いしているものです。

❷ 雇用理由書も許可を得るために重要な立証書類となる

　図表3－6中「雇用主が作成する書類」として挙げた雇用理由書は、在留資格変更申請の審査にあたっては、重要な立証書類の1つです。

　出入国在留管理庁が公開している必須提出書類のリストには入っていませんが、雇用理由書が提出された場合、審査官は様々な提出書類と併せて吟味し、許可・不許可の判断を下していると思われます。

　筆者も、就労ビザ申請の代行業務を委託されたときには、たとえ、依頼主がカテゴリー1や2の企業・団体であっても、作成をお願いしています。

　なぜ、雇用理由書が就労ビザの許可取得に重要なのかということですが、こ

〈申請人等作成用1〉

別記第三十号様式（第二十条関係）
申請人等作成用1
For applicant, part 1

日本国政府法務省
Ministry of Justice,Government of Japan

在 留 資 格 変 更 許 可 申 請 書
APPLICATION FOR CHANGE OF STATUS OF RESIDENCE

法 務 大 臣 殿
To the Minister of Justice

写 真
Photo

出入国管理及び難民認定法第20条第2項の規定に基づき、次のとおり在留資格の変更を申請します。
Pursuant to the provisions of Paragraph 2 of Article 20 of the Immigration Control and Refugee Recognition Act,
I hereby apply for a change of status of residence.

1 国 籍・地 域　韓国　　　2 生年月日　1998 年 10 月 2 日
Nationality/Region　　　　　　Date of birth　　Year Month Day

	Family name	Given name
3 氏 名　XXXXX　　XXXXX
Name

4 性 別　男・⊘女　5 出生地　慶尚南道●●市,韓国　　6 配偶者の有無　有・⊘無
Sex　Male/Female　Place of birth　　　　　　Marital status　Married / Single

7 職 業　なし　　8 本国における居住地　慶尚南道●●市●●●●
Occupation　　　　Home town/city

9 住居地　東京都杉並区●●●●1-2-3, ●●ハイツ201号室
Address in Japan

電話番号　固定電話なし　　携帯電話番号　090-XXXX-XXXXX
Telephone No.　　　　　　Cellular phone No.

10 旅券　(1)番 号　AXXXXXXX　(2)有効期限　2022 年 X 月 X 日
Passport　Number　　　　Date of expiration　　Year Month Day

11 現に有する在留資格　留学　　在留期間　1年
Status of residence　　　　　Period of stay

在留期間の満了日　2019 年 4 月 10 日
Date of expiration　　Year Month Day

12 在留カード番号　MXXXXXXXXXEH
Residence card number

13 希望する在留資格　技術・人文知識・国際業務
Desired status of residence

在留期間　5年　　（審査の結果によって希望の期間とならない場合があります。）
Period of stay　　　　　(It may not be as desired after examination.)

14 変更の理由　今般就職が内定したABC株式会社における就労を希望するため
Reason for change of status of residence

15 犯罪を理由とする処分を受けたことの有無（日本国外におけるものを含む。）　Criminal record (in Japan / overseas)
有（具体的内容　　　　　　　　　　　　　　　）・⊘無
Yes（Detail:　　　　　　　　　　　　　　　　）/ No

16 在日親族（父・母・配偶者・子・兄弟姉妹など）及び同居者
Family in Japan(Father, Mother, Spouse, Son, Daughter, Brother, Sister or others) or co-residents
⊘有（「有」の場合は、以下の欄に在日親族及び同居者を記入してください。）・ 無
Yes (If yes, please fill in your family members in Japan and co-residents in the following columns)　/　No

続 柄 Relationship	氏 名 Name	生年月日 Date of birth	国籍・地域 Nationality/Region	同居の有無 Residing with applicant or not	勤務先名称・通学先名称 Place of employment/ school	在留カード番号 特別永住者証明書番号 Residence card number Special Permanent Resident Certificate number
実姉	XXXXX XXXXX	1993.4.12	中国	有・⊘無 Yes / No	XYZ株式会社	PNXXXXXXXX
				有・無 Yes / No		
				有・無 Yes / No		
				有・無 Yes / No		
				有・無 Yes / No		

※ 16については、記載欄が不足する場合は別紙に記入して添付すること。なお、「研修」「技能実習」に係る申請の場合は記載不要です。
Regarding item 16, if there is not enough space in the given columns to write in all of your family in Japan, fill in and attach a separate sheet.
In addition, take note that you are not required to fill in item 16 for applications pertaining to "Trainee" or "Technical Intern Training".

（注）裏面参照の上，申請に必要な書類を作成して下さい。　Note : Please fill in forms required for application. (See notes on reverse side.)

〈申請人等作成用2〉

申請人等作成用2　　N （「高度専門職（1号イ・ロ）」・「高度専門職（2号）」・「研究」・「技術・人文知識・国際業務」・
「介護」・「技能」・「特定活動（研究活動等）」）　　（変更申請の場合のみ）
For applicant, part 2 N ("Highly Skilled Professional(i)(a/b)" / "Highly Skilled Professional(ii)" (only in cases of change of status) /
"Researcher" / "Engineer / Specialist in Humanities / International Services" / "Nursing Care" / "Skilled Labor"/
"Designated Activities(Researcher or IT engineer of a designated organization)")
在留期間更新・在留資格変更用
For extension or change of status

17　勤務先　　※ (2)及び(3)については、主たる勤務場所の所在地及び電話番号を記載すること。
Place of employment　　For sub-items (2) and (3), give the address and telephone number of your principal place of employment.

(1)名称　　ABC株式会社
Name

支店・事業所名
Name of branch

(2)所在地　東京都港区赤坂●●1-2-3、●●ビル
Address

(3)電話番号　03-XXXX-XXXXX
Telephone No.

18　最終学歴（介護業務従事者の場合は本邦の介護福祉士養成施設について記入）
Education (if you engage in activities of nursing care or teaching nursing care, fill in details about the certified care worker training facility in Japan)

☐ 大学院（博士）　☐ 大学院（修士）　☐ 大学　　☐ 短期大学　　■ 専門学校
　Doctor　　　　　　　Master　　　　　　Bachelor　　Junior college　　College of technology
☐ 高等学校　　☐ 中学校　　☐ その他（　　　　　　　）
　Senior high school　Junior high school　Others

(1)学校名　　●●ビジネスカレッジ専門学校
Name of school （東京都●●区）

(2)卒業年月日　2019 年 3 月 20 日
Date of graduation　　Year　Month　Day

19　専攻・専門分野　Major field of study
（18で大学院（博士）～短期大学の場合）（Check one of the followings when the answer to the question 18 is from doctor to junior college）

☐ 法学　　　☐ 経済学　　☐ 政治学　　☐ 商学　　　　　　　☐ 経営学　　　　　　　　☐ 文学
　Law　　　　　Economics　　Politics　　Commercial science　Business administration　Literature
☐ 語学　　　☐ 社会学　　☐ 歴史学　　☐ 心理学　　　　　　☐ 教育学　　　　　　　　☐ 芸術学
　Linguistics　Sociology　　History　　Psychology　　　　　Education　　　　　　　　Science of art
☐ その他人文・社会科学（　　　　　　　）　☐ 理学　　　　☐ 化学　　　　☐ 工学
　Others(cultural / social science)　　　　　Science　　　Chemistry　　Engineering
☐ 農学　　　☐ 水産学　　☐ 薬学　　　☐ 医学　　　☐ 歯学
　Agriculture　Fisheries　　Pharmacy　　Medicine　　Dentistry
☐ その他自然科学（　　　　　）　☐ 体育学　　☐ 介護福祉　　☐ その他（　　　　　　　）
　Others(natural science)　　　　Sports science　Nursing care and welfar Others

（18で専門学校の場合）

☐ 工業　　　　　　　☐ 農業　　　　☐ 医療・衛生　　　　　　☐ 教育・社会福祉　　　　☐ 法律
　Engineering　　　　Agriculture　　Medical services / Hygienics　Education / Social welfare　Law
■ 商業実務　　　　　☐ 服飾・家政　　☐ 文化・教養　　　　　　☐ 介護福祉　　　　　　　☐ その他（　　　　　　　）
　Practical commercial business　Dress design / Home economics　Culture / Education　Nursing care and welfare　Others

20　情報処理技術者資格又は試験合格の有無（情報処理業務従事者のみ記入）　　　有・無
Does the applicant have any qualifications for information processing or has he / she passed the certifying examination?　　Yes / No
(when the applicant is engaged in information processing)

（資格名又は試験名）
(Name of the qualification or certifying examination)

21　職歴　Employment history

入社 Date of joining the company		退社 Date of leaving the company		勤務先名称 Place of employment	入社 Date of joining the company		退社 Date of leaving the company		勤務先名称 Place of employment
年 Year	月 Month	年 Year	月 Month		年 Year	月 Month	年 Year	月 Month	
				なし					

22　代理人（法定代理人による申請の場合に記入）　Legal representative (in case of legal representative)

(1)氏　名　　　　　　　　　　　　　　　(2)本人との関係
Name　　　　　　　　　　　　　　　　　Relationship with the applicant
(3)住　所
Address

電話番号　　　　　　　　　　　　　　　携帯電話番号
Telephone No.　　　　　　　　　　　　　Cellular Phone No.

以上の記載内容は事実と相違ありません。　I hereby declare that the statement given above is true and correct.
申請人（法定代理人）の署名／申請書作成年月日　Signature of the applicant (representative) / Date of filling in this form

（外国人本人による署名及び署名年月日を記入）　　　　　　　　　　　年　　　　月　　　　日
　　　　　　　　　　　　　　　　　　　　　　　　　　　　　　　　　Year　　Month　　Day

注意　Attention
申請書作成後申請までに記載内容に変更が生じた場合、申請人（法定代理人）が変更箇所を訂正し、署名すること。
In cases where descriptions have changed after filling in this application form up until submission of this application, the applicant
(representative) must correct the part concerned and sign their name.
※　取次者
Agent or other authorized person
(1)氏　名　　　若松　絵里　　　　　(2)住　所　　　　　東京都板橋区●●,1-2-3
　Name　　　　　　　　　　　　　Address
(3)所属機関等（親族等については、本人との関係）　　　　電話番号
Organization to which the agent belongs(in case of a relative, relationship with the applicant　Telephone No.

東京都行政書士会　　　　　　　　　　　　　　　　　　　03-XXXX-XXXX

〈所属機関等作成用1〉

所属機関等作成用 1　N　（「高度専門職（1号イ・ロ）」・「高度専門職（2号）」・「研究」・「技術・人文知識・国際業務」・
「介護」・「技能」・「特定活動（研究活動等）」）　　（変更申請の場合のみ）　　在留期間更新・在留資格変更用
For organization, part 1 N ("Highly Skilled Professional(i)(a/b)" / "Highly Skilled Professional(ii)"(only in cases of change of status) /　For extension or change of status
"Researcher" / "Engineer" / Specialist in Humanities / International Services" / "Nursing care" / "Skilled Labor" / "Designated Activities(Researcher or IT engineer of a designated organization)")

1 契約又は招へいしている外国人の氏名及び在留カード番号
　Name and residence card of foreign national being offered a contract or invitation

(1)氏　名　　　XXXXX XXXXX　　　　(2)在留カード番号　　　　MXXXXXXXXXEH
　Name　　　　　　　　　　　　　　　　Residence card number

2 契約の形態　Type of contract
　■ 雇用　　　□ 委任　　　□ 請負　　　□ その他（　　　　　　　　）
　Employment　　Entrustment　　Service contract　　Others

3 勤務先　　Place of employment
　※(5), (8)及び(9)については、主たる勤務場所について記載すること。
　　For sub-items (5), (8) and (9) give the address and telephone number of employees of your principal place of employment.
　※国・地方公共団体、独立行政法人、公益財団・社団法人その他非営利法人の場合は(6)及び(7)の記載は不要。
　　In cases of a national or local government, incorporated administrative agency, public interest incorporated association or foundation or some other nonprofit
　corporation, you are not required to fill in sub-items (6) and (7).

(1)名称　　　　　ABC株式会社　　　　(2)法人番号（13桁）　Corporation no. (combination of 13 numbers and letters)
　Name

1	2	3	4	5	6	7	8	9	0	1	2	3

(2)支店・事業所名
　Name of branch

(4)事業内容　　Type of business
　○主たる事業内容を以下から選択して番号を記入（1つのみ）　　　　┌───┐
　Select the main business type from below and write the corresponding number (select only one)　│ 32 │
　　　　　　　　　　　　　　　　　　　　　　　　　　　　　　　└───┘
　○他に事業内容があれば以下から選択して番号を記入（複数選択可）
　If there are other business types, select from below and write the corresponding number (multiple answers possible)

製造業　　　【 ①食料品　　　　　②繊維工業　　　　　③プラスチック製品　　④金属製品
Manufacturing　　 Food products　　Textile industry　　Plastic products　　　Metal products
　　　　　　　⑤生産用機械器具　　⑥電気機械器具　　　⑦輸送用機械器具　　　⑧その他（　　　）】
　　　　　　　Industrial machinery and　Electrical machinery and　Transportation machinery and　Others
　　　　　　　equipment　　　　　equipment　　　　　equipment

卸売業　　　【 ⑨各種商品（総合商社等）　　　　　　　⑩繊維・衣服等　　　⑪飲食料品
Wholesale　　 Various products (general trading company, etc.)　Textile, clothing, etc.　Food and beverages
　　　　　　　⑫建築材料、鉱物・金属材料等　　　　　⑬機械器具　　　　　⑭その他（　　　）】
　　　　　　　Building materials, mineral and metal materials etc.　Machinery and equipment　Others

小売業　　　【 ⑮各種商品　　　　　　　　　　　　⑯織物・衣服・身の回り品
Retail　　　 Various products　　　　　　　　　Fabric, clothing, personal belongings
　　　　　　　⑰飲食料品（コンビニエンスストア等）　⑱機械器具小売業　　⑲その他（　　　）】
　　　　　　　Food and beverages (convenience store, etc.)　Machinery and equipment retailing　Others

学術研究, 専門・技術サービス業　　Academic research, specialized / technical services
　　　　　　　⑳学術・開発研究機関　　　　　　　　㉑専門サービス業（他に分類されないもの）
　　　　　　　Academic research, specialized / technical service industry　Specialized service industry (not categorized elsewhere)
　　　　　　　㉒広告業　　　　　　　　　　　　　㉓技術サービス業（他に分類されないもの）】
　　　　　　　Advertising industry　　　　　　　Technical service industry (not categorized elsewhere)

医療・福祉業　【 ㉔医療業　　　　㉕保健衛生　　　　　㉖社会保険・社会福祉・介護事業　　】
Medical / welfare services　Medical industry　Health and hygiene　Social insurance / social welfare / nursing care

㉗農林業　　　　㉘漁業　　　　㉙鉱業, 採石業, 砂利採取業　　㉚建設業　　　　㉛電気・ガス・熱供給・水道業
Agriculture　　Fishery　　　Mining, quarrying, gravel extraction　Construction　　Electricity, gas, heat supply, water supply
㉜情報通信業　　　　㉝運輸・信書便事業　　　　㉞金融・保険業　　　　㉟不動産・物品賃貸業
Information and communication industry　Transportation and correspondence　Finance / insurance　Real estate / rental goods
㊱宿泊業　　　　㊲飲食サービス業　　　　　㊳生活関連サービス業（理容・美容等）・娯楽業
Accommodation　Food and beverage service industry　Lifestyle-related services (barber / beauty, etc.) / entertainment industry
㊴学校教育　　　　㊵その他の教育, 学習支援業　　㊶職業紹介・労働者派遣業
School education　Other education, learning support industry　Employment placement / worker dispatch industry
㊷複合サービス事業（郵便局, 農林水産業協同組合, 事業協同組合（他に分類されないもの））
Combined services (post office, agriculture, forestry and fisheries cooperative association, business cooperative (not categorized elsewhere))
㊸その他の事業サービス業（速記・ワープロ入力・複写業, 建物サービス業, 警備業等）
Other business services (shorthand / word processing / copying, building services, security business, etc.)
㊹その他のサービス業（　　　　　）　㊺宗教　　　㊻公務（他に分類されないもの）
Other service industries　　　　　　Religion　　Public service (not categorized elsewhere)
㊼分類不能の産業（　　　　　）
Unclassifiable industry

(5)所在地　　　東京都港区赤坂●●1-2,3,●●ビル　　電話番号　　　03-XXXX-XXXX
　Address　　　　　　　　　　　　　　　　　　　　Telephone No.

(6)資本金　　　1,000万円　　　円　　(7)年間売上高（直近年度）　　1,150,843,903　　円
　Capital　　　　　　　　　　Yen　　Annual sales (latest year)　　　　　　　　　　Yen

---

Q3-6　外国人留学生（四年制大学卒業者）を新規採用することになりました。
　　　就労ビザの取得手続きについて教えてください。　123

〈所属機関等作成用2〉

所属機関等作成用2　N（「高度専門職（1号イ・ロ）」・「高度専門職（2号）」・「研究」・「技術・人文知識・国際業務」・「介護」・「技能」・「特定活動（研究活動等）」）　（変更申請の場合のみ）　　在留期間更新・在留資格変更用

For organization, part 2 N ("Highly Skilled Professional(i)(a/b)" / "Highly Skilled Professional(ii)"(only in cases of change of status) / For extension or change of status
"Researcher" / "Engineer / Specialist in Humanities / International Services" / "Nursing care" / "Skilled Labor" / "Designated Activities(Researcher or IT engineer of a designated organization)")

(8)従業員数 Number of employees	90　名	(9)外国人職員数 Number of foreign employees	3　名

4　就労予定期間　5年以上（期間の定めなし）
　　Period of work

5　給与・報酬（税引き前の支払額）　　　　　　255,000　円（□年額 ■月額）
　　Salary/Reward (amount of payment before taxes)　　　　　　　　Yen　　Annual　Monthly

6　実務経験年数　　　なし　年　　7　職務上の地位（役職名）
　　Business experience　　　　　　　　　　　Position(Title)　　□あり（　　　　　）■なし
　　　　　　　　　　　　　　　　　　　　　　　　　　　　　　　Yes　　　　　　　No

8　職務内容　Type of work
　　○主たる職務内容を以下から選択して番号を記入（1つのみ）　　　13
　　　Select the main type of work from below, and fill in the number (select only one)
　　○「技術・人文知識・国際業務」「高度専門職」又は「特定活動」での在留を希望　　14,19,20
　　　する場合で、他に職務内容があれば以下から選択して番号を記入（複数選択可）
　　　If the applicant wishes to reside in Japan with the status of residence of "Engineer / Specialist in Humanities / International Services", "Highly
　　　Skilled Professional" or "Designated Activities", and will also engage in other types of work, select from below and write the corresponding
　　　number (multiple answers possible)

(1)「研究」での在留を希望する場合
　　Fill in this section if the applicant wishes to reside in Japan with the status of residence of "Researcher"
　　①調査研究
　　　Research

(2)「技術・人文知識・国際業務」での在留を希望する場合
　　Fill in this section if the applicant wishes to reside in Japan with the status of residence of "Engineer / Specialist in Humanities / International Services"

技術開発【②農林水産分野　③食品分野　④機械器具分野　⑤その他製造分野（　　　）】
Technology　Agriculture, forestry, and　Food products field　Machinery and equipment　Other manufacturing field
development　fisheries field　　　　　　　　　　　　field

生産管理【　　⑥食品分野　　⑦機械器具分野　　　　⑧その他製造分野（　　　）】
Production management　Food products field　Machinery and equipment field　Other manufacturing field

⑨管理業務（経営者を除く）⑩調査研究　⑪情報処理・通信技術　⑫CADオペレーション
Management work (excluding executives)　Research　Information processing, communications technology　CAD operation

⑬翻訳・通訳　⑭海外取引業務　⑮コピーライティング　⑯報道　⑰編集
Translation / Interpretation　Overseas trading business　Copywriting　Journalism　Editing

⑱デザイン　⑲企画事務（マーケティング，リサーチ）⑳企画事務（広報・宣伝）
Design　Planning administration work (marketing, research)　Planning administration work (public relations, advertising)

㉑法人営業　㉒金融・保険　㉓建築・土木・測量技術
Corporate sales　Finance / insurance　Architecture, civil engineering, surveying techniques

㉔教育（教育機関以外）㉕法律関係業務　㉖会計事務　㉗その他（　　　）
Education(other than educational institutions)　Legal business　Accounting business　Others

(3)「技能」での在留を希望する場合
　　Fill in this section if the applicant wishes to reside in Japan with the status of residence of "Skilled Labor"

㉘調理　㉙外国特有の建築技術　㉚外国特有の製品製造
Cooking　Foreign country-specific construction technology　Foreign country-specific product manufacturing

㉛宝石・貴金属・毛皮加工　㉜動物の調教　㉝石油・地熱等掘削調査
Jewels, precious metal, fur processing　Animal training　Drilling survey for oil, geothermal energy, etc.

㉞パイロット　㉟スポーツ指導　㊱ソムリエ
Pilot　Sports instruction　Sommelier

(4)「介護」での在留を希望する場合
　　Fill in this section if the applicant wishes to reside in Japan with the status of residence of "Nursing care"

㊲介護福祉士
Certified care worker

(5)「高度専門職」での在留を希望する場合は、上記(1)から(4)のいずれかを主たる職務内容として選択した上で、
　　当該活動と併せて当該活動と関連する事業を自ら経営する活動を行う場合のみ以下を選択
　　If the applicant wishes to reside in Japan with the status of residence of "Intra-company transferee", "Journalist" or "Highly Skilled Professional", select from (1)
　　to (4) above as the main occupation,and only select from below if the applicant will, together with these activities, be engaging in other activities to personally
　　operate a business related to such activities.

㊳経営（高度専門職）
Executive(Highly Skilled Professional)

(6)「特定活動」（特定研究等活動（告示36号）及び特定情報処理活動（告示37号））での在留を希望する場合
　　Fill in this section if the applicant wishes to reside in Japan with the status of residence of "Designated Activities" (Designated Academic Research Activities
　　(Public Notice No. 36) or Designated Information Processing Activities (Public Notice No. 37)).

㊴情報処理・通信技術者　㊵研究　㊶研究の指導　㊷教育（大学等）
Information processing, communications technician　Research　Research guidance　Education(university,etc.)

〈所属機関等作成用３〉

所属機関等作成用３　N （「高度専門職（１号イ・ロ）」・「高度専門職（２号）」・「研究」・「技術・人文知識・国際業務」・
「介護」・「技能」・「特定活動（研究活動等）」）　（変更申請の場合のみ）　　　　在留期間更新・在留資格変更用
For organization, part 3 N ("Highly Skilled Professional(i)(a/b)" / "Highly Skilled Professional(ii)"(only in cases of change of status) /
"Researcher" / "Engineer / Specialist in Humanities / International Services" / "Nursing care" / "Skilled Labor" / "Designated Activities(Researcher or IT engineer of a designated organization)")　　For extension of change of status

9　派遣先等（人材派遣の場合又は勤務地が３と異なる場合に記入）
Dispatch site (Fill in the following if your answer to question 3-(4) is "Dispatch of personnel" or if the place of employment differs from that given in 3)

(1)名称　　　　　　　　　　　　　　　　　　(2)法人番号（13桁）　Corporation no. (combination of 13 numbers and letters)
Name

(3)支店・事業所名
Name of branch

(4)事業内容　Type of business
〇主たる事業内容を以下から選択して番号を記入（1つのみ）
Select the main business type from below and write the corresponding number (select only one)
〇他に事業内容があれば以下から選択して番号を記入（複数選択可）
If there are other business types, select from below and write the corresponding number (multiple answers possible)

製造業　【　①食料品　　　　　　②繊維工業　　　　　③プラスチック製品　　④金属製品
Manufacturing　　Food products　　　Textile industry　　　Plastic products　　　Metal products
　　　　　　　　⑤生産用機械器具　　⑥電気機械器具　　　⑦輸送用機械器具　　⑧その他（　　　　）】
　　　　　　　　Industrial machinery and　Electrical machinery and　Transportationmachinery and　Others
　　　　　　　　equipment　　　　　equipment　　　　　equipment

卸売業　【　⑨各種商品（総合商社等）　　　　⑩繊維・衣服等　　　⑪飲食料品
Wholesale　　Various products (general trading company, etc.)　Textile, clothing, etc.　Food and beverages
　　　　　　⑫建築材料, 鉱物・金属材料等　　⑬機械器具　　　　　⑭その他（　　　　）】
　　　　　　Building materials, mineral and metal materials etc.　Machinery and equipment　Others

小売業　【　⑮各種商品　　　　　　　　　　　　⑯織物・衣服・身の回り品
Retail　　　Various products　　　　　　　　　Fabric, clothing, personal belongings
　　　　　　⑰飲食料品（コンビニエンスストア等）⑱機械器具小売業　　⑲その他（　　　　）】
　　　　　　Food and beverages (convenience store, etc.)　Machinery and equipment retailing　Others

学術研究, 専門・技術サービス業　Academic research, specialized / technical services
　　　　　【　⑳学術・開発研究機関　　　　　　　　　㉑専門サービス業（他に分類されないもの）
　　　　　　　Academic research, specialized / technical service industry　Specialized service industry (not categorized elsewhere)
　　　　　　　㉒広告業　　　　　　　　　　　　　　　㉓技術サービス業（他に分類されないもの）】
　　　　　　　Advertising industry　　　　　　　　　Technical service industry (not categorized elsewhere)

医療・福祉業　【　㉔医療業　　㉕保健衛生　　㉖社会保険・社会福祉・介護事業　　】
Medical / welfare services　　Medical industry　Health and hygiene　Social insurance / social welfare / nursing care

㉗農林業　　　㉘漁業　　　㉙鉱業, 採石業, 砂利採取業　　㉚建設業　　　㉛電気・ガス・熱供給・水道業
Agriculture　　Fishery　　Mining, quarrying, gravel extraction　Construction　Electricity, gas, heat supply, water supply
㉜情報通信業　　㉝運輸・信書便事業　　㉞金融・保険業　　㉟不動産・物品賃貸業
Information and communication industry　Transportation and correspondence　Finance / insurance　Real estate / rental goods
㊱宿泊業　　　㊲飲食サービス業　　㊳生活関連サービス業（理容・美容等）・娯楽業
Accommodation　Food and beverage service industry　Lifestyle-related services (barber / beauty, etc.) / entertainment industry
㊴学校教育　　㊵その他の教育, 学習支援業　　㊶職業紹介・労働者派遣業
School education　Other education, learning support industry　Employment placement / worker dispatch industry
㊷複合サービス事業（郵便局, 農林水産業協同組合, 事業協同組合（他に分類されないもの））
Combined services (post office, agriculture, forestry and fisheries cooperative association, business cooperative (not categorized elsewhere))
㊸その他の事業サービス業（速記・ワープロ入力・複写業, 建物サービス業, 警備業等）
Other business services (shorthand / word processing / copying, building services, security business, etc.)
㊹その他のサービス業（　　　　）　　㊺宗教　　㊻公務（他に分類されないもの）
Other service industries　　　　　　　　Religion　　Public service (not categorized elsewhere)
㊼分類不能の産業（　　　　　　　　）
Unclassifiable industry

(5)所在地
Address

電話番号
Telephone No.

〈所属機関等作成用4〉

所属機関等作成用4　N （「高度専門職（1号イ・ロ）」・「高度専門職（2号）」・「研究」・「技術・人文知識・国際業務」・
「介護」・「技能」・「特定活動（研究活動等）」）　（変更申請の場合のみ）　　　　　在留期間更新・在留資格変更用
For organization, part 4 N ("Highly Skilled Professional(i)(a/b)" / "Highly Skilled Professional(ii)"(only in cases of change of status) /　For extension or change of status
"Researcher" / "Engineer / Specialist in Humanities / International Services" / "Nursing care" / "Skilled Labor" / "Designated Activities(Researcher or IT engineer of a designated organization)")

(6)資本金 Capital	円 Yen
(7)年間売上高（直近年度） Annual sales (latest year)	円 Yen
(8)派遣予定期間 Period of dispatch	

以上の記載内容は事実と相違ありません。 I hereby declare that the statement given above is true and correct.
勤務先又は所属機関等契約先の名称, 代表者氏名の記名及び押印／申請書作成年月日
Name of the workplace or contracting organization and its representative, and official seal of the organization　／　Date of filling in this

ABC株式会社 代表取締役　山田太郎	【会社代表者印】	印 Seal	2019	年 Year	3	月 Month	31 日 Day

注意　　　Attention
申請書作成後申請までに記載内容に変更が生じた場合, 所属機関等が変更箇所を訂正し, 押印すること。
In cases where descriptions have changed after filling in this application form up until submission of this application, the organization must
correct the part concerned and press its seal on the correction.

れまでに説明してきた、

① 従事する活動内容が申請する在留資格の活動に一致するのか（在留資格該当性）

② 申請する在留資格を取得するために必要な学歴や職歴などの要件を申請者である外国人が満たしているかどうか（上陸許可基準適合性）

③ 外国人がその会社で就労することに相当性があるか

の３点について、この雇用理由書によって説明することができるからです。

前掲**図表３－７**の在留資格変更許可申請書の記載例を見ると、特に①の在留資格該当性に関する、従事する活動内容（職種）については、申請書にチェックを入れて申告が完了する形式です。

カテゴリー１や２の大企業は基本的に申請書のみを提出すればよく、また、カテゴリー３や４の一般的な雇用主の場合でも、雇用契約書や学歴を証明する書類は添付しますが、これらの書類だけでは、その外国人が入社後、具体的にどのような職務に従事するのか、明確にはわからないケースがあります。

そのようなケースにおいて、出入国在留管理庁は、カテゴリー１や２の企業であっても、申請受付後に「どのような職務に就くのか文書で説明してください」という追加要請を行うことがあります。

このような追加要請に対応しなければならない事態になると、審査期間が当初予想していたよりも長期化してしまいます。

したがって、申請当初の時点で、雇用主が上記の**入国審査官が一番知りたいこと**を盛り込んだ雇用理由書を作成し、添付資料として提出しておけば、審査期間の短縮につながるでしょう。

したがって、いずれのカテゴリーの雇用主であっても、できるだけ雇用理由書は提出したほうがいいでしょう。次ページ**図表３－８**に、外国人留学生を新卒で雇用し、就労ビザを申請するときに添付する雇用理由書の記載例を掲載します。こうした記載例を参考に、自社の実情に合った効果的な雇用理由書を作成してください。

なお、記載例は新卒用の内容ですが、転職者の雇用理由書にも応用できるも

のになっています。

　記載する内容は、「雇用主の会社概要」「入社後に従事させる具体的な職務内容」「雇用する外国人の専門性と、なぜその外国人の雇用が会社にとって必要なのか」について、簡潔にわかりやすく説明し、A4用紙1～2枚程度以内におさめて提出するといいでしょう。

図表3-8　雇用主作成による雇用理由書の記載例

東京出入国在留管理局長殿

201X 年 X 月 X 日

雇用理由書

雇用者：〒XXX-XXXX　東京都XX区1-2-3
　　　　株式会社XXXX
　　　　代表取締役　XXX XXX　（印）
　　　　電話：03-XXXX-XXXX
　　　　事業内容：通信販売に特化した番組企画・制作及び媒体企画・広告

申請者　XXX XXX（国籍：台湾／19XX年X月X日生・女性）
　　　　職務内容：
　　　　・当社台湾子会社間との調整業務
　　　　　（日本市場と中華圏市場の調査・分析業務を含む）
　　　　・中国や台湾など海外取引先企業、海外に進出する日系企業に対するサポート
　　　　　（通訳・翻訳業務含む）

当社の概要と現況
　当社は、グループ会社全X社（株式会社XXXX、株式会社XXXX、株式会社XXXX）から成る東京・大阪・名古屋を拠点に、通信販売業の広告をメインに行う広告代理店です。
　これまでは顧客企業がテレビメディアを通じて行う商品（主にXX品・XX品）の販売促進を主要業務として行って参りました。しかしながら当社のような広

告業界に限らず、既に日本国内では人口減少・少子高齢化から市場の縮小が深刻化しており、海外に新たな市場の開拓を計画し、20XX 年、台湾に子会社として XXX 有限公司を立ち上げました。以来、台湾やその他中華圏に進出する日本企業のマーケティング・広告・販売促進支援も行っております。

XXX XXX 氏採用の経緯と在留資格変更申請の理由

　上述の通り、台湾に設立した XXX 有限公司では現在、日本語が話せる社員 2 名と中国語のみ可能な社員 3 名（計 5 名）を現地で雇用し、日本法人との間で日々の業務を行っています。しかしながら、最近は事業の拡大に伴う当該現地子会社のマンパワー不足に加え、日々の業務を行う際に日本と台湾、中国の文化やビジネス慣習の違いから、両者のコミュニケーションが上手くいかず、そのことによるミスやトラブルの事例が多々発生し、当社の行う個々のプロジェクトの立上げに悪影響をもたらしています。

　以上のような状況があり、現地子会社とのやりとりを含め、当社が手掛ける日本企業の中華圏市場への進出支援プロジェクト全般をサポートする、中華圏の文化を熟知し、現地の言葉に堪能で、かつ日本語能力を兼ね備えた優秀な人材の配置を強く希望しています。

そのような中、条件に該当する優秀な外国人材を探していたところ、20XX 年 4 月に当社の取引先企業である XXX 株式会社から本申請人である XXX XXX 氏の紹介を受け採用内定に至りました。

　申請人は、出生地台湾において XX 大学（法学部）を卒業し201X 年に来日、2 年間日本語学校に通学後、XX 大学（福岡市）の修士課程（法科大学院）で学び、来月 3 月に卒業予定です。法科大学院では、当社の広告業と事業分野にも直結する輸出入関連の法律に興味を持ち、それらを専門に勉強しています。

　当社の計画として、XXX XXX 氏の入社が実現したら、当面は顧客が中華圏市場に進出する際の支援業務や中華圏市場の調査に加え、前述の当社台湾子会社である XXX 有限公司間との各種業務（日台間の輸出入に伴う申請業務・広告表現に関する日台間の法務調整・立案等）を行ってもらう予定です。

　また、将来は当社が台湾現地での販促活動（イベント・TVCM・ラジオ各媒体のメディア買付）を強化するにあたり、それらの業務全般にも携わってもらう等、当社の中華圏市場の開拓における重要な人材として大切に教育していくつもりです。

以上、当社の業務上の要請と諸事情をご理解頂き、XXX XXX 氏に関して在留資格変更の速やかなご許可をいただけますようお願い申し上げます。

以　上

Q3-7 外国人留学生（国内専門学校卒業者）を新規採用することになりました。就労ビザの取得手続きについて教えてください。

A

専門学校卒業者（専門士）が就労ビザを取得できる職種は、大学生などに比べてかなり限定されています。また、大学生の就職の場合は緩和されている職務内容と専攻科目の関連性も、「相当程度」必要とされていて、専門学校卒業生の採用については慎重な事前調査・判断が必要です。

1 専門学校卒業者が就労ビザを取得できる職種と専攻科目は限定されている

　日本国内の専門学校を卒業した「専門士」は、「技術・人文知識・国際業務」などの就労が可能な在留資格へ変更することが可能です。ただし、専門士であれば、どんな職務内容でも、また、専攻科目が何であっても許可を受けられるわけではありません。

　専門士の場合は、卒業後に在留資格を変更して従事することができる活動内容（分野と職種）が、次ページ**図表3－9**のとおり、厳格に限定されています。

　それに加えて、専門士の留学ビザから就労ビザへの変更申請に関しては、従事する職務内容と専門学校で専攻した科目が**相当程度に関連**していることが在留資格変更の必要条件とされています。

　この職務内容と専攻科目の関連性については、日本の四年制大学（短期大学・高等専門学校を含む）を卒業した学士号取得者と異なり、両者が関連しない場合であっても一定の柔軟性をもって判断され、許可を受けられるという緩和措置がありません（日本の四年制大学を卒業した留学生の在留資格変更審査における、職務内容と専攻科目の関連性についての緩和措置については、Q2－1「3.②日

図表3－9 専門学校卒業者が在留資格を取得（変更）できる職種・分野と専攻科目

○ → 就労ビザの申請ができる（個別の申請内容によるが許可がおりる可能性が高い）。
× → 就労ビザの申請はできない（該当する在留資格が存在しない）。

分野	専門学校における専攻科目と就労できる職種		就労ビザ取得の可能性と在留資格
医療	専攻学科：看護、歯科衛生、診療放射線、作業療法、理学療法等	職種：看護師、歯科衛生士、放射線技師、理学療法士等	○ 「医療」 ※ 国家試験合格が取得条件
商業実務	専攻学科：ビジネス、観光・ホテル、経理・簿記、その他商業実務	職種：企画、財務、経理、貿易業務、マーケティング業務等	○ 「技術・人文知識・国際業務」
クールジャパン	専攻学科：ファッションデザイン、アニメーション、マンガ	職種：服飾デザイナー、アニメーター・漫画家（絵コンテ・原画の創作等主体的な活動）	
文化・教養	専攻学科：外国語通訳・翻訳、ガイド等	職種：通訳・翻訳業務、観光ガイド等	
工業	専攻学科：情報処理、機械、電気・電子、建築、自動車整備等	職種：エンジニア、設計者、自動車整備士等	
社会福祉	専攻学科：介護福祉士養成施設（専門学校）の介護福祉士専門コース	職種：介護福祉士	○ 「介護」 ※ 国家試験合格が取得条件
教育	専攻学科：保育、幼児教育	職種：保母	×
美容	専攻学科：美容・理容、エステティック等	職種：美容師、エステティシャン	×
服飾等	専攻学科：被服、和裁、手芸等	職種：縫製、和裁他手芸	×

分野	専門学校における専攻科目と就労できる職種	就労ビザ取得の可能性と在留資格
調理・製菓等	専攻学科：栄養、製菓、製パン、調理等 職種：栄養士、パティシエ、パン職人等	× ※ 「日本料理海外普及人材育成事業」の対象者（農林水産業の認定必要）で、日本料理の調理師学校に留学、調理師免許を得た場合、在留資格「特定活動」へ変更できる可能性がある。

本の大学を卒業した留学生に対する緩和措置」を確認）。

たとえば、ITエンジニアとして専門学校卒業者を採用する場合は、日本国内の専門学校で情報工学を専攻した専門士、ホテルなどが外国人対応のコンシェルジェや外国人宿泊客対応の日本語通訳を採用する場合は、観光学や日本語通訳学を専攻した専門士、インテリアデザイナーや服飾デザイナーであればインテリア・服飾専門学校卒業の専門士でなければ在留資格変更が許可されることはありません。

したがって、会社が専門学校の卒業者を雇用する場合、まずは、①採用後に従事させる職務内容について、就労ビザが取得できる分野・職種であるのか、その上で②その分野に直結した科目を専攻している専門士なのか、大学卒業者以上に注意深く確認した上で採用する必要があります。

また、このように専門士の場合は従事できる職務内容に厳しい制限がかけられているため、採用時だけではなく、**雇用後の配置転換**についても、大学卒業者以上に、（専門士として）就労できる職務内容を常に留意しながら、資格外活動とならないような雇用管理を心掛けてください。

専門士の配置転換を行う場合、転換後の職務内容が、専門士が従事できる職務であること、対象者には職務に直結した学歴や職歴があることの両方を満たさなければ、その配置転換は資格外活動として違法行為になってしまいます。

ただし、専門学校卒業者であっても、専門学校入学前に国内・海外含め、大

学を卒業している留学生については、専門学校あるいは大学の専攻分野のいずれによっても採用することが可能です。

また、配置転換も同様で、当初は専門学校の専攻分野を活かして入社した社員であっても、配置転換後に従事する職務内容が在留資格該当性を有し、本人がその職務内容に応じた専攻科目など上陸許可基準を満たしていれば、（大学の）専攻科目を活かした配置転換は可能になります。

たとえば、母国で経済学を専攻して四年制大学を卒業し、その後来日して日本の専門学校でアニメーションを学んだ留学生が、卒業後に海外取引業務担当として一般企業に就職する、またはアニメ制作会社にアニメーターとして就職したが、就職後、配置転換によって国際営業に人事異動するケースなどが該当します（いずれの場合も在留資格は「技術・人文知識・国際業務」）。

このように、母国で一度四年制大学を卒業した後に来日し、専門学校を卒業した留学生は多いので、専門学校生の採用を行う上でその点も留意しておくと役に立ちます。

2 在留資格変更手続きのポイント

専門学校卒業者が「留学」から**図表3-9**の各在留資格への変更申請を行う手続きも、Q3-6で解説した大学生のものと同様です。

専門学校生の採用で、最も重要なポイントは、入社後に従事させる職務内容が「専門士」として従事できる内容であることと、専攻した科目が職務内容に直結していることを確認することです。

この点を確認できたら、**図表3-5**で採用内定から卒業後の雇用開始までのフローを参考に、必要な提出書類を準備して早めに在留資格変更許可申請を行います（**図表3-6、3-7、3-8**参照）。

なお、専門学校生の場合、大学生の申請時には一般的に提出が求められない、成績証明書や履修証明書、出席率証明書などの立証書類を出入国在留管理局が申請受付後に追加で提出要請する事案が散見されます。前述のとおり、このように追加で提出しなければならない書類があると、審査期間が余計にかかり、

最終的な在留資格変更の時期が遅くなってしまいます。

　ですので、専門学校生の場合はできるだけ申請時に卒業証明書や卒業見込証明書と一緒に、成績証明書や出席率証明書なども提出しておくといいでしょう。

当年9月に大学院を卒業した留学生に内定を出しましたが、入社は翌年4月になります。内定待機中に必要な就労ビザについて、どのような手続きをすればいいのか教えてください。また、本人の生活費支弁のため、内定待機中に当社でアルバイト就労をさせることは可能でしょうか？

A

採用を内定した留学生の卒業後、入社までに3か月以上の空白期間がある場合は、「留学」ビザから（採用内定待機のための）「特定活動」に、在留資格変更を行う必要があります。「特定活動」への在留資格変更と資格外活動許可が許可されれば、週28時間以内のアルバイト就労が可能になります。ただし、正式入社にあたっては、「技術・人文知識・国際業務」への在留資格変更申請を行った上で許可を得た後でなければ就労はできません。

1 在留資格の変更

　当年9月前後に大学院を卒業した留学生を採用した場合、新卒扱いであれば、実際の入社が翌年4月1日となることが多いと思います。ちなみに、留学生は、就学していた教育機関を卒業すると、個人が持っている「留学」の在留期間の残存期間にかかわらず、卒業時点で在留資格の正当性を失います。

　たとえば、2019年9月に大学院を修了した留学生で、現在保持している在留資格「留学」の在留期間満了日（**図表2－1(1)③**）が2020年4月だったと仮定します。その場合、在留期間が残っているから、2020年4月まで「留学」の在留資格のまま、日本に継続して在留できるかというとそうではありません。

　「留学」という在留資格で日本に在留するためには、フルタイムで就学活動

を行っていることが必要です。したがって、大学院を卒業した2019年9月の時点で、在留期間の残存期間にかかわらず、「留学」という在留資格の正当性を失うのです。

　ちなみに、入管法には「在留資格の取消し制度」（➡コラム③）（入管法第22条の4）というものがあり、その中に、現在保持している在留資格（「技術・人文知識・国際業務」含むその他就労系の在留資格、「留学」「家族滞在」などを含む）に基づく活動を、継続して3か月以上行っていない場合は在留資格を取り消すという規定があります（ただし、その活動を行わないで在留していることについて、やむを得ないと思われる正当な理由がある場合は除かれます）。

　ですので、いずれにしても教育機関を卒業し、就職先が決定した留学生はす

コラム③　*Column*

在留資格の取消し制度

　日本に在留する外国人が偽りその他不正の手段によって、上陸許可の証印等を受けた場合（例：経歴詐称などによって不正に在留資格を取得した場合）や、保持している在留資格に基づく本来の活動を一定期間行わないで在留していた場合などに、その外国人の在留資格を取り消す制度（入管法第22条の4）があります。

　その中に、現在保持している在留資格に基づく活動を継続して3か月以上行っていない場合は在留資格を取り消すという規定があります（その活動を行わないで在留していることについて、やむを得ないと思われる正当な理由がある場合は除かれる）。

　この規定の対象である在留資格は「外交」「公用」「教授」「芸術」「宗教」「報道」「経営・管理」「法律・会計業務」「医療」「研究」「教育」「技術・人文知識・国際業務」「企業内転勤」「興行」「技能」「技能実習」「文化活動」「短期滞在」「留学」「研修」「家族滞在」「特定活動」です。

Q3-8　当年9月に大学院を卒業した留学生に内定を出しましたが、入社は翌年4月になります。内定待機中に
　　　必要な就労ビザについて、どのような手続きをすればいいのか教えてください。また、本人の
　　　生活費支弁のため、内定待機中に当社でアルバイト就労をさせることは可能でしょうか？

ぐに、少なくとも3か月以内にいずれかの就労系の在留資格へ変更許可申請をしなければなりません。

ただし、当年3月末に卒業して翌月4月に入社する留学生と異なり、9月卒業で翌年4月まで入社を待機する留学生の場合は、卒業時点で「技術・人文知識・国際業務」などへの変更が不可能なのです。

なぜなら、9月に在留資格変更許可申請を行い、1か月程度で許可がされると、翌年4月の入社まで、上記の、在留資格取消し制度にかかる（3か月）以上の空白期間ができてしまうからです。この空白期間を埋めるために、本事案では、「留学」から「（内定待機のための）特定活動」へ在留資格変更申請を行い、許可を得る必要があります。

また、この「特定活動」への在留資格変更申請時に、資格外活動許可申請も同時に行うことができます。いずれの許可も得られれば、「特定活動」の在留期間中は週28時間以内のアルバイト就労が可能になります（風俗店などは不可）。したがって「特定活動」の在留資格と資格外活動許可を得た後は、採用予定先の企業でインターンなどでのアルバイト雇用は可能です。

なお、このように「特定活動」へ在留資格を変更しても、翌年4月の正式入社にあたっては、通常のとおり、「技術・人文知識・国際業務」など入社後に従事する在留資格へ改めて、在留資格変更申請をしなければなりませんので、その点も留意してください。

2 在留資格変更申請を行うときの主な提出書類

「留学」から「特定活動」へ在留資格変更申請は、外国人の住所地を管轄する出入国在留管理局に対して本人が行うのが基本ですが、以下の必要な提出書類を見ると、内定を出した雇用主が準備するものも多いので、前出の留学生の就労ビザへの在留資格変更時（Q3－6参照）と同様に、雇用主が責任を持って申請の代行やサポートをする必要があります。

〈会社準備分〉

① 内定した企業からの採用内定の事実及び内定日を確認できる文書（内定

通知書等）

②　**内定した企業の連絡業務等の遵守が記載された誓約書**（企業発行の誓約書）

③　採用までに行う研修等の内容を確認できる資料（該当する活動がある場合のみ）

④　前年分の「給与所得の源泉徴収票等の法定調書のコピー

⑤　決算書のコピー

⑥　登記事項全部証明書

⑦　会社概要等

※　⑤〜⑦は、カテゴリー１または２（上場企業や前年の給与所得の源泉徴収額が1,500万円以上の企業など）の企業は原則提出不要（**図表３−１**参照）

〈外国人準備分〉

⑧　在留資格変更許可申請書（写真貼付）

⑨　パスポート及び在留カード

⑩　在留中の一切の経費の支弁能力を有する文書（外国人本人の通帳のコピー等）

⑪　大学の卒業証明書

⑫　履歴書等

※　「特定活動」期間中にアルバイト就労を希望する場合は、資格外活動許可申請書も同時に提出します。

②の「内定した企業の連絡業務等の遵守が記載された誓約書（企業発行の誓約書）」については、次ページに記載例を掲載しておきますので参考にしてください。

Q3-8　当年９月に大学院を卒業した留学生に内定を出しましたが、入社は翌年４月になります。内定待機中に必要な就労ビザについて、どのような手続きをすればいいのか教えてください。また、本人の生活費支弁のため、内定待機中に当社でアルバイト就労をさせることは可能でしょうか？

139

誓　約　書

2019年 9 月20日

東京出入国在留管理局長殿

　下記の者については、2020年 4 月 1 日から雇用することになっている者であり、採用までの間本邦に在留するにあたり、当社において以下の事項について遵守することを誓います。

1．定期的（少なくとも 3 か月に 1 回）連絡をとること。
2．内定を取り消すべき事由が発生した場合には、遅滞なく出入国在留管理局へ連絡すること。
3．採用前に就労を目的とする在留資格変更許可申請を行うように指導し、当該許可が出るまでは就労活動をさせないこと。
4．その他の日本国法令を遵守させること。

記

　　氏　　名：
　　国　　籍：
　　住　　所：
　　生年月日：

〒 XXX-XXXX　東京都 XX 区 XX 1 - 2 - 3
ABC 株式会社
人事部部長　山田太郎　（代表者印）
電話：03-XXXX-XXXX

Q3 9 外国人の転職者を中途採用することになりました。就労ビザの取得手続きについて教えてください。

A

外国人の中途採用において、転職先で従事させる職務内容が、保持している在留資格では行えないものである場合、「在留資格変更許可申請」が必要です。この許可を得る前に雇用を開始することはできません。

また、転職先で従事させる職務内容が、転職前と同じ、または現在保持している在留資格において従事できる内容の場合は、特に手続きの必要はなく、即時に雇い入れ、次回の【在留期間更新許可申請】で転職に関する審査を委ねることが可能です。ただし、転職に関する出入国在留管理局発行の許可書、「就労資格証明書」を取得していることが望ましいとされています。

　この設問では、既卒の転職者を中途採用するときの就労ビザの手続きについて解説します。

　まずは、手続きの流れの概要を確認するために、第1章の**図表1－12**をご覧ください。

　この表では、日本に在留中の外国人を新卒または中途採用するときのフローを説明しています（図表中「3．就労ビザ申請【ケース1】転職前の職種と別職種で採用する場合、【ケース2】転職前と同職種で採用する場合」を参照）。

　転職者の場合は、上記のケースごとに就労ビザ申請の手続きが異なるため、分けて解説します。

　なお、既卒者の在留カードのチェック、また、採用後に従事させる職務内容が取得する在留資格で行うことが可能であるのか（在留資格該当性）、加えて、外国人の学歴や職歴が該当する在留資格を取得する要件を満たしているか（上陸許可基準該当性）についての確認も重要でした。こちらについてはQ2－2

で再確認してください。以降、ケースごとの具体的な申請手続きの解説となります。

1 ケース1. 転職前の職種と別職種で採用する場合

　このケースでは、転職者が現在持っている在留資格では、転職先で従事する職務につくことができません。よって、入社後に行う職種に応じた在留資格へ「在留資格変更許可申請」を行い、許可を得た後に、転職先での就労を開始することになります。

　また、本事案の場合、雇用主は、採用前に転職者が、変更する在留資格に変更できる学歴または職歴要件を満たしていることをあらかじめ確認しておかなければいけません。

1 在留資格変更許可申請・雇用開始までの流れ

① 転職者が入社後に従事する職種に応じた在留資格へ「在留資格変更許可申請」を行う。
- 審査期間は雇用主企業（所属機関）のカテゴリーにより2週間〜長くて2か月程度（**図表3-1**参照）

② 出入国在留管理庁が許可した場合、既存の在留資格から新たな在留資格への変更がなされ、許可された日以降転職先での就労可能となる。
- 従前の在留資格に基づく在留期間が残っていても、在留資格変更許可申請中に雇用を開始することはできない。

2 主な申請書類

　変更を希望する在留資格ごとに、以下の法務省ウェブサイトから申請書や必要な提出書類一覧をダウンロードします。

☞ 法務省「在留資格変更許可申請」（http://www.moj.go.jp/ONLINE/IMMIGRATION/16-2.html）

☞ ［例］法務省「在留資格変更許可申請「技術・人文知識・国際業務」提出資料」
（http://www.moj.go.jp/nyuukokukanri/kouhou/nyuukokukanri07_00093.html）

　第3章の**図表3−6**は、筆者が「技術・人文知識・国際業務」を含む、一般的な就労系の在留資格変更にあたり、必要な提出書類の概要をまとめたものですので参考にしてください。

　実際の申請では、在留資格の種類によって一部提出書類が異なります。また、申請人である外国人や雇用主企業の事情によって、個別に精査・検討した上で提出書類を決定し作成・提出しているため、必ずしもこのとおりになるものではありません。在留資格変更申請の提出書類に関して、何か少しでも判断に迷うようなことがあれば、事前に必ず最寄りの出入国在留管理局か入国管理業務の専門家に相談することをお勧めします。

　また、**図表3−6**中の提出書類、在留資格変更許可申請書については、**図表3−7**、雇用主が作成する「雇用理由書」は**図表3−8**を参考にしてください。

2 ケース2．転職前と同職種（または保持している在留資格で従事できる職種）で採用する場合

　このケースでは基本的に、ケース1と異なり、就労ビザに関する必要な手続きはありません。**現在の在留資格をもって、前職の退職から転職先での雇用開始まで期間を空けることなく、許可されている在留期間（満了日）まで引き続き、転職先で就労することが可能です。**

　たとえば、在留資格「技術・人文知識・国際業務」を持ってA社でシステムエンジニアとして就労していた外国人が、B社に同じシステムエンジニアで転職するような場合です。

　あるいは、同じく「技術・人文知識・国際業務」を持ってA社でシステムエンジニアとして就労していた外国人が、転職先のB社では技術営業として勤務する場合も、エンジニアと技術営業業務はいずれも「技術・人文知識・国際業務」で行える活動内容（職種）であるため、ケース2に該当し、基本的に転職

に伴う就労ビザに関する手続きを行う必要はありません。

この事案では、基本的に、現在持っている「技術・人文知識・国際業務」の在留期間を延長する手続きである「在留期間更新許可申請」を、**在留期間満了日の３か月前から満了日までの間**に行い、許可を受ければ、その後も転職先での就労を継続することが可能です。

ただし、このように転職先の雇用主の下、初めて行う在留期間更新を含め、全ての就労ビザの審査では、前出の雇用主の事業の「適正性・安定性・継続性」についても、包括的な審査が行われます。したがって、転職先で行っている職務内容や、外国人の学歴などが要件を満たしているからといって、必ずしも転職先における、在留期間の更新が無条件で許可されるわけではありません。

雇用主の決算状況などから、事業の「継続性」が基準を満たしていないと判断されれば、在留期間の更新申請は不許可（就労ビザは延長されない）とされてしまう可能性もあるので、この点についても留意してください。

したがって、このような転職に伴う就労ビザのリスクを防止するために、本事案のような外国人を中途採用した場合には、転職が法的に問題ないことを出入国在留管理庁が認定する「**就労資格証明書**」という事前の（転職に関する）許可を得ておくと安心です。

就労資格証明書とは、現在持っている在留資格で、転職先における就労が可能なのかどうか、転職後の活動内容や転職先の実態・安定性に関する様々な証明書類を出入国在留管理庁に提出し、その転職が問題ないと判断された場合に交付される文書のことです。ちなみに転職者と雇用主にとって、この就労資格証明書の申請・取得は入管法上の義務ではありません。

ただし、就労資格証明書を取得しているということは、転職者にとって、また採用した雇用主にとっても転職先での就労が不法就労ではないという証明になり、加えて次回（転職先での初めての）在留期間更新がスムーズに許可される可能性が高まるため、意識の高い外国人者や企業ほど、転職の都度きちんと取得しています。

❶ 就労資格証明書交付申請・雇用開始までの流れ

① 転職先の会社情報や転職者に関する資料を添付し、出入国在留管理庁へ「就労資格証明書交付申請」を行う。

・審査期間は雇用主企業の規模により2週間〜2か月

② 出入国在留管理庁が就労資格証明書を交付（許可）した場合、当該転職が入管法上問題ないものとして認定され、次回の在留期間更新（就労ビザの延長）がスムーズに許可される。

・「就労資格証明書交付申請」を行わず、転職先が雇用を開始・継続することは合法。

・就労資格証明書交付申請中でも転職先における雇用開始は可能。

・就労資格証明書の交付を受けずに次回の在留期間更新申請を行った場合、当該申請が不許可（転職に問題があったもの）とされ、退職を余儀なくされる場合もある。

❷ 現存の在留期間が6か月以上残っている場合

転職者を現在の在留資格の下、中途採用する場合で、現存の在留期間が6か月を切っているときには、次回の在留期間更新許可申請を選択し、転職に伴う審査を併せて委ねることをお勧めします。

一方、在留期間が6か月以上残っているときには、就労資格証明書を取得しておく方がいいでしょう。

なぜなら、就労資格証明書の取得には、申請時に提出する立証書類の作成から提出、出入国在留管理局による審査期間を含めると、あわせて1〜3か月程度かかることが見込まれます（雇用主のカテゴリーによる）。

なお、就労資格証明書を取得していても、現存の在留期間が満了する時点で、あらためて在留期間更新許可申請を行わなければいけません（ただし、就労資格証明書をすでに取得している場合は、すでに転職先企業に関する審査は終了しているため、当該在留期間更新許可時の審査は、転職がない場合同様の比較的簡易な審査

内容となり、審査期間も短縮化されます）。

　したがって、現存の在留期間が6か月を切っているような場合は、就労資格証明書を取得した後、間を空けずに、すぐに在留期間更新許可申請をしなければいけなくなってしまいます（在留期間更新許可申請は在留期間の満了日からさかのぼって、3か月前から満了日までの間に行います）。

　以上、ケース2の場合は、中途採用時点における残存の在留期間によって、次回の在留期間更新申請、就労資格証明書の取得のいずれかを選択することになります。

　しかし、就労資格証明書の取得は、法務省が義務化こそしていないものの、推奨している制度であり、そして何より、転職が合法であり、次回の在留期間更新が問題なく許可されることが出入国在留管理庁によって認定されるため、雇い入れる雇用主と外国人本人双方にとって、転職に伴う就労ビザの不安を払拭することができます。

　このように、就労資格証明書は雇用主と外国人労働者にとって有益な制度なので、中途採用の際にはぜひ活用してください。

❸ 在留期間更新許可申請や就労資格証明書交付申請を転職先が初めて行う場合

　上記のとおり、本事案では、転職時の在留期限の残り期間によって、在留期間更新許可申請あるいは就労資格証明書交付申請を検討、いずれかを選択し、外国人本人が申請します。

　ここで大切な点は、いずれの申請の場合であっても、在留資格変更許可申請と同様、カテゴリーごとに決められた雇用主に関する添付書類は必ず提出しなければなりません。

　※　前回、在留資格の変更や在留期間の更新が認められたときと同じ雇用主の下、更新を申請する場合は、すでに雇用主の審査は終わっているため、会社概要や決算書などの添付書類を提出する必要はありません。

出入国在留管理局のウェブサイトには、そうした書類を提出する旨の詳細な説明はありません。したがって、転職先の情報を添付せずに在留期間更新申請を行うと、申請後にこうした書類の追加提出を求められる場合が多くありますので注意してください。

> ☞ 法務省「在留期間更新許可申請「技術・人文知識・国際業務」提出資料」（http://www.moj.go.jp/nyuukokukanri/kouhou/nyuukokukanri07_00095.html）
> ☞ 法務省「就労資格証明書交付申請」（http://www.moj.go.jp/ONLINE/IMMIGRATION/16-9.html）

　第3章の**図表3−6**は、筆者が「技術・人文知識・国際業務」を含む、一般的な就労系の在留資格変更にあたり、必要な提出書類の概要をまとめたものですが、本事案の（転職後に初めて行う）在留期間更新申請あるいは就労資格証明書交付申請についても応用できますので参考にしてください。雇用主が作成する「雇用理由書」は**図表3−8**を参考にしてください。

　実際の申請では、在留資格の種類によって一部提出書類が異なります。また、申請人である外国人や雇用主企業の事情によって、個別に精査・検討した上で提出書類を決定し作成・提出しているため、必ずしもこのとおりになるものではありません。

　提出書類に関して、不明な点があれば、事前に最寄りの出入国在留管理局か入国管理業務の専門家に相談することをお勧めします。

海外にいる外国人を呼び寄せて雇用したいので、就労ビザの取得手続きについて教えてください。

A

> 海外在住の外国人の採用を内定したら、雇用主の事務所所在地を所轄する出入国在留管理局に「在留資格認定証明書交付申請」を行い、在留資格認定証明書が交付されたら原本を外国人に送付します。送付を受けた本人は、在外日本大使館などで来日に必要な査証を取得し、その後来日、就労開始が可能になります。
>
> 基本的に、「在留資格認定証明書の取得＝海外在住外国人の就労ビザ取得」と理解してください。審査期間は、在留外国人の在留資格変更や在留期間更新と比べて長期化することが多いため、海外在住の外国人採用については余裕を持ったスケジュールを立てて、手続きに着手することが重要です。

　この設問では、現在はまだ海外にいる候補者を日本に呼び寄せて採用するときの就労ビザの手続きについて解説します。

　まずは、手続きの流れの概要を確認するために、第1章の**図表1-13**をご覧ください。この表では、海外にいる外国人について採用内定から入社後の手続きまでのフローを説明しています。

　こちらのフローで海外在住の外国人の採用の流れをつかんだら、次に「1.在留資格取得可能性の確認」、つまり、採用後に従事させる職務内容が、取得する在留資格で行うことが可能であるのか（在留資格該当性）、加えて、外国人の学歴や職歴が該当する在留資格を取得する要件を満たしているか（上陸許可基準該当性）について、精査を行います。こちらについては、Q2-3の解説、「図表1-11　在留資格一覧表」「図表3-4　在留資格「技術・人文知識・国際業務」の三分野」も参考にしてください。

1 在留資格認定証明書交付申請とは

　海外にいる外国人を日本に呼び寄せて雇用するためには、来日前に在留資格認定証明書の申請を行って、証明書の交付を受ける必要があります（在留資格認定証明書については、Ｑ２－３参照）。

　在留資格認定証明書とは、現在はまだ海外にいる外国人を雇用しようとする企業が申請代理人となって、採用予定の外国人及び雇用主（企業）に関して、日本国内で法務省による事前審査を受け、審査の結果、「この外国人は、日本で就労ビザを取得する資格があり、雇用主の企業も就労ビザのスポンサーとなる資格を満たしています」という許可が出たときに発行される証明書のことです。

　たとえば、海外にいる外国人をITエンジニアとして日本に呼び寄せたい場合、在留資格「技術・人文知識・国際業務」で**在留資格認定証明書**を申請することになります。

　審査の結果、在留資格認定証明書を取得できれば、外国人には、日本への入国が可能となる査証が交付されます。

　したがって、「在留資格認定証明書を取得する＝海外在住の外国人の就労ビザを取得する」と理解するとわかりやすいでしょう。

　在留資格認定証明書の申請から取得、外国人の来日までのフローについては、次ページ**図表３－11**で概略を、**図表３－12**で詳細を確認してください。

　採用を内定し、在留資格認定証明書を取得した上で日本に呼び寄せるフローとスケジュールは、おおむね**図表３－12**のとおりです。在留資格認定証明書の審査にかかる所要期間は、各地方出入国在留管理局によって多少異なります。

図表3-11 在留資格認定証明書の申請・取得・来日までの流れ

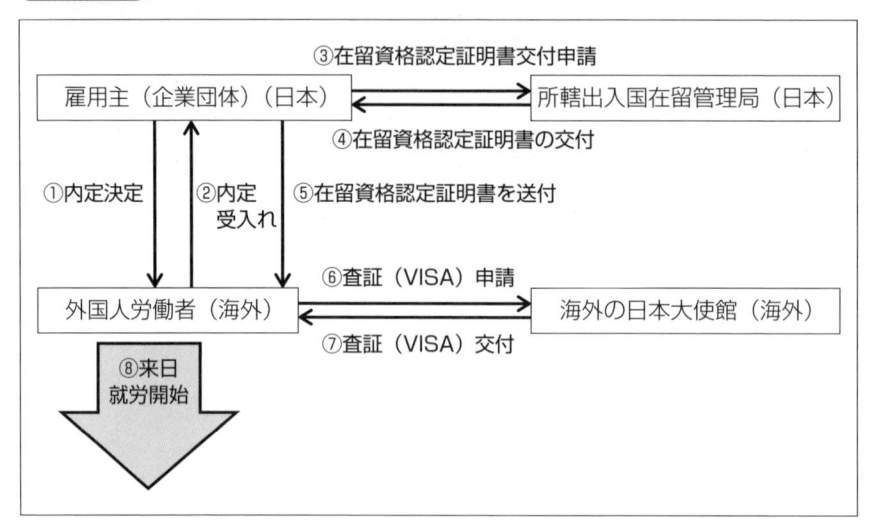

図表3-12 在留資格認定証明書の申請スケジュール（雇用主が申請代理人になる場合）

① 「在留資格認定証明書交付申請」を行う

　採用が内定したら、雇用主（所属機関）の所在地を所轄する出入国在留管理局に対して、就職する職務内容に応じた就労系の在留資格（「技術・人文知識・国際業務」など）に応じた在留資格認定証明書交付申請を行います。

※　申請は外国人本人（短期滞在ビザなどで日本に滞在している場合に限る）、雇用主企業の代表者や職員、または依頼を受けた、申請取次の資格を持つ行政書士や弁護士が直接出入国在留管理局に出向き行います。

※　出入国在留管理局による審査期間は1～3か月程度／それ以上かかるケースもある（申請時期や雇用主のカテゴリー（Q3-1）や申請内容によって変動）。

就労ビザが許可された場合

② 在留資格認定証明書が交付される

　上記の審査期間を経て、出入国在留管理局から、在留資格認定証明書の原本が申請人（雇用主が申請代理人として申請した場合は雇用主あて）に到着します。

※ 在留資格認定証明書が不交付（就労ビザが許可されない）の場合は、審査結果と理由を記載した通知が封書で送付されます。

③ 雇用主より海外の内定者に、在留資格認定証明書を送付する

・内定者が海外の日本大使館・領事館で査証（ビザ）を申請

　雇用主が、在留資格認定証明書の原本を海外にいる外国人に送付します。受け取った本人は海外の日本大使館・領事館において、自身のパスポートほか必要な書類を添付して在留資格認定証明書を提示し、それによって、日本入国が許可される査証が交付されるというしくみです。

　なお、査証を取得する手続きにかかる期間ですが、これは在外の大使館ごとに異なります。在留資格認定証明書は、「就労ビザに関する審査は終了している」という証明なので、基本的に在留資格認定証明書を提示すれば査証の交付はスムーズなのですが、在外大使館によっては申請日の即日に交付するところもあれば、申請日以降1週間以上かかるところなど様々です。また、まれに在留資格認定証明書の交付を受けていても、査証が許可されないこともあります。

④ 査証（ビザ）が取得できたらいつでも来日が可能となる

・来日時の空港で査証（ビザ）と在留資格認定証明書（原本）の提示、在留カードを交付される。

　③で査証が取得できれば、取得日以降、いつでも来日し就労を開始することが可能です。

　到着した空港などで、査証と共に在留資格認定証明書の原本を提示した上で、入国審査官による審査、上陸（入国）の許可を受けます。このとき正式に、在留資格や在留期間が明記された在留カードが交付され、この日以降、日本での就労が可能になります。

　以上が外国人を海外から呼び寄せる、在留資格認定証明書申請と取得のフローです。

　在留資格認定証明書交付申請は、雇用主が代理人となって主体的に書類の作成・申請を行わなければならない手続きです。また、外国人が日本にいる在留資格変更にかかる審査期間の標準（2週間〜1か月）と比べ、在留資格認定証

明書の場合は、1〜2、3か月が標準の所要期間といわれています。

　したがって、海外から外国人を呼び寄せる場合は、余裕をもって採用スケジュールを組むことが成功のコツだといえます。

　在留資格変更申請と同様に、手続きの過程で、わからないことがあれば出入国在留管理局や専門家に相談するなど効率的に準備を進め、採用を決定した外国人には1日も早く来日してもらうよう努めてください。

2　在留資格認定証明書交付申請・提出書類と記載例

　在留資格認定証明書交付申請を行う場合は、出入国在留管理局がウェブサイトで公開している、提出書類一覧を確認してください。

> ☞ 法務省「在留資格認定証明書交付申請「技術・人文知識・国際業務」提出資料」
> (http://www.moj.go.jp/nyuukokukanri/kouhou/nyuukokukanri07_00089.
> html)

　まず、自社がいずれのカテゴリーに分類される団体なのか確認し、必要な提出書類を準備します。

　図表3−13は「技術・人文知識・国際業務」を含む一般的な就労系の在留資格認定証明書交付申請にあたり、必要な提出書類の概要をまとめたものです。

　ただし、実際の申請では、申請人である外国人本人と雇用主企業のカテゴリーや事情によって、個別に精査・検討した上で提出書類を決定し作成・提出していますので、必ずしもこのとおりになるものではありません。

在留資格認定証明書交付申請の提出書類一覧（「技術・人文知識・国際業務」）

※ 所属機関の区分（カテゴリー）については、**図表3－1**で確認してください。

	所属機関（雇用主）の区分			
	カテゴリー1	カテゴリー2	カテゴリー3	カテゴリー4
雇用主が提出する書類【必須】	① 在留資格認定証明書交付申請書（申請者の写真貼付） ② 四季報の写しなど日本の証券取引所に上場していることを証明する書類の写し ③ 392円分（2019年8月現在）の切手を貼付した返信用封筒	① 在留資格認定証明書交付申請書 ② 前年分の「給与所得の源泉徴収票等の法定調書合計表」のコピー（届出先税務署の受付印があるもの） ③ 392円分（2019年8月現在）の切手を貼付した返信用封筒	① 在留資格認定証明書交付申請書 ② 前年分の「給与所得の源泉徴収票等の法定調書合計表」のコピー（届出先税務署の受付印があるもの） ③ 申請者（外国人）に交付した雇用契約書等のコピー ④ 登記事項証明書 ⑤ 会社概要など ⑥ 直近の決算書のコピー	① 在留資格認定証明書交付申請 ② 申請者（外国人）に交付した雇用契約書等のコピー ③ 登記事項証明書 ④ 会社概要など ⑤ 直近の決算書のコピー、新規設立法人の場合は事業計画書 ⑥ 前年分の給与所得の源泉徴収票等の法定調書合計表」を提出できない場合： ・「給与支払事務所等の開設届」のコピー（届出先税務署の受付印があるもの） ・直近3か月分の給与所得・退職所得等の所得税徴収高計算書（領収日付印のあるもののコピー）等適宜
本人が提出する書類【必須】	① 証明写真 〈国内の専門学校卒業者の場合〉 ② 専門学校卒業証明書（原本）1部		① 証明写真 〈日本の専門学校卒業者の場合〉 ② 専門学校卒業証明書（原本）1部 ③ 申請する在留資格の職種に関連する科目を専攻・卒業した大学等の卒業証書のコピー等 ④ 職務経験の証明が必要な場合は前職から発行された「在職証明書」（コピー可） ⑤ 履歴書	

Q3-10 海外にいる外国人を呼び寄せて雇用したいので、就労ビザの取得手続きについて教えてください。

	所属機関（雇用主）の区分			
	カテゴリー1	カテゴリー2	カテゴリー3	カテゴリー4
★ 筆者が申請代行手続きを受託した場合に補足して提出する書類	【雇用主企業分】 ・雇用理由書 【外国人本人分】 ・パスポートのコピー ・申請する在留資格の職種に関連する科目を専攻・卒業した大学等の卒業証書のコピー等 ・職務経験の証明が必要な場合は前職から発行された「在職証明書」（コピー可） ・履歴書		【外国人本人分】 ・パスポートのコピー 【雇用主企業分】 ・雇用理由書 ※ 以下は個別の案件ごとに必要に応じて依頼。 ・労働保険や社会保険に事業主として加入していることを証明する書類（例：保険関係成立届のコピーなど） ・事業所の賃貸借契約書のコピー、事業所の外観・内部・レイアウト図等、事業所の実態を証明する写真など。 【外国人本人分】 ・必要に応じて、本人が作成した「申請理由書」	

（注）　★欄記載の書類は、出入国在留管理局が申請受付時に提出を要求しているものではありません。また、カテゴリー3と4の企業に関する書類については、筆者が受託する案件ごとに迅速な許可を得るために必要と判断した場合に提出をお願いしているものです。

〈申請人等作成用1〉

別記第六号の三様式（第六条の二関係）
申請人等作成用1
For applicant, part 1

日本国政府法務省
Ministry of Justice, Government of Japan

在 留 資 格 認 定 証 明 書 交 付 申 請 書
APPLICATION FOR CERTIFICATE OF ELIGIBILITY

法 務 大 臣 殿
To the Minister of Justice

出入国管理及び難民認定法第7条の2の規定に基づき、次のとおり同法第7条第1項第2号に掲げる条件に適合している旨の証明書の交付を申請します。
Pursuant to the provisions of Article 7-2 of the Immigration Control and Refugee Recognition Act, I hereby apply for the certificate showing eligibility for the conditions provided for in 7, Paragraph 1, Item 2 of the said Act.

写真
Photo
40mm × 30mm

1 国 籍・地 域 アメリカ合衆国
Nationality/Region

2 生年月日　1984 年 Year　12 月 Month　26 日 Day
Date of birth

3 氏 名 XXXXX XXXXX
Name
Family name　Given name

4 性 別 （男）・ 女
Sex Male / Female

5 出生地 New York, アメリカ合衆国
Place of birth

6 配偶者の有無 有 ・（無）
Marital status Married / Single

7 職 業 自営業
Occupation

8 本国における居住地 1-2-3, XXXX, XXXX NYXXXXX,USA
Home town/city

9 日本における連絡先 株式会社ABC（東京都千代田区●●1-2-3、●●ビル）、人事部 ●●
Address in Japan

電話番号 03-XXXX-XXXX ※雇用元企業の代表番号
Telephone No.

携帯電話番号 090-XXXX-XXXX ※人事担当者等の携帯番号
Cellular phone No.

10 旅券 (1)番 号 XXXXXXXXX
Passport Number

(2)有効期限 2026 年 Year 4 月 Month 1 日 Day
Date of expiration

11 入国目的（次のいずれか該当するものを選んでください。） Purpose of entry: check one of the followings

- □ I「教授」 Professor
- □ I「教育」 Instructor
- □ J「芸術」 Artist
- □ J「文化活動」 Cultural Activities
- □ K「宗教」 Religious Activities
- □ L「報道」 Journalist
- □ L「企業内転勤」 Intra-company Transferee
- □ L「研究（転勤）」 Researcher (Transferee)
- □ M「経営・管理」 Business Manager
- □ N「研究」 Researcher
- ■ N「技術・人文知識・国際業務」 Engineer / Specialist in Humanities / International Services
- □ N「介護」 Nursing Care
- □ N「技能」 Skilled Labor
- □ N「特定活動（研究活動等）」 Designated Activities (Researcher or IT engineer of a designated org)
- □ V「特定技能（1号）」* Specified Skilled Worker (i)*
- □ V「特定技能（2号）」* Specified Skilled Worker (ii)*
- □ O「興行」 Entertainer
- □ P「留学」 Student
- □ Q「研修」 Trainee
- □ Y「技能実習（1号）」 Technical Intern Training (i)*
- □ Y「技能実習（2号）」 Technical Intern Training (ii)*
- □ Y「技能実習（3号）」 Technical Intern Training (iii)*
- □ R「家族滞在」 Dependent
- □ R「特定活動（研究活動等家族）」 Designated Activities (Dependent of Researcher or IT engineer of a designated org)
- □ R「特定活動（EPA家族）」 Designated Activities(Dependent of EPA)*
- □ T「日本人の配偶者等」 Spouse or Child of Japanese National
- □ T「永住者の配偶者等」 Spouse or Child of Permanent Resident
- □ T「定住者」 Long Term Resident
- □ 「高度専門職（1号イ）」 Highly Skilled Professional(i)(a)
- □ 「高度専門職（1号ロ）」 Highly Skilled Professional(i)(b)
- □ 「高度専門職（1号ハ）」 Highly Skilled Professional(i)(c)
- □ U「その他」 Others

12 入国予定年月日 2019 年 Year 6 月 Month 日 Day
Date of entry

13 上陸予定港 成田空港
Port of entry

14 滞在予定期間 5年以上
Intended length of stay

15 同伴者の有無 有 ・（無）
Accompanying persons, if any Yes / No

16 査証申請予定地 ニューヨーク総領事館
Intended place to apply for visa

17 過去の出入国歴 （有）・ 無
Past entry into / departure from Japan Yes / No

（上記で「有」を選択した場合）(Fill in the followings when the answer is "Yes")
回数 10 回 直近の出入国歴 2018 年 Year 10 月 Month 1 日 Day から 2018 年 Year 10 月 Month 12 日 Day
time(s) The latest entry from to

18 犯罪を理由とする処分を受けたことの有無（日本国外におけるものを含む。） Criminal record (in Japan / overseas)
有（具体的内容 ） ・（無）
Yes (Detail) / No

19 退去強制又は出国命令による出国の有無 有 ・（無）
Departure by deportation /departure order Yes / No

（上記で「有」を選択した場合）(Fill in the followings when the answer is "Yes")
回数 回 直近の送還歴 年 Year 月 Month 日 Day
time(s) The latest departure by deportation

20 在日親族（父・母・配偶者・子・兄弟姉妹など）及び同居者
Family in Japan (Father, Mother, Spouse, Son, Daughter, Brother, Sister or others) or co-residents
有（「有」の場合は、以下の欄に在日親族及び同居者を記入してください。）・（無）
Yes (If yes, please fill in your family members in Japan and co-residents in the following columns) / No

続柄 Relationship	氏名 Name	生年月日 Date of birth	国籍・地域 Nationality/Region	同居予定の有無 Intended to reside with applicant or not	勤務先名称・通学先名称 Place of employment/school	在留カード番号 特別永住者証明書番号 Residence card number Special Permanent Resident Certificate number
	該当者なし			有・無 Yes / No		
				有・無 Yes / No		
				有・無 Yes / No		
				有・無 Yes / No		

※ 20については、記載欄が不足する場合は別紙に記入して添付すること。なお、「研修」「技能実習」に係る申請の場合は記載不要です。
Regarding item 20, if there is not enough space in the given columns to write in all of your family in Japan, fill in and attach a separate sheet.
In addition, take note that you are not required to fill in item 20 for applications pertaining to "Trainee" / "Technical Intern Training".

（注）裏面参照の上、申請に必要な書類を作成して下さい。 Note : Please fill in forms required for application. (See notes on reverse side.)

Q3-10 海外にいる外国人を呼び寄せて雇用したいので、就労ビザの取得手続きについて教えてください。

申請人等作成用２　　N（「高度専門職（１号イ・ロ）」・「研究」・「技術・人文知識・国際業務」・「介護」・「技能」・「特定活動（研究活動等）」）
For applicant, part 2 N ("Highly Skilled Professional(i)(a/b)" / "Researcher" / "Engineer / Specialist in Humanities / International Services " / "Nursing Care" / "Skilled Labor" / "Designated Activities(Researcher or IT engineer of a designated organization)")

在留資格認定証明書用
For certificate of eligibility

21　勤務先　Place of employment　　※　(2)及び(3)については、主たる勤務場所の所在地及び電話番号を記載すること。
For sub-items (2) and (3), give the address and telephone number of your principal place of employment.

- (1)名称　Name　　株式会社ABC　　　支店・事業所名　Name of branch
- (2)所在地　Address　　東京都千代田区●●1-2-3,●●ビル　　(3)電話番号　Telephone No.　　03-XXXX-XXXX

22　最終学歴（介護業務従事者の場合は本邦の介護福祉士養成施設について記入）
Education (if you engage in activities of nursing care or teaching nursing care, fill in details about the certified care worker training facility in Japan)

- ☐ 大学院（博士）　Doctor　　■ 大学院（修士）　Master　　☐ 大学　Bachelor　　☐ 短期大学　Junior college　　☐ 専門学校　College of technology
- ☐ 高等学校　Senior high school　　☐ 中学校　Junior high school　　☐ その他（　Others　）
- (1)学校名　Name of school　　●●University (NY州, アメリカ)　　(2)卒業年月日　Date of graduation　　XXXX 年 Year　X 月 Month　　日 Day

23　専攻・専門分野　Major field of study
（22で大学院（博士）～短期大学の場合）（Check one of the followings when the answer to the question 22 is from doctor to junior college）

- ☐ 法学 Law　☐ 経済学 Economics　☐ 政治学 Politics　☐ 商学 Commercial science　☐ 経営学 Business administration　☐ 文学 Literature
- ☐ 語学 Linguistics　☐ 社会学 Sociology　☐ 歴史学 History　☐ 心理学 Psychology　☐ 教育学 Education　☐ 芸術学 Science of art
- ☐ その他人文・社会科学（　Others(cultural / social science)　）　☐ 理学 Science　☐ 化学 Chemistry　☐ 工学 Engineering
- ☐ 農学 Agriculture　☐ 水産学 Fisheries　☐ 薬学 Pharmacy　☐ 医学 Medicine　☐ 歯学 Dentistry
- ■ その他自然科学（ 情報工学 ）Others(natural science)　☐ 体育学 Sports science　☐ 介護福祉 Nursing care and welfare　☐ その他（　Others　）

（22で専門学校の場合）（Check one of the followings when the answer to the question 22 is college of technology）

- ☐ 工業 Engineering　☐ 農業 Agriculture　☐ 医療・衛生 Medical services / Hygienics　☐ 教育・社会福祉 Education / Social welfare　☐ 法律 Law
- ☐ 商業実務 Practical commercial business　☐ 服飾・家政 Dress design / Home economics　☐ 文化・教養 Culture / Education　☐ 介護福祉 Nursing care and welfare　☐ その他（　Others　）

24　情報処理技術者資格又は試験合格の有無（情報処理業務従事者のみ記入）　　有 ・ 無
Does the applicant have any qualifications for information processing or has he / she passed the certifying examination?　Yes ・ No
(when the applicant is engaged in information processing)
（資格名又は試験名）
(Name of the qualification or certifying examination)

25　職　歴　Employment history

入社 Date of joining the company		退社 Date of leaving the company		勤務先名称 Place of employment	入社 Date of joining the company		退社 Date of leaving the company		勤務先名称 Place of employment
年 Year	月 Month	年 Year	月 Month		年 Year	月 Month	年 Year	月 Month	
X	X	X	X	XYZ Co., Ltd.					
				IT エンジニアとして勤務					
X	X	–	–	IT アナリストとして個人事業・継続中					

26　申請人，法定代理人，法第7条の2第2項に規定する代理人
(Applicant, legal representative or the authorized representative, prescribed in Paragraph 2 of Article 7-2.)

- (1)氏 名　Name　　山田 太郎　　(2)本人との関係　Relationship with the applicant　　所属機関の代表取締役
- (3)住 所　Address　　東京都千代田区●●1-2-3,●●ビル
- 電話番号　Telephone No.　　03-XXXX-XXXX　　携帯電話番号　Cellular Phone No.　　090-XXXX-XXXX

以上の記載内容は事実と相違ありません。　I hereby declare that the statement given above is true and correct.
申請人（代理人）の署名／申請書作成年月日　Signature of the applicant (representative) / Date of filling in this form

| 株式会社ABC 代表取締役 山田太郎 （署名） | 年月日 | 年 Year | 月 Month | 日 Day |

注 意　申請書作成後申請までに記載内容に変更が生じた場合，申請人（代理人）が変更箇所を訂正し，署名すること。
Attention　In cases where descriptions have changed after filling in this application form up until submission of this application, the applicant (representative) must correct the part concerned and sign their name.

※　取次者　Agent or other authorized person

- (1)氏 名　Name　　若松絵里　　(2)住 所　Address　　東京都板橋区●●1-2-3
- (3)所属機関等　Organization to which the agent belongs　　東京都行政書士会　　電話番号　Telephone No.　　03-XXXX-XXXX

所属機関等作成用1　　N　（「高度専門職（1号イ・ロ）」・「研究」・「技術・人文知識・国際業務」・「介護」・
「技能」・「特定活動（研究活動等）」）

For organization, part 1 N ("Highly Skilled Professional(i)(a/b)" / "Researcher" / "Engineer" / Specialist in Humanities / International Services *,在留資格認定証明書用
"Nursing Care" / "Skilled Labor" / "Designated Activities(Researcher or IT engineer of a designated organization)")　　　For certificate of eligibility

1　契約又は招へいする外国人の氏名
　　Name of foreign national being offered a contract or invitation　　　　　XXXX XXXX

2　契約の形態　　　　Type of contract
　　■ 雇用　　　　□ 委任　　　　□ 請負　　　　□ その他（　　　　　　　　　　　）
　　Employment　　　Entrustment　　　Service contract　　Others

3　所属機関等契約先　Place of employment
　　※(5), (8)及び(9)については、主たる勤務場所について記載すること。
　　　For sub-items (5), (8) and (9) give the address and telephone number of employees of your principal place of employment.
　　※国・地方公共団体、独立行政法人、公益財団・社団法人その他非営利法人の場合は(6)及び(7)の記載は不要。
　　　In cases of a national or local government, incorporated administrative agency, public interest incorporated association or foundation or some other nonprofit
　　　corporation, you are not required to fill in sub-items (6) and (7).

(1)名称　　　　　　　　　　　　　　　　　　　(2)法人番号(13桁)　Corporation no. (combination of 13 numbers and letters)
　　Name　　　　　　株式会社ABC　　　　　　　　　| 1 | 2 | 3 | 4 | 5 | 6 | 7 | 8 | 9 | 0 | 1 | 2 | 3 |

(3)支店・事業所名
　　Name of branch

(4)事業内容　　Type of business
　　　　　　　○主たる事業内容を以下から選択して番号を記入（1つのみ）　　　| 32 |
　　　　　　　　Select the main business type from below and write the corresponding number (select only one)

　　　　　　　○他に事業内容があれば以下から選択して番号を記入（複数選択可）
　　　　　　　　If there are other business types, select from below and write the corresponding number (multiple answers possible)

製造業　　　【①食料品　　　　　　　②繊維工業　　　　　③プラスチック製品　④金属製品
Manufacturing　Food products　　　　Textile industry　　　Plastic products　　Metal products
　　　　　　　⑤生産用機械器具　　　⑥電気機械器具　　　⑦輸送用機械器具　⑧その他（　　　　　）】
　　　　　　　Industrial machinery and　Electrical machinery and　Transportationmachinery and　Others
　　　　　　　equipment　　　　　　　equipment　　　　　　　equipment

卸売業　　　【⑨各種商品（総合商社等）　　⑩繊維・衣服等　　　⑪飲食料品
Wholesale　　Various products (general trading company, etc.)　Textile, clothing, etc.　Food and beverages
　　　　　　　⑫建築材料, 鉱物・金属材料等　⑬機械器具　　　　　⑭その他（　　　　　）】
　　　　　　　Building materials, mineral and metal materials etc.　Machinery and equipment　Others

小売業　　　【⑮各種商品　　　　　　　⑯織物・衣服・身の回り品
Retail　　　　Various products　　　　　Fabric, clothing, personal belongings
　　　　　　　⑰飲食料品（コンビニエンスストア等）　⑱機械器具小売業　⑲その他（　　　　　）】
　　　　　　　Food and beverages (convenience store, etc.)　Machinery and equipment retailing　Others

学術研究, 専門・技術サービス業　Academic research, specialized / technical services
　　　　　　　【⑳学術・開発研究機関　　　　　　　　　㉑専門サービス業（他に分類されないもの）
　　　　　　　　Academic research, specialized / technical service industry　Specialized service industry (not categorized elsewhere)
　　　　　　　㉒広告業　　　　　　　　　　　　　　㉓技術サービス業（他に分類されないもの）】
　　　　　　　Advertising industry　　　　　　　　　Technical service industry (not categorized elsewhere)

医療・福祉業　【㉔医療業　　㉕保健衛生　　　㉖社会保険・社会福祉・介護事業　　　　　】
Medical / welfare services　Medical industry　Health and hygiene　Social insurance / social welfare / nursing care

㉗農林業　　　　㉘漁業　　　　㉙鉱業, 採石業, 砂利採取業　　㉚建設業　　　　　㉛電気・ガス・熱供給・水道業
Agriculture　　Fishery　　　Mining, quarrying, gravel extraction　Construction　　Electricity, gas, heat supply, water supply
㉜情報通信業　　　　　　　　　㉝運輸・信書便事業　　　　　㉞金融・保険業　　　㉟不動産・物品賃貸業
Information and communication industry　Transportation and correspondence　Finance / insurance　Real estate / rental goods
㊱宿泊業　　　㊲飲食サービス業　　　　　㊳生活関連サービス（理容・美容等）・娯楽業
Accommodation　Food and beverage service industry　Lifestyle-related services (barber, beauty, etc.) / entertainment industry
㊴学校教育　　㊵その他の教育, 学習支援業　　　㊶職業紹介・労働者派遣業
School education　Other education, learning support industry　Employment placement / worker dispatch industry
㊷複合サービス事業（郵便局, 農林水産業協同組合, 事業協同組合（他に分類されないもの））
Combined services (post office, agriculture, forestry and fisheries cooperative association, business cooperative (not categorized elsewhere))
㊸その他の事業サービス業（速記・ワープロ入力・複写業, 建物サービス業, 警備業等）
Other business services (shorthand / word processing / copying, building services, security business, etc.)
㊹その他のサービス業（　　　　　　）　　㊺宗教　　　　㊻公務（他に分類されないもの）
Other service industries　　　　　　　Religion　　　Public service (not categorized elsewhere)
㊼分類不能の産業（　　　　　　）
Unclassifiable industry

(5)所在地　　　　東京都千代田区●●1-2-3, ●●ビル　　　電話番号　　03-XXXX-XXXX
　　Address　　　　　　　　　　　　　　　　　　　　　　　　Telephone No.

(6)資本金　　　　3,000万　　　　円　　(7)年間売上高（直近年度）　　　623,403,501　　　円
　　Capital　　　　　　　　　　　Yen　　Annual sales (latest year)　　　　　　　　　　　Yen

Q3-10　海外にいる外国人を呼せて雇用したいので、
　　　　就労ビザの取得手続きについて教えてください。　　157

〈所属機関等作成用２〉

所属機関等作成用２　　　N　（「高度専門職（１号イ・ロ）」・「研究」・「技術・人文知識・国際業務」・「介護」・
「技能」・「特定活動（研究活動等）」）

For organization, part 2 N ("Highly Skilled Professional(i)(a/b)" / "Researcher" / "Engineer / Specialist in Humanities / International Services" /
"Nursing Care" / "Skilled Labor" / "Designated Activities(Researcher or IT engineer of a designated organization)")

在留資格認定証明書用
For certificate of eligibility

(8) 従業員数 Number of employees	20　名	(9) 外国人職員数 Number of foreign employees	1　名

4　就労予定期間　5年以上（期間の定めなし）
Period of work

5　給与・報酬（税引き前の支払額）　480,000　円（　□年額　■月額　）
Salary/Reward (amount of payment before taxes)　　　　　　　　　Yen　　Annual　　Monthly

6　実務経験年数　3　年　**7　職務上の地位（役職名）**　■あり　コンサルタント　□なし
Business experience　　　　　　　　　Position(Title)　　　　　　　　Yes　　　　　　　　No

8　職務内容　Type of work
　○主たる職務内容を以下から選択して番号を記入（１つのみ）　　　11
　Select the main type of work from below, and fill in the number (select only one)

　○「技術・人文知識・国際業務」「高度専門職」又は「特定活動」での入国を希望
　する場合で、他に職務内容があれば以下から選択して番号を記入（複数選択可）　_____
　If the applicant wishes to enter Japan with the status of residence of "Engineer / Specialist in Humanities / International Services",
　"Highly Skilled Professional" or "Designated Activities", and will also engage in other types of work, select from below and write the corresponding number
　(multiple answers possible)

(1)「研究」での入国を希望する場合
　Fill in this section if the applicant wishes to enter Japan with the status of residence of "Researcher".
　①調査研究
　　Research

(2)「技術・人文知識・国際業務」での入国を希望する場合
　Fill in this section if the applicant wishes to enter Japan with the status of residence of "Engineer / Specialist in Humanities / International Services".

　技術開発【②農林水産分野　③食品分野　④機械器具分野　⑤その他製造分野（　　　）】
　Technology　Agriculture, forestry, and　Food products field　Machinery and equipment　Other manufacturing field
　development　fisheries field　　　　　　　　　　　　field

　生産管理【　⑥食品分野　⑦機械器具分野　⑧その他製造分野（　　　）】
　Production management　Food products field　Machinery and equipment field　Other manufacturing field

　⑨管理業務（経営者を除く）　⑩調査研究　⑪情報処理・通信技術　⑫CADオペレーション
　Management work (excluding executives)　Research　Information processing, communications technology　CAD operation

　⑬翻訳・通訳　⑭海外取引業務　⑮コピーライティング　⑯報道　⑰編集
　Translation / Interpretation　Overseas trading business　Copywriting　Journalism　Editing

　⑱デザイン　⑲企画事務（マーケティング、リサーチ）　⑳企画事務（広報・宣伝）
　Design　Planning administration work (marketing, research)　Planning administration work (public relations, advertising)

　㉑法人営業　㉒金融・保険　㉓建築・土木・測量技術
　Corporate sales　Finance / insurance　Architecture, civil engineering, surveying techniques

　㉔教育（教育機関以外）　㉕法律関係業務　㉖会計事務　㉗その他（　　　）
　Education(other than educational institutions)　Legal business　Accounting business　Others

(3)「技能」での入国を希望する場合
　Fill in this section if the applicant wishes to enter Japan with the status of residence of "Skilled Labor".

　㉘調理　㉙外国特有の建築技術　㉚外国特有の製品製造
　Cooking　Foreign country-specific construction technology　Foreign country-specific product manufacturing

　㉛宝石・貴金属・毛皮加工　㉜動物の調教　㉝石油・地熱等掘削調査
　Jewels, precious metal, fur processing　Animal training　Drilling survey for oil, geothermal energy, etc.

　㉞パイロット　㉟スポーツ指導　㊱ソムリエ
　Pilot　Sports instruction　Sommelier

(4)「介護」での入国を希望する場合
　Fill in this section if the applicant wishes to enter Japan with the status of residence of "Nursing Care".

　㊲介護福祉士
　Certified care worker

(5)「高度専門職」での入国を希望する場合は、上記(1)から(4)のいずれかを主たる職務内容として選択した上で、
当該活動と併せて当該活動と関連する事業を自ら経営する活動を行う場合のみ以下を選択
　If the applicant wishes to enter Japan with the status of residence of "Intra-company transferee", "Journalist" or "Highly Skilled Professional", select from (1) to (4)
　above as the main occupation, and only select from below if the applicant will, together with these activities, be engaging in other activities to personally operate a
　business related to such activities.

　㊳経営（高度専門職）
　Executive(Highly Skilled Professional)

(6)「特定活動」（特定研究等活動（告示36号）及び特定情報処理活動（告示37号））での入国を希望する場合
　Fill in this section if the applicant wishes to enter Japan with the status of residence of "Designated Activities" (Designated Academic Research Activities (Public
　Notice No. 36) or Designated Information Processing Activities (Public Notice No. 37)).

　㊴情報処理・通信技術者　㊵研究　㊶研究の指導　㊷教育（大学等）
　Information processing, communications technician　Research　Research guidance　Education(university,etc.)

〈所属機関等作成用３〉

所属機関等作成用３　　N　（「高度専門職（１号イ・ロ）」・「研究」・「技術・人文知識・国際業務」・「介護」・「技能」・「特定活動（研究活動等）」）

For organization, part 3 N ("Highly Skilled Professional(i)(a/b)" / "Researcher" / "Engineer" / Specialist in Humanities / International Services " / 在留資格認定証明書用
"Nursing Care" / "Skilled Labor" / "Designated Activities(Researcher or IT engineer of a designated organization)")　　For certificate of eligibility

9　派遣先等（人材派遣の場合又は勤務地が３と異なる場合に記入）
　　Dispatch site (Fill in the following if your answer to question 3-(4) is "Dispatch of personnel" or if the place of employment differs from that given in 3)

　(1)名称
　　　Name

　(2)法人番号（13桁）　Corporation no. (combination of 13 numbers and letters)

　(3)支店・事業所名
　　　Name of branch

　(4)事業内容　Type of business
　　　○主たる事業内容を以下から選択して番号を記入（１つのみ）
　　　Select the main business type from below and write the corresponding number (select only one)

　　　○他に事業内容があれば以下から選択して番号を記入（複数選択可）
　　　If there are other business types, select from below and write the corresponding number (multiple answers possible)

製造業　【　①食料品　　　　　　②繊維工業　　　　　③プラスチック製品　　④金属製品
Manufacturing　Food products　　Textile industry　　Plastic products　　Metal products
　　　　　　　⑤生産用機械器具　　⑥電気機械器具　　　⑦輸送用機械器具　　⑧その他（　　　）】
　　　　　　　Industrial machinery and　Electrical machinery and　Transportationmachinery and　Others
　　　　　　　equipment　　　　　equipment　　　　　equipment

卸売業　【　⑨各種商品（総合商社等）　　　　　　⑩繊維・衣服等　　　⑪飲食料品
Wholesale　Various products (general trading company, etc.)　Textile, clothing, etc.　Food and beverages
　　　　　　　⑫建築材料，鉱物・金属材料等　　　⑬機械器具　　　　　⑭その他（　　　）】
　　　　　　　Building materials, mineral and metal materials etc.　Machinery and equipment　Others

小売業　【　⑮各種商品　　　　　　　　　　　⑯織物・衣服・身の回り品
Retail　Various products　　　　　　　　　　Fabric, clothing, personal belongings
　　　　　　　⑰飲食料品（コンビニエンスストア等）　⑱機械器具小売業　　⑲その他（　　　）】
　　　　　　　Food and beverages (convenience store, etc.)　Machinery and equipment retailing　Others

学術研究，専門・技術サービス業　　Academic research, specialized / technical services
　　　　　　【　⑳学術・開発研究機関　　　　　　　㉑専門サービス業（他に分類されないもの）
　　　　　　　Academic research, specialized / technical service industry　Specialized service industry (not categorized elsewhere)
　　　　　　　㉒広告業　　　　　　　　　　　　　㉓技術サービス業（他に分類されないもの）】
　　　　　　　Advertising industry　　　　　　　　Technical service industry (not categorized elsewhere)

医療・福祉業　【㉔医療業　　㉕保健衛生　　㉖社会保険・社会福祉・介護事業　　　　　】
Medical / welfare services　Medical industry　Health and hygiene　Social insurance / social welfare / nursing care

㉗農林業　㉘漁業　㉙鉱業，採石業，砂利採取業　㉚建設業　㉛電気・ガス・熱供給・水道業
Agriculture　Fishery　Mining, quarrying, gravel extraction　Construction　Electricity, gas, heat supply, water supply

㉜情報通信業　　　　　　㉝運輸・信書便事業　　　㉞金融・保険業　　㉟不動産・物品賃貸業
Information and communication industry　Transportation and correspondence　Finance / insurance　Real estate / rental goods

㊱宿泊業　　　㊲飲食サービス業　　　　　㊳生活関連サービス（理容・美容等）・娯楽業
Accommodation　Food and beverage service industry　Lifestyle-related services (barber / beauty, etc.) / entertainment industry

㊴学校教育　　㊵その他の教育，学習支援業　　㊶職業紹介・労働者派遣業
School education　Other education, learning support industry　Employment placement / worker dispatch industry

㊷複合サービス事業（郵便局，農林水産業協同組合，事業協同組合（他に分類されないもの））
Combined services (post office, agriculture, forestry and fisheries cooperative association, business cooperative (not categorized elsewhere))

㊸その他の事業サービス業（速記・ワープロ入力・複写業，建物サービス業，警備業等）
Other business services (shorthand / word processing / copying, building services, security business, etc.)

㊹その他のサービス業（　　　　　）　　㊺宗教　　　　㊻公務（他に分類されないもの）
Other service industries　　　　　　　Religion　　　Public service (not categorized elsewhere)

㊼分類不能の産業（　　　　　　）
Unclassifiable industry

　(5)所在地
　　　Address

　　　電話番号
　　　Telephone No.

〈所属機関等作成用4〉

所属機関等作成用4　　N　（「高度専門職（1号イ・ロ）」・「研究」・「技術・人文知識・国際業務」・「介護」・
「技能」・「特定活動（研究活動等）」）

For organization, part 4　N ("Highly Skilled Professional(i)(a/b)" / "Researcher" / "Engineer / Specialist in Humanities / International Services" /　在留資格認定証明書用
"Nursing Care" / "Skilled Labor" / "Designated Activities(Researcher or IT engineer of a designated organization)")　　　　　　　　　For certificate of eligibility

(6)資本金 ＿＿＿＿＿＿＿＿＿＿＿　円
　　Capital　　　　　　　　　　　　　　　　Yen

(7)年間売上高（直近年度）　　　　　　　　　　　　円
　　Annual sales (latest year)　＿＿＿＿＿＿＿＿＿＿　Yen

(8)派遣予定期間
　　Period of dispatch　＿＿＿＿＿＿＿＿＿＿＿

以上の記載内容は事実と相違ありません。 I hereby declare that the statement given above is true and correct.
勤務先又は所属機関等契約先の名称，代表者氏名の記名及び押印／申請書作成年月日
Name of the workplace or contracting organization and its representative, and official seal of the organization　／　Date of filling in this form

株式会社ABC
代表取締役　山田太郎　　　【会社代表者印】　　　　　印　　2019　年　4　月　1　日
　　　　　　　　　　　　　　　　　　　　　　　　　　Seal　　　　　Year　　Month　　Day

注意　　Attention
申請書作成後申請までに記載内容に変更が生じた場合，所属機関等が変更箇所を訂正し，押印すること。
In cases where descriptions have changed after filling in this application form up until submission of this application, the organization must correct the part concerned and press its seal on the correction.

図表3−15 在留資格認定証明書交付申請時に添付する履歴書の記載例（日英）

Personal Particulars／個人情報	
Name／氏名	：Andrew McCarthy／アンドリュー・マッカーシー
Date of Birth／生年月日	：September 21st 19XX／19XX 年 9 月21日
Nationality／国籍	：United States of America Citizen／アメリカ合衆国
Gender／性別	：Male／男性
Address／住所	：XX 1 Road, XXXXX, VA XXXXX USA
Telephone Number／電話	：20X XXX XXXX

Employment History／職歴	

Computer Security Services, USA／コンピューター・セキュリティ・サービス業（米国）

Position Title／職務	：Self Employed Computer Technician／コンピューター技術者（自営業）
Duration／期間	：April 2004–Present／2004年 4 月〜現在
Details／職務内容	：Computer security, repair, troubleshooting, and upgrade services.／コンピューター・セキュリティ業務、修理、トラブル対応及びコンピューター更新サービス

ABC Computer Consultants Inc., USA／ABC コンピューターコンサルタント株式会社（米国）

Position Title／職務	：IT Technician／IT 技術者
Duration／期間	：September 19XX-March 2004／19XX 年 9 月〜2004年 3 月
Details／職務内容	：Hardware, Software troubleshooting, data backup, network configuration and deployment, website development and security monitoring.／ハードウェア・ソフトウェアのトラブル対応、データ保存、ネットワークの構築と開発、ウェブサイトの開発とセキュリティの監視業務

Educational Background／学歴	

September, 19XX-May, 19XX　　XXXX High School
／19XX 年 9 月 -19XX 年 5 月　　／XXXX 高等学校

September, 19XX–May 19XX　　XXXXX State University, USA

*bachelor degree Management Information Systems

／19XX 年 9 月 -19XX 年 5 月　　XXXX 州立大学（米国）

／*学士号取得：情報管理システム専攻

I hereby certify that the above is the true statement of my personal history.

／上記申告事項に間違いありません。

　　　　　　Date／作成日：Oct.23，20XX／20XX 年10月23日

　　　　　　Name／氏名：Andrew McCarthy／アンドリュー・マッカーシー

図表 3 −16　在留資格認定証明書交付申請時に添付する招聘理由書の記載例

東京出入国在留管理局長殿

　　　　　　　　　　　　　　　　　　　　　201X 年 X 月 X 日

招聘理由書

雇用者：〒 XXX-XXXX　東京都 XX 区 XXX 1 - 2 - 3　XXX ビル

　　　　株式会社 XXX

　　　　代表取締役　XXX XXXX　（印）

　　　　電話：03-XXXX-XXXX

申請者：XXX XXX（国籍：アメリカ合衆国 /19XX 年 X 月 XX 日生・男性）

職務内容：弊社外資系顧客向け PR 業務担当

　　　　　（インターナショナルアカウントエグゼクティブ）

　　　　　PR 提案書作成、校正、外国人顧客担当者との交渉や連絡業務ほか

当社の概要と現況

　弊社は、別添会社概要のとおり、19XX 年の設立以来、日本における広報・宣伝業界のパイオニアとして、様々な企業や団体の戦略的コミュニケーションを立案・実施している PR 会社です。設立当初は、日本企業が海外進出をする際の支援をしていましたが、19XX 年代には海外企業に対しても、彼らが日本市場に参入する際に必要な PR 業務のサポートを開始しました。関与する業界のほ

うも、2000年代以降は、主に XXXXXX といった分野に注力して順調に業績を上げています（直近年度売上高：約10億9千万円）。

　現在、世界は益々情報のグローバル化が進んでいますが、弊社のような PR 業界でも、従来、広報活動に活用していた新聞・テレビといったマスメディアの影響力が低下し、代わって SNS やブログ等のインターネットをベースとした情報ソースの重要性がますます高まっています。こうした状況の変化に対応するためには、弊社としてもインターネットをベースにしたビジネス戦略に豊富な知識を有し、また、グローバルな視点から外資系企業の外国人担当者と対等に交渉できる優秀な人材が必要不可欠な状況です。

　なお、インターネットに関する先進技術取り組みは北米・欧州諸国がリードしている事から、今回、弊社の顧客満足度を上げるために補強が必要な人材として、欧米で教育を受けている本申請人の採用を希望している次第です。

在留資格認定証明書交付申請の理由

　上記申請人、XXX XXX 氏は、母国米国において、トップレベルの質を有し、名門とされる XXXXXX 大学にて、ロシア・東ヨーロッパ・ユーラシア研究における学士号を取得しています。又、20XX 年 X 月現在は、英国で唯一の社会科学に特化した、XXX 大学を構成する研究・教育機関である XXX XXXX スクールに在学しており、20XX 年 X 月 X 日に同校の XXX コースを修了し、国際関係学の修士号を取得予定です（同年20XX 年 X 月に修了証書発行予定）。

　このような優秀な経歴から、XXX XXX 氏は弊社が求めるスタッフとしてまたとない最適な人材であると確信し、加えて、採用までの面接等のコミュニケーションを通じて、その誠実な人柄も高く評価しています。

　採用後は、XXX XXX 氏をインターナショナルアカウントエグゼクティブとして処遇し、弊社の外資系顧客向けの PR 業務を担当してもらう予定です。

　主な業務は、顧客外資系企業に対する広報・宣伝活動の立案・提案書作成（英語）や校正、顧客外国人担当者との交渉や連絡業務等多岐に渡る予定です。

　日本国内において、XXX XXX 氏と同等の高度な英語力及びグローバリゼーションに対応できる専門知識を有する人材を確保することは、弊社にとって非常に困難であり、同氏の採用、入社後の活躍が今後の弊社の業務拡大と発展に不可欠なものであるということを何卒ご理解いただき、XXX XXX 氏に、在留資格認定証明書の速やかな交付をお願い申し上げます。

以　上

Q3 ⑪ 高度人材ポイント制度を利用して、高度外国人材を海外から呼び寄せたいので就労ビザの取得手続きについて教えてください。

A

高度外国人材とは、入管法の"高度外国人材ポイント制度"に基づき認定され、在留資格「高度専門職1号」「高度専門職2号」を取得した外国人労働者のことです。

「高度専門職」の下、従事する活動は、高度学術研究活動（イ）、高度専門技術活動（ロ）、高度経営・管理活動（ハ）の三分野に分かれています。

各分野において設定された、様々な項目（外国人の学歴・実績・職歴・年収・年齢ほか）に応じてポイントが与えられ、合計ポイントが70点以上の場合に、「高度専門職」が付与、他の在留資格にはない優遇措置が与えられるしくみになっています。

高度外国人材を海外から呼び寄せる場合は、「高度専門職1号」の在留資格で、在留資格認定証明書交付申請（Q3-10）を行います。

1 高度人材ポイント制度と優遇措置

　高度人材ポイント制度とは、2012年5月に新設された、日本政府が優秀な人材であると認定した高度な技術や知識を備えた外国人労働者を、日本に誘致するための入管法上の制度です。

　具体的には、外国人を学歴・職歴・実績・年齢・給与額などの項目別にランク付けし、ランクに応じてポイントを付与、ポイントが一定以上に達した外国人は高度人材と認定され、「高度専門職1号」または「高度専門職2号」の在留資格が与えられます。

　「高度専門職（1号）（2号）」の保持者は、日本での在留に関し、他の外国人

にはない、様々な優遇措置を受けることができます。ちなみに同様の制度は欧米を中心に、すでに多くの国で導入されています。

❶ 高度人材に対する優遇制度

① 日本での活動内容が複合的に認められる（副業に資格外活動許可が不要）

　これまで解説してきたとおり、日本に在留する外国人は、自身が持っている在留資格に基づいて、その在留資格で従事することが許されている活動のみを行うことが許されています。同時に、他の在留資格の活動を複合的に行うことはできません（「永住者」や「日本人配偶者等」の身分に基づく在留資格の保持者は除く）。例外として、資格外活動許可を得れば、本来の活動以外の就労活動を行うことも可能ですが、資格外活動許可は、出入国在留管理庁に申請を行い、審査の結果、特別に許可を得られた場合にのみ与えられるものです。

　また、容易に許可を得られる留学生と異なり、一般的な就労系の在留資格（技術・人文知識・国際業務など）を保持している外国人の資格外活動許可については、副業先の資料や活動内容などを提出した上で、詳細な審査がされた結果、許可の可否が下されるものであって、簡単に与えられるものではありません。

　しかし、「高度専門職」の在留資格を取得した高度外国人に対しては、最も大きな優遇措置の１つとして、「高度専門職」として主に行う就労活動のほかに、複合的な就労活動を行うことが認められているのです（資格外活動許可は不要）。

　次ページ**図表３−17**をご覧いただくと、高度専門職１号、２号それぞれに、（イ）、（ロ）、（ハ）の区分があります。

　（イ）は「高度学術研究活動」、（ロ）は「高度専門技術活動」、（ハ）は「高度経営・管理活動」を「主に従事する活動内容」としている高度人材であり、それぞれが「併せて行うことができる活動」は、各々の関連する分野における、事業活動や他の所属機関での就労活動ということになります。

　たとえば、高度専門職１号（イ）を保持し、日本国内のＡ機関で研究活動を行っている外国人が、自身の研究活動に関連した会社Ｂを新規に立ち上げる、またはＢ機関において関連する研究活動を副業的に行うなどの事案が該当します。

図表3-17 高度専門職のしくみ

	高度専門職（イ） 高度学術研究活動	高度専門職（ロ） 高度専門技術活動	高度専門職（ハ） 高度経営・管理活動
	〈主に従事する活動内容〉		
【高度専門職1号】 〈取得要件〉 高度人材ポイント計算表（図表3-19）で70点以上	日本国内の公私の機関との契約に基づいて行う研究、研究の指導または教育をする活動 ※　従来なら、在留資格「研究」「教授」「研究」が該当する活動。	日本国内の公私の機関との契約に基づいて行う自然科学または人文科学の分野に属する知識または技術を要する業務に従事する活動 ※　従来なら主に、在留資格「技術・人文知識・国際業務」が該当する活動。	日本国内の公私の機関において事業の経営を行いまたは管理に従事する活動 ※　例：従来なら主に、在留資格「経営・管理」が該当する活動。
	〈併せて行うことができる活動〉		
	主に従事する活動と関連する事業を自ら経営する、または主に従事する機関以外の（日本国内の公私の）機関との契約に基づいて研究・研究の指導を行う活動。	主に従事する活動と関連する事業を自ら経営する活動。	主に従事する活動と関連する事業を自ら経営する活動。
【高度専門職2号】 〈取得要件〉 ・高度専門職として3年以上の在留歴 ・高度人材ポイント計算表で70点以上 ・素行が善良である 他	〈主に従事する活動内容〉 高度専門職1号（イ）、（ロ）、（ハ）に同じ		
	〈併せて行うことができる活動〉 主に従事する活動内容との**関連性は不要**で、ほぼ全ての就労系在留資格の活動内容に従事できる。		

　このように、高度専門職の場合、他の在留資格では資格外活動許可なしには許されない、複合的な就労活動が行えるというのが大きなメリットの1つです。

　なお、この複合的な就労活動については、高度専門職1号の場合、併せて行

うことができる活動（従たる活動）は、主に従事する活動内容（主たる活動）に関連したものでなければなりません。

一方、高度専門職２号については、併せて行うことができる活動は、主に従事する活動内容と関連性がなくてもいいことになっています（ただし併せて行うことができる活動として、在留資格「外交」「公用」「研究」「経営・管理」「企業内転勤」「技能実習」の活動は除く）。

② その他の高度外国人材の優遇措置

高度外国人材に対しては、上記の複合的な就労活動の許可以外にも、**図表３－18**のような優遇措置が設けられています。

一般的な就労資格の「技術・人文知識・国際業務」では許可されない、乳幼児の養育を補助する親の帯同や、一部の在留資格（「経営・管理」「法律・会計業務」など）の下でしか認められない、外国人家事使用人の帯同などは、高度外国人材にとって、特に需要の高い優遇措置ではないでしょうか。

後掲の「図表３－19　高度専門職ポイント計算表」によって、海外から招へいする予定の外国人が、高度外国人材に該当することがわかったら、在留資格「高度専門職１号」での在留資格認定証明書交付申請を外国人に提案、検討してはいかがでしょうか。

図表３－18 高度外国人材に対する優遇措置一覧

優遇措置	高度専門職１号	高度専門職２号
① 複合的な在留活動 ［例］企業に会社員として勤務しながら関連する事業の経営など	○ ただし、主に従事する活動内容との関連性が必要。	○ 主に従事する活動内容との関連性は不要。 就労系の在留資格で認められるほぼ全ての活動が可能。
② 在留期間	一律に５年（更新可）	無期限
③ 永住許可要件の緩和	高度外国人材として以下のとおり継続した在留歴があれば「永住者」への在留資格変更申請が可能。 〈高度人材ポイント計算表によるポイント〉 ・70点以上の者：３年 ・80点以上の者：１年	

優遇措置	高度専門職1号	高度専門職2号
④　配偶者の就労	配偶者が在留資格「教育」「技術・人文知識・国際業務」などに該当する就労活動を行う場合、配偶者に求められる学歴や職歴などの要件（上陸許可基準）は不要。	
⑤　親の帯同（高度外国人材の親または配偶者の親・養親含む）	以下の条件の下で可能。 ①　高度外国人材と配偶者の7歳未満の子（養子含む）を養育する場合 ②　妊娠中の高度外国人材または配偶者の介助などを行う場合 ③　高度外国人材の世帯年収が800万円以上 ④　帯同する親は高度外国人材と同居 ⑤　高度外国人材または配偶者のいずれかの親に限る。	
⑥　家事使用人の帯同	以下の条件の下で可能。 〈外国で雇用していた使用人を継続雇用する場合（入国帯同型）〉 ①　高度外国人材の年収が1,000万円以上 ②　帯同できる使用人の数は1名まで ③　家事使用人に支払う給与は月額20万円以上 ④　高度外国人材と同時に入国する場合は、使用人が入国前1年以上、当該外国人材に雇用されていた者であること ⑤　高度外国人材が先に入国する場合は、使用人が入国前1年以上、当該外国人材に雇用され、かつ当該外国人材が入国後、引き続き当該外国人材または当該外国人材が来日前に同居していた親族に雇用されている者であること。 ⑥　高度外国人材が離日・出国する場合、ともに出国することが予定されていること 〈外国で雇用していた使用人以外を雇用する場合（家庭事情型）〉 ①　高度外国人材の年収が1,000万円以上 ②　帯同できる使用人の数は1名まで ③　家事使用人に支払う給与は月額20万円以上 ④　家庭の事情（申請時において、13歳未満の子または病気などで日常の家事に従事することができない配偶者を有すること）が存在すること	

優遇措置	高度専門職1号	高度専門職2号
⑦ 入国・在留手続きの優先処理	・入国事前審査にかかる申請の審査期間は受理から10日以内（目安） ※ 在留資格認定証明書交付申請 ・在留審査にかかる申請の審査期間は受理から5日以内（目安） ※ 在留資格変更許可・在留期間更新許可申請	

2 高度外国人材に該当するかはポイント計算表で計算

　在留資格「高度専門職」を取得するために必要なポイントを満たしているかどうか判断するには、法務省が公開しているポイント計算表を使用します。

　次ページ**図表3−19**は「技術・人文知識・国際業務」のような、自然科学分野（技術職）あるいは人文科学分野（人文学系の総合職など）で、高度専門技術活動(ロ)を行う予定（あるいは入国後に行う予定）の外国人が、在留資格「高度専門職」を取得申請する際のポイント計算表です。

　この分野の他に、研究職や教授職などの高度学術研究活動(イ)を行う高度人材、また、経営者や事業の管理者など高度経営・管理活動(ハ)の三分野に分かれています（高度専門職1号）。

　それぞれのポイント計算表は、以下の法務省ウェブサイトから入手できます。

☞ 法務省「高度人材ポイント制度とは?」(http://www.immi-moj.go.jp/newimmiact_3/system/index.html)

（平成31年3月29日以降）　　　　　　　　　　　　　　　　　　　　　　　　　　　参考書式

高度専門職ポイント計算表（高度専門職第1号ロ・高度専門職第2号）

「出入国管理及び難民認定法別表第一の二の表の高度専門職の項の下欄の規定に基づき，出入国管理及び難民認定法別表第一の二の表の高度専門職の項の下欄の基準を定める省令」第1条第2号の規定に基づき，ポイントの自己計算を行ったので提出します。

項目	基準				チェック	点数	疎明資料
学歴 （注1）	博士学位（専門職学位を除く）				☐	30	①
	経営管理に関する専門職学位（MBA, MOT）を保有				☐	25	
	修士又は専門職学位				☐	20	
	大卒又はこれと同等以上の教育（博士，修士を除く）				☐	10	
	複数の分野における2以上の博士若しくは修士の学位又は専門職学位（注2）				☐	5	
	（注1）最終学歴が対象となります（例えば，博士と修士の両方の学位を有している場合は，30点です。）。 （注2）学位の組み合わせを問わず，専攻が異なることが分かる資料（学位記又は学位証明書で確認できない場合は，成績証明書）を提出して下さい。						
職歴	従事しようとする業務に係る実務経験						②
	10年以上				☐	20	
	7年以上10年未満				☐	15	
	5年以上7年未満				☐	10	
	3年以上5年未満				☐	5	
年収 （注）	30歳未満	30～34歳	35～39歳	40歳以上			③
	1,000万円以上	1,000万円以上	1,000万円以上	1,000万円以上	☐	40	
	900 ～ 1,000万円	900 ～ 1,000万円	900 ～ 1,000万円	900 ～ 1,000万円	☐	35	
	800 ～ 900万円	800 ～ 900万円	800 ～ 900万円	800 ～ 900万円	☐	30	
	700 ～ 800万円	700 ～ 800万円	700 ～ 800万円	－	☐	25	
	600 ～ 700万円	600 ～ 700万円	600 ～ 700万円	－	☐	20	
	500 ～ 600万円	500 ～ 600万円	－	－	☐	15	
	400 ～ 500万円	－	－	－	☐	10	
	（注）年収が300万円に満たないときは，他の項目の合計が70点以上でも，高度専門職外国人としては認められません。						
年齢	申請の時点の年齢						
	30歳未満				☐	15	
	30～34歳				☐	10	
	35～39歳				☐	5	
研究実績	発明者として特許を受けた発明が1件以上				☐	15	④
	外国政府から補助金，競争的資金等を受けた研究に3回以上従事				☐		⑤
	学術論文データベースに登録されている学術雑誌に掲載された論文が3本以上				☐		⑥
	その他法務大臣が認める研究実績				☐		⑦
資格	従事しようとする業務に関連する日本の国家資格（業務独占資格又は名称独占資格）を保有，又はIT告示に定める試験に合格し若しくは資格を保有				○1つ保有	5	⑧
					○複数保有	10	
特別加算	契約機関						
	Ⅰ　イノベーション促進支援措置を受けている				☐	10	⑨
	Ⅱ　Ⅰに該当する企業であって，中小企業基本法に規定する中小企業者				☐	10	⑩

特別加算（続き）	契約機関が中小企業基本法に規定する中小企業者で，試験研究費及び開発費の合計金額が，総収入金額から固定資産若しくは有価証券の譲渡による収入金額を控除した金額（売上高）の3％超 $$\frac{試験研究費等}{売上高} \quad \frac{_____円}{_____円} \quad = \quad _____\%$$	□	5	⑩⑪
	従事しようとする業務に関連する外国の資格，表彰等で法務大臣が認めるものを保有	□	5	⑫
	日本の大学を卒業又は大学院の課程を修了	□	10	⑬
	日本語能力			
	Ⅰ　日本語専攻で外国の大学を卒業又は日本語能力試験N1合格相当	□	15	⑭
	Ⅱ　日本語能力試験N2合格相当 ※⑬（日本の大学を卒業又は大学院の課程を修了）及びⅠに該当する者を除く	□	10	
	各省が関与する成長分野の先端プロジェクトに従事	□	10	⑮
	以下のいずれかの大学を卒業（注）			
	Ⅰ　以下のランキング2つ以上において300位以内の外国の大学又はいずれかにランクづけされている本邦の大学 　□ QS・ワールド・ユニバーシティ・ランキングス　　　　　____位 　　　（クアクアレリ・シモンズ社（英国）） 　□ THE・ワールド・ユニバーシティ・ランキングス　　　____位 　　　（タイムズ社（英国）） 　□ アカデミック・ランキング・オブ・ワールド・ユニバーシティズ____位 　　　（上海交通大学（中国））	□	10	⑯
	Ⅱ　文部科学省が実施するスーパーグローバル大学創成支援事業（トップ型及びグローバル化牽引型）において，補助金の交付を受けている大学	□		
	Ⅲ　外務省が実施するイノベーティブ・アジア事業において，「パートナー校」として指定を受けている大学	□		
	（注）⑬（日本の大学を卒業又は大学院の課程を修了）と重複して加算することが認められています。			
	外務省が実施するイノベーティブ・アジア事業の一環としてJICAが実施する研修を修了したこと（注）	□	5	⑰
	（注）・イノベーティブ・アジア事業の一環としてJICAが実施する研修であって，研修期間が1年以上のものを修了した者が対象となります。なお，JICAの研修修了証明書を提出した場合，学歴及び職歴等を証明する資料は，原則として提出する必要はありませんが，②（職歴）のポイントを加算する場合には，別途疎明資料が必要です。 ・本邦の大学又は大学院の授業を利用して行われる研修に参加した場合，⑬（日本の大学を卒業又は大学院の課程を修了）と重複して加算することは認められません。			
		合計		

※永住許可申請時のみ，該当部分にチェックして下さい。
　このポイント計算表は，□　今回の申請時のポイントです。
　　　　　　　　　　　　□　今回の申請から1年前のポイントです。
　　　　　　　　　　　　□　今回の申請から3年前のポイントです。

以上の記載内容は事実と相違ありません。
申出人又は出入国管理及び難民認定法第7条の2に基づき法務省令で定める代理人の署名／作成年月日

署名 _____　　作成年月日 _____　年 ____ 月 ____ 日

3 「高度専門職 1 号」 の在留資格認定証明書交付申請

　三分野のいずれかにおいて、高度外国人材を海外から呼び寄せる場合は、雇用主の所在地を所轄する出入国在留管理局に、在留資格認定証明書交付申請を行います（在留資格「高度専門職 1 号」）。

　在留資格認定証明書交付申請の流れは、Q 3 − 10で解説した、その他の在留資格と同様です。申請書やその他の提出書類など、詳細に関しては、以下の法務省特設サイトで確認してください。

☞ 法務省「手続の流れは？　必要な申請書類は？」(http://www.immi-moj.go.jp/newimmiact_3/procedure/index.html)

求人募集に「高度専門職」の外国人が応募してきました。採用にあたり、在留資格変更手続きを行う必要があるとのことですが、雇用主として何をすればいいのでしょうか？

A

高度専門職1号の保持者を中途採用する場合は、「技術・人文知識・国際業務」などの保持者を中途採用するケースと異なり、転職者が（転職に伴う）在留資格変更申請を行い、許可を得た後でなければ雇い入れることはできません。転職後に従事する活動内容（高度学術研究活動・高度専門技術活動・高度経営・管理活動）が従前の活動内容と同じであっても、在留資格変更許可申請が必ず必要です。ただし、高度専門職2号の転職の際には、在留資格変更許可申請は必要ありません。

1 高度専門職1号の転職には在留資格変更許可申請が必要

　Q3-9で解説した、「技術・人文知識・国際業務」などの一般的な就労系の在留資格保持者を中途採用するケースと異なり、「高度専門職1号（特定活動含む）」の保持者については注意が必要です。

　Q3-9でも解説したように「技術・人文知識・国際業務」などの保持者を中途採用する場合は、転職前とまったく同じ活動内容（同職種）で採用、または現在保持している就労系の在留資格で行える活動内容（保持している在留資格で従事できる職種）であれば、基本的に就労ビザに関する手続きをすることなく、即時に雇い入れ、現存の在留期間が満了するまでの間、継続して雇用することが可能でした。

しかし、「高度専門職 1 号」の在留資格を持って、企業などで就労している高度外国人材が（主に従事している活動の所属機関である雇用主を離職して）転職する場合、必ず、新しい雇用主をスポンサー（所属機関）として、転職先で従事する活動内容に応じた在留資格へ在留資格変更許可申請を行わなければいけません。

　たとえ、従事する活動自体が、基本的に変わらないという状況であったとしても、「高度専門職 1 号」の場合は、転職に伴う、在留資格変更許可申請が必ず必要となるのです。

　すなわち、企業にとっては、「高度専門職 1 号」の在留資格を持っている外国人を中途採用するためには、雇い入れる前に、上記の在留資格変更許可申請を行い、許可されることが条件になるということです。

　この在留資格変更が許可される前に、転職先での就労・雇用を開始してしまうと、外国人と雇用主双方ともに入管法違反となるので注意が必要です。

　なお、「高度専門職 2 号」の保持者の場合は、1 号と異なり、転職の際に在留資格変更許可申請は必要ありません。ただし、転職先での業務が「高度専門職」に該当する業務（高度学術研究活動・高度専門技術活動・高度経営・管理活動）であることが条件です。

2　高度専門職 1 号の転職に伴う在留資格変更は 2 パターン

　「高度専門職 1 号」を保持している外国人が、転職のために在留資格変更を行う場合は、次の 2 パターンに分かれます。

① 転職予定先で従事する活動内容・年収の変化や転職先の事業の継続性など諸条件等によって、高度人材としてのポイントを満たさず、「技術・人文知識・国際業務」など他の在留資格に変更するケース

② 従事する活動内容含め転職先の諸条件も高度人材ポイントを満たすため、引き続き、「高度専門職 1 号」の維持が見込まれるケース

①の場合は無論ですが、②の場合であっても、新しい在留資格も従前の「高

度専門職1号」と同じであるものの、入管行政の運用上は、在留資格変更という取扱いになります。

「高度専門職1号」の在留資格保持者の場合は、転職の際に、同職種内での転職について許可を受ける就労資格証明書の交付申請は行うことができないのです。

したがって、転職先である企業も、「高度専門職1号」を雇い入れる場合は、雇入れの前に、自社への転職が許可されたことを意味する、在留資格変更許可が完了したことを必ず確認しておかなければなりません。

なお、この転職に伴う在留資格変更許可申請の流れは、Q3-9で解説した、その他の在留資格と同様です。

外国人本人の資料に加え、会社から発行される様々な立証書類が必要になります。申請書やその他の提出書類など、詳細に関しては、以下の法務省特設サイトで確認してください。

☞ 法務省「手続の流れは？　必要な申請書類は？（http://www.immi-moj.go.jp/newimmiact_3/procedure/index.html）

Q3 ⑬ 「永住者」「日本人の配偶者等」「永住者の配偶者等」「定住者」の在留資格を保持する外国人が応募してきました。採用にあたり、どのような留意点がありますか？

A

在留資格「永住者」「日本人の配偶者等」「永住者の配偶者等」「定住者」を保持する外国人は、業種・職種・稼働時間などの就労制限がありません。基本的に日本人社員と同様に雇い入れ、入社後の配置転換も本人の合意の下、自由に行えます。

ただし、日本人や永住者との死別や離婚など、身分状況の変化があれば、在留資格該当性を失う場合があり、そのような社員を在留資格の変更許可などを受けずに継続雇用した場合、雇用主が不法就労助長の処分を受ける可能性があります。

リスクを避けるため、雇用主は、在留期間の更新の可否・更新日について、正確に把握し、情報管理をしておく必要があります。

1 業種・職種・稼働時間の制限はない（日本人同様の雇用が可能）

　日本に在留している既卒の外国人の採用で、提示された在留カードに記載されている在留資格が「永住者」「日本人の配偶者等」「永住者の配偶者等」「定住者」の場合があります（第2章Q2－1参照）。

　これらは、その名のとおり、日本の永住権を持っている本人やその配偶者や子、日本人の配偶者や子、難民、日系3世などの、外国人個人の身分に基づいて付与されている在留資格です。

　そして、この4つの在留資格の場合、在留カード中の「就労制限の有無」の

欄には、「就労制限なし」と記載されています。

　記載のとおり、この4つの在留資格を持っている外国人には、留学生の資格外活動許可に課される、週28時間以内の就労時間制限や風俗店での就労禁止、また、「技術・人文知識・国際業務」など19種類の就労系の在留資格にあるような、「自身が保持している在留資格の範囲内の就労活動のみ許可」という活動制限もありません。

　すなわち、応募してきた外国人の在留カードを確認して、在留資格が「永住者」「日本人の配偶者等」「永住者の配偶者等」「定住者」のいずれかであった場合は、雇用主は基本的に就労ビザの心配をすることなく、日本人と同様に風俗店等を含む、どのような業種・職種であってもフルタイムあるいはパートタイムの労働者として雇入れができるということです。

　したがって、当然、他の就労系の在留資格とは異なり、入社後の配置転換も本人の合意さえあれば自由に行えます。もちろん、コンビニや飲食店の接客業などの単純作業労働や建設業など肉体労働の現場でも就業してもらうことができます。

2　ビザの延長ができているか、採用後も常に確認を

　以上のように、一切の就労制限がない「永住者」「日本人の配偶者等」「永住者の配偶者等」「定住者」の在留資格を持っている外国人であっても、それらは身分に基づく在留資格であるだけに、個人の事情が変わることによって、法的に、在留資格を維持する正当性（在留資格該当性）を失ってしまう場合があります。

　特に、「日本人の配偶者等」「永住者の配偶者等」は、日本人や永住者である配偶者との死別や離婚によって、「定住者」の場合も個人の状況の変化によって、在留資格の該当性を失うケースが比較的多い在留資格です。

　また、「永住者」も、ビザの延長申請をすることなく、基本的に無期限で日本に在留することができる資格ですが、犯罪やその他法律違反をして、退去強制（強制送還）されるケースもあれば、「永住者」を取得した後、ほとんど日本

に住まずに海外に移住してしまった場合などには、「永住者」を取り消されることが稀にあります。

　これら4つの在留資格のいずれかを持つ外国人の採用時に、就労制限はないからと安心し、その後、何年も在留カードの確認をしていないという会社が散見されます。

　雇用主にとっては、この身分系の在留資格の保持者は、従事させる職種や稼働時間などの心配がないという利点がある反面、雇用主が知らない間に、在留資格が変わってしまっていた、または、在留資格の該当性を失っていたことによって、結果的に不法就労になってしまっていたという可能性をはらんでいるため、他の在留資格の外国人とは異なるケアが必要です。

　他の就労系の在留資格の保持者の場合、在留期間を更新（就労ビザの延長）するときに、実務的に雇用主との共同申請が必要になるので、更新の可否について雇用主側が把握することが容易です。

　しかし、「日本人の配偶者等」「永住者の配偶者等」「定住者」（「永住」と異なり、在留期間の更新が必要）の場合は、基本的に雇用主との共同申請は必要ないため、在留期間が問題なく延長できたのかどうか、社員の状況の把握が難しいこともあります。

　したがって、就労系の在留資格の保持者の場合はもちろんですが、こうした身分系の在留資格を持つ外国人社員についても、雇入れ時だけではなく、入社後についても、在留期間の更新ごとに、新しい在留カードを随時確認し、引き続き合法的に日本に在留しているか、雇用主が引き続き雇用可能な在留資格を維持しているか確認していくことが重要です。

Q3 ⑭ 外資系の日本法人です。海外本社に在籍している社員を日本法人に転勤で呼び寄せたいと思います。就労ビザの手続きについて教えてください。

A

外国の親会社や子会社・孫会社・関連会社などから外国人社員を招へいするときには、在留資格「企業内転勤」で在留資格認定証明書交付申請を行います。ただし、転勤者の、外国の事業所における在籍期間が1年未満の場合は、条件を満たせば「技術・人文知識・国際業務」による招へいも可能です。

1 「企業内転勤」「技術・人文知識・国際業務」のいずれかで申請を行う

　就労を目的とした在留資格19種類の1つに、「企業内転勤」（第1章**図表1－11**参照）があります。この在留資格は、その名のとおり、日本国内の事業所が外国にある本店や支店、親子会社などから転勤者を受け入れ、「技術・人文知識・国際業務」に該当する活動を行わせる場合に取得するものです。

　この「企業内転勤」を取得する要件で、最も重要なものに「派遣元事業所（外国の本店や支店など）における、転勤直前で継続した1年以上の在籍履歴」があります。

　外国にある親子会社などから「企業内転勤」で外国人を招へいしようとするときに、この在籍要件がネックになり、「企業内転勤」が取得できないことがあります。たとえば、海外の親会社などで新規採用されたばかりの外国人社員を、日本の子会社で行われているプロジェクトの担当者として一定期間、日本に転勤させたいというようなケースです。この場合、親会社に在籍している期

間が１年に満たないため、**図表３−20**のとおり「企業内転勤」を取得することができません。

　したがって、このようなケースでは、「企業内転勤」ではなく「技術・人文知識・国際業務」で在留資格認定証明書を申請し、日本に招へいすることを検討します。

　まずは、**図表３−20**で、「企業内転勤」と「技術・人文知識・国際業務」の取得要件などの違いを理解してください。

図表３−20 在留資格「企業内転勤」と「技術・人文知識・国際業務」の比較

	企業内転勤	技術・人文知識・国際業務
従事する活動内容 （在留資格該当性）	日本の事業所に期間を定めて転勤し、転勤後に、在留資格「技術・人文知識・国際業務」に該当する活動内容を行うこと。	自然科学の分野・人文科学の分野に属する技術や知識を要する業務または外国の文化に基盤を有する思考や感受性を必要とする業務を行うこと。 ※　詳細は第１章図表１−11、第３章Ｑ３−６参照。
取得要件 （上陸許可基準）	①　派遣先（日本の事業所）の本店・支店その他事業所（外国）において、転勤直前の１年以上、継続して勤務していること。 ②　日本人が同職種に従事する場合に受ける報酬と同等額以上の報酬を受けること。	①　従事する職務に関連した自然科学や人文科学の分野における学歴（日本国内の専門学校、海外含めた短期大学以上）または職歴（10年以上）など。 ②　外国の文化に基盤を有する思考や感受性を必要とする業務の場合は３年以上の職歴。 ③　②日本人が同職種に従事する場合に受ける報酬と同等額以上の報酬を受けること。
求められる学歴・職歴	なし ※　転勤前と転勤後の職務内容の一致や関連性は必要ない。	従事する職務に関連した分野において、国内の専門学校卒業以上の学歴や一定の職歴が必要。

	企業内転勤	技術・人文知識・国際業務
主な立証書類	・派遣先（日本の事業所）の本店・支店その他事業所（外国）の関係性を証明する立証書類 ・外国の事業所における転勤直前（1年以上）の在籍を証明する在籍証明書 ・転勤辞令書　ほか	・教育機関の卒業証明書や在籍証明書ほか ※　詳細は第3章図表3－6参照。 ※　1年以上の継続勤務歴がないことによって「技術・人文知識・国際業務」を申請する場合、日本と外国の事業所が同一の法人であり、外国の事業所との間で雇用契約などを締結していれば、新たに日本の事業所の間で雇用契約を締結する必要はない。

2 「企業内転勤」が認められる異動の範囲

　入管法は、在留資格「企業内転勤」について“本邦に本店・支店その他の事業所のある公私の機関の外国にある事業所の職員が、本邦にある事業所に期間を定めて転勤して、当該事業所において「技術・人文知識・国際業務」の活動を行う”ことを取得の要件としています。

　すなわち「企業内転勤」の異動の範囲として認められる、“本邦に本店・支店その他の事業所のある公私の機関（日本の受入れ側）と外国にある事業所（外国の派遣元）”の関係は以下①〜⑥のようになります。日本の受入れ側と外国の派遣元の関係がいずれかに該当する場合、「企業内転勤」が認められます。

① 　本店（社）と支店（社）・営業所間の異動

② 　親会社（注1）・子会社（注2）間の異動

③ 　親会社・孫会社間及び子会社・孫会社間の異動

④ 　子会社間の異動

⑤ 　孫会社間の異動

⑥ 　関連会社（注3）への異動（親会社と関連会社、子会社と子会社の関連会社間のみ認められる。関連会社間、親会社と子会社の関連会社間の異動は認めら

れない）

(注1) 親会社：他の会社等の財務及び営業または事業の方針を決定する機関（株主総会など、その他それに準ずる意思決定機関）を支配している会社

(注2) 子会社：（親会社に自社の株式を過半数以上持たれている）他の会社など

(注3) 関連会社：出資、人事、資金、技術、取引等の関係を通じて、財務及び営業または事業の方針の決定に対して、重要な影響を与えることができる子会社以外の他の会社等

〔財務諸表等の用語、様式及び作成方法に関する規則第8条第3項・第5項／昭和38年大蔵省令第59号〕

3 転勤前に勤務していた事業所と転勤後の事業所の関係を示す資料

「企業内転勤」で在留資格認定証明書の交付申請を行うときに、カテゴリー3あるいは4の事業所が提出を求められる立証書類として、重要なものの1つに、「転勤前に勤務していた事業所と転勤後の事業所の関係を示す資料」があります。

これらは、「企業内転勤」が可能な、異動の範囲を立証する目的で求められているものです。

異動する事業所間の出資関係が証明できる、日本法人・支店または外国法人・支店の登記事項証明書（または登記事項証明書に該当するもの）ほか、外国法人が日本に事務所を有することを証明できる何らかの公的な証明書ということになります。

しかし、海外には、日本のように、官公庁が公式に発行する、登記事項証明書の制度がない国も多いため、親子会社間などの単純な関係会社同士ではない場合（孫会社間、関連会社関係など）は特に、それぞれの関係性を立証する証明書を提出することが難しい場合も多いのです。

そのような事案では、登記事項証明書の代わりに、たとえば、米国であれば、

州政府が発行する「会社存続証明書」や、本国の公証人に認証してもらった「宣誓供述書」（会社間の関係を宣誓する内容のもの）など、また中国であれば「外資系企業許可証」などを立証書類として提出することも可能です。

　在留資格認定証明書交付申請時には、このような証明書を本国から取り寄せて、登記事項証明書に代えて提出してください（日本語翻訳文の添付が必要です）。

Q3 15 日本にワーキングホリデーで滞在し、アルバイト中の外国人を正社員として雇用したいと思っています。就労ビザの手続きについて教えてください。

A

ワーキングホリデーで在留している外国人の在留資格は「特定活動」です。雇用を希望する場合は、「特定活動」を「技術・人文知識・国際業務」などの就労系の在留資格へ変更申請を行い許可がされれば、日本から出国することなく、正規の就労ビザへの変更が可能です。ただし、一部のワーキングホリデーの相手国によっては、こうした在留資格変更申請が行えないケースがあるので注意が必要です。また、ワーキングホリデー中の外国人は全員20代であるため、就労ビザの基本的な取得要件である四年制大学を卒業していないケースも多く、就労ビザへの変更が可能かどうか事前に確認・調査をした上で採用手続きを進めてください。

1 ワーキングホリデーとは？

　ワーキングホリデーとは、若者同士の国際交流を目的に、二国・地域間で結んだ協定の下、それぞれの相手国で約1～2年の期間、アルバイトをしながら（ワーキング）、休暇（ホリデー）を楽しむという制度です。

　現在、日本が協定を結んでいるのは、オーストラリア・ニュージーランド・カナダ・韓国・フランス・ドイツ・英国・アイルランド・デンマーク・台湾・香港・ノルウェー・ポルトガル・ポーランド・スロバキア・オーストリア・ハンガリー・スペイン・アルゼンチン・チリ・アイスランド・チェコ・リトアニアの23か国間です（2019年5月現在）。

　ワーキングホリデーは、若者たちがお互いの国で働きながら、異文化を体感

するプログラムであるため、資力が十分ではない若者も容易に海外に出て、国際交流の場に身をおくことができます。

多くの日本人もワーキングホリデー・ビザを使って上記23か国へ渡航している一方、最近のインバウンドブームも手伝って、来日する相手国の若者たちも年々増えています。

最新（2017年分）の外務省の統計によると、ワーキングホリデー・ビザの発給数は1万5,521人（外務省「ビザ（査証）発給統計」2018年5月公開）となっています。

ただし、この制度は誰もが利用できるわけではありません。一番のネックは年齢で、ワーキングホリデー制度を利用して、お互いの国に滞在できる者の年齢の上限はほぼ30歳以下（オーストラリア、カナダ及び韓国との間では18歳以上25歳以下、アイスランドとの間では18歳以上26歳以下）とされているので、ワーキングホリデー制度は、20代の若者に限られた特権というわけです。

2 雇用するためには在留資格の変更が必要

このようなワーキングホリデー・ビザの下で現在、日本に在留している外国人を採用し雇い入れることは可能です。

ワーキングホリデー制度を利用して日本に滞在している外国人が保持している在留資格は「特定活動」といい、そのままでは正社員として雇用することはできません。

したがって、「特定活動」を（外国人が日本から出国することなく）雇用後に従事する職務内容に応じた「技術・人文知識・国際業務」などの就労系の在留資格に変更申請を行って、許可がされれば、許可日以降の雇入れが可能となります。

ただし、出入国在留管理局によっては、協定を結んでいる一部の相手国について、上記の外国人が日本に在留したまま、「特定活動」から在留資格変更を行うことを認めないとしている事例が見られます。

二国間で締結している、ワーキングホリデー協定の締結内容が国ごとに異な

ることが、その要因のようですが、以下の6か国については、出入国在留管理局は基本的に（日本に在留したまま）、「特定活動」から在留資格変更申請を行うことは認めず、ワーキングホリデーの終了後、いったん帰国させ、あらためて雇用主が海外から招へいする形で在留資格認定証明書を取得し、再入国するよう指導しています。

〈特定活動からの在留資格変更申請が不可とされているワーキングホリデー相手国〉

・アイルランド	・香港
・ノルウェー	・台湾
・イギリス	・フランス

　ただし、これらの出身国の外国人であっても、出入国在留管理局によっては「特定活動」から在留資格変更申請を認める場合もあるため、ワーキングホリデーで在留している外国人の申請にあたっては、必ず事前に申請先の出入国在留管理局に、在留資格変更が可能か、あるいは、在留資格認定証明書交付申請を行わなければならないのか確認しておいたほうがいいでしょう。

　また、在留資格認定証明書交付申請の必要がある事案であっても、在留資格認定証明書が交付された後に、在留資格認定証明書を添付して、あらためて在留資格変更許可申請を行うことも可能です。その場合は、基本的に、在留資格認定証明書を取得した後に日本国外に出国する必要がなくなります。

　しかし、こうした取扱いについては、審査を行う出入国在留管理局によって多少の相違が発生することもあり、さらに時間の経過によって運用も変更される場合があります。

　したがって、実際の申請時には、管轄の出入国在留管理局に必ず事前に問い合わせて手続き方法を相談してください。

　なお、もちろん、ワーキングホリデーの在留資格「特定活動」の保持者が、入社後に従事する職務に応じた在留資格に変更するためには、変更する在留資格の取得要件（上陸許可基準）を満たさなければなりません。

　たとえば、一般的な就労系の在留資格「技術・人文知識・国際業務」は、従

事する職務分野（自然科学あるいは人文科学）において四年制大学を卒業していることが在留資格変更の要件となっています。

　ですが、ワーキングホリデーを利用して来日している外国人は、20代前半から半ばの若者が多く、採用が決まっても、採用時点では本人が大学を休学中であるなど在留資格の変更要件を満たしていないケースが多いのも現実です。

　したがって、ワーキングホリデーでアルバイト雇用した後、雇用主と外国人本人ともに希望したからといって、必ずしも就労系の在留資格（就労ビザ）に変更できるとは限りません。

　このように、ワーキングホリデー中の外国人を採用する場合は、本人の学歴・実務経験などの諸条件が在留資格を取得するために必要な要件を備えているか、よく確認して採用手続きに着手してください。

　なお、本来、ワーキングホリデー制度は性質上、相互の若者の国際交流を目的とした短期間の滞在を前提に、対象者は在留期限満了と共に帰国することを想定して導入されているものです。

　ですので、ワーキングホリデーから、就労ビザへの変更は制度の趣旨から外れることになり、審査時には、通常の留学生による就労ビザへの変更に比べて、少々厳しくなることが考えられます。

　したがって、ワーキングホリデーの外国人を正規雇用したいのであれば、ワーキングホリデー（特定活動）で付与されている在留期間の満了後にいったん帰国してもらい、あらためて在留資格認定証明書交付申請を行い、交付を受けてから日本に呼び寄せる…という方法が最もスムーズではないかと思います。

Q3 ⑯ 海外の大学に在学中の外国人学生を招へいし、インターンシップとして働いてもらいたいと思っています。就労ビザの手続きや滞在中の社会保険に関する手続きなどについて教えてください。

A

国内企業が、海外の大学生をインターンとして招へいする場合、報酬の有無や実習期間によって、取得する在留資格や労働保険・社会保険の手続きが異なります。最近は3か月以上の長期間に渡って行うインターンシップも多く見られ、このように、長期間行うインターンシップについては、その実習活動が学生が在籍する外国の大学において、教育課程の一部として実施され、単位の取得が前提になっていることなどが在留資格取得の要件です。したがって、学生が国内の企業で行うインターンシップ活動（業種や職種）は大学生の専攻科目と関連している必要があり、まったく無関係の業種や職種で、外国人学生をインターンとして受け入れることはできません。

1 インターンシップの報酬を支払わない場合

　日本国内の企業などが海外の大学との間でインターンシップ契約を結んだ場合、その大学に在籍する外国人学生をインターンとして招へいし、日本で働いてもらうことができます。

　その場合のビザの申請方法や、所得税の源泉徴収、社会保険などの取扱いについては、インターン学生が受入れ企業から、労働の対価としての報酬（交通費や旅費・住宅費など実費の支払い分は含まない）を受けるか受けないか、さらに受けない場合は、インターンシップの予定期間によって、大まかに以下の3パターンに分けられます。

❶ パターン1. 在留資格「短期滞在」

　インターンシップ予定期間が「90日を超えない」期間である場合は、インターンとして来日する外国人は、在留資格「短期滞在」で入国します。つまり、いわゆるノービザといわれる査証免除国出身者の場合は査証の申請手続きを行うことなく、それ以外の国籍の外国人は本人が直接、日本国外の日本大使館・領事館など対し「短期滞在」ビザ（査証）を申請し、現地で査証を取得、来日することになります。

　ちなみに、在留期間については、いずれの場合であっても、短期滞在ビザで許可された期間内（90日以内）です。

❷ パターン2. 在留資格「文化活動」

① ビザの種類や申請方法・在留期間

　海外の外国人学生を日本に招へいし「90日を超える」期間で、インターンとして働いてもらう場合は、受入れ企業が申請代理人となって、在留資格認定証明書交付申請を（受入れ企業を所轄する）出入国在留管理局に対して行い、許可を得る必要があります。申請する在留資格は、「文化活動」です。

② 日本滞在中の源泉所得税・社会保険

　「文化活動」で滞在するインターンに対しては、賃金は支払われないのが原則です。

　交通費、住宅費、食費など賃金に当たらない実費を支払われることがありますが、この場合は所得税法上、非課税の取扱となります。労働保険や社会保険については労働者としての報酬が発生しないので基本的に適用されませんが、念のため、あらかじめインターンを受け入れる企業を所轄する労働基準監督署・ハローワーク・年金事務所に相談してください。

❷ インターンシップの報酬を支払う場合

　海外から招へいした外国人大学生に報酬を支払ってインターンとして働いて

もらう場合は、入管法の規定により、その期間や時期、受入れ先で行う活動によって、**図表3-21**のとおり、①インターンシップ、②サマージョブ、③国際交流と3つの区分に分けられています。

　3パターンともに在留資格は「特定活動」で在留資格認定証明書交付申請を行い、許可を得る必要があります。

図表3-21 外国人大学生のインターンシップ区分

	時期と期間	従事する活動	受入れ	取得する在留資格	報酬	労働保険・社会保険の加入
①インターンシップ	1年を超えない期間で、かつ通算して当該大学の修業年限の2分の1を超えない期間　※　四年制大学在学の場合、最長で2年	外国の大学生が、学業の一環として、日本国内の企業等において行う実習	日本国内の企業等	「特定活動」※　告示9号。ただし、インターンシップ活動が、在籍する外国の大学において、教育課程の一部として実施され、単位取得などが認定されることが条件	（受入れ企業や機関などにより）支払われる。※　賃金額の上限はなし。	インターンシップの内容により個別に判断される。※　受入れ企業がインターンの行う業務によって直接利益や効果を得られ、企業と学生間が使用従属関係にある場合、労働関係法令が適用される（労働・社会保険の加入義務が発生する）。
②サマージョブ	夏季休暇等の期間中など3月を超えない期間	外国の大学生が、学業の遂行及び将来の就業に資するものとして、日本国内の企業等が行う業務に従事する活動		特定活動		
③国際交流	大学の授業が行われない期間など3月を超えない期間	外国の大学生が、日本国内の地方公共団体が実施する、国際文化交流事業に参加して講義を行う活動	国内の小・中・高等学校等			

この設問では、主に、最近のインターンシップ採用で最も問い合わせの多い、①インターンシップについて解説します。

　①のインターンシップについて、入管法では「**外国人大学生が、日本国内の企業などにおいて、学業の一環として、在籍している外国の大学と日本の企業間の契約に基づき、報酬を受けて行う実習**」が対象となる、とされています。

❶ インターンシップの在留期間

　在留期間（インターンとして大学生に働いてもらえる期間）については、入管法で、「１年を超えない期間で、かつ通算して当該大学の修業年限の２分の１を超えない期間」と定められています。

　つまり、海外の四年制大学に在籍しているインターンシップ学生を招へいする場合、日本で働いてもらえる期間は最長２年までということになります。

　ただし「１年を超えない期間で」とあるとおり、最初の在留資格認定証明書の取得時に最長の２年間が認められるわけではなく、最初に１年間の在留期間が許可された後、引き続きさらにインターンシップを継続したいときには、いったん日本国外に出国した後、あらためて同様の申請を行い再入国することとされています。

　しかし、ほとんどのインターンシップ活動について、学生が日本の企業などで実習を行う期間は３か月から長くても６か月程度というのが最も多いようです。

❷ インターンシップの在留資格取得要件

　図表３−21の①インターンシップとして在留資格認定証明書を取得するためには、日本の企業におけるインターンシップ活動が、在籍する外国の大学の教育課程の一部として実施され、それによって**単位取得が可能になる**など、学業の一環であると認定されることが必要です（立証書類は後述）。

　したがって、日本の企業で行うインターンシップ活動（業種や職種）は大学生の専攻科目と関連している必要があります。

大学生が専攻している科目とはまったく無関係の分野、業種、職種において
インターンシップ活動のための在留資格認定証明書交付申請を行っても許可は
されませんので注意してください。

❸ 企業の受入れ体制及び指導体制の確保

　インターンシップは、あくまでも教育課程の一部であるため、学生を受け入
れる企業は受入れに十分な体制と指導体制が整っていることを求められてお
り、在留資格認定証明書交付申請時には、そのことを証明する様々な資料を提
出しなければいけません（立証書類は後述）。

❹ 日本滞在中の源泉所得税・社会保険

　「特定活動」の在留資格でインターンシップを行う学生に対して支払う報酬
額については、特に上限はありません。ただし、その報酬は所得税の課税対象
になり、所得税法上の「非居住者」（1年未満の日本滞在が見込まれる者）として、
20.42％の源泉徴収をした上で支払う必要があります（租税条約による免除制度
の適用がある場合は例外）。

　また、労災保険、雇用保険、健康保険、厚生年金保険などの労働・社会保険
については、インターンシップを受け入れる企業を所轄する労働基準監督署・
ハローワーク・年金事務所に個別に相談してください。インターンシップ勤務
の条件によっては、各保険に加入するよう指導される場合もあります。

　なお、海外から招へいする学生の日本滞在中の病気や怪我については、大学
と受入企業間で取り交わすインターンシップ契約の中で、海外旅行者用傷病保
険への加入を義務付けていることが多いようです。

3　在留資格認定証明書交付申請時の提出書類

　図表3－21の①インターンシップ活動で、在留資格認定証明書交付申請（特
定活動）を行うときに出入国在留管理局に提出する基本的な書類は以下①～⑫
のとおりです。

なお、この他にも入国管理局の要請により提出を求められる書類が発生する場合もあります。また、送り出す海外の大学によって外国語で作成されている書類は、全て日本語訳を提出しなければいけません。

① 在留資格認定証明書交付申請書〔受入れ企業作成〕

② 申請理由書〔受入れ企業作成〕

③ 直近年度の決算書〔受入れ企業提出〕

④ 登記事項全部証明書〔受入れ企業提出〕

⑤ 申請理由書〔学生作成〕

⑥ 学生が過去にインターンシップで日本に在留したことがないことを証明する申告書〔学生作成・提出〕

⑦ 履歴書〔学生作成〕

⑧ 大学の在籍証明書〔学生提出〕

⑨ 学生が在籍する大学の修了年限を証明する証明書〔学生提出〕

⑩ 受入れ企業での活動内容・期間・報酬等待遇を明らかにする雇用条件通知書等〔受入れ企業作成・受入れ企業と学生本人の署名要〕

⑪ 大学と受入企業間のインターンシップに関する契約書〔受入れ企業と大学間で作成・署名〕

⑫ 大学からのインターンシップに関する承認書・推薦状・単位取得等教育課程の一部であることを証明する証明書〔大学作成〕

　なお、②サマージョブの場合は、申請人の休暇期間を証明する資料・申請人が在籍する海外大学と受入れ企業間のインターンシップに関する契約書の写し・受入れ企業での活動内容・期間・報酬等待遇を明らかにする雇用条件通知書など、③の国際交流の場合は、申請人の休暇期間を証明する資料、学生と日本の受入機関（日本の小中高等学校など）で取り交わした契約書の写し他、地方公共団体が作成した、外国の大学生を受入れるための要件（法務省告示第15号別表3に定める要件）を満たしていることを証明する資料（事業計画書）などを提出します。

　これらの提出資料の詳細について、不明な点は最寄りの出入国在留管理局の

窓口あるいは行政書士などの専門家に相談してください。

4 「特定活動」保持者をインターンシップで採用する場合は

　日本国内で「留学」の在留資格を持って在留している留学生や、卒業後、就職活動を継続中または就職が内定して入社待機中（Q3-8参照）により「特定活動」で在留している外国人をインターンシップで雇用する場合については、以下のとおりです。

① インターンシップに従事する時間が1週について28時間以内の場合、または在籍する教育機関の学則で定める長期休業期間中に行うインターンシップで、従事する時間が1日について8時間以内である場合

　この事例では、留学生などが個別に、通常の資格外活動許可を得ていれば、インターンシップ活動について出入国管理局から事前に許可を得る必要はありません。

② インターンシップに従事する時間が（長期休業期間以外の期間で）、1週について28時間を超える場合

　①の事例と異なり、資格外活動許可とは別に出国在留管理局による「1週について28時間を超える資格外活動許可」を受ける必要があります。留学生の場合は、本来の活動である学業に支障がないことを前提に審査が行われます。

　この「1週について28時間を超える資格外活動許可」を受けられる対象者として、以下①～④のとおり挙げられています。

　① 在留資格「留学」で大学（短期大学を除く）に在籍し、インターンシップを行う年度末に修業年度を終える予定でかつ卒業に必要な単位をほぼ修得している者

　　卒業に必要な単位のうち、9割以上の単位を取得した大学4年生が想定されています。

　② 在留資格「留学」で大学院に在籍し、インターンシップを行う年度末に修業年度を終える予定の者

修士２年生または博士３年生が想定されています。

③　在留資格「特定活動」で在留する、就職活動を行っている者（短期大学の卒業者及び専修学校の専門課程修了者を含む）

④　在留資格「特定活動」を持って在留する就職内定者で、入社待機中の者（短期大学の卒業者及び専修学校の専門課程修了者を含む）

なお、必ずしも上記に該当しない場合であっても、単位を取得するために必要な実習など専攻科目と密接な関係がある場合等には、１週について28時間を超える資格外活動許可を受けることができる場合があるので、詳細は出入国在留管理局の窓口で相談してください。

☞ 法務省「インターンシップをご希望のみなさまへ」（http://www.moj.go.jp/nyuukokukanri/kouhou/nyuukokukanri07_00109.html）

Q3 ⑰ 海外から呼び寄せる社員が妻子を伴い来日する予定です。妻子に関するビザの取得手続きについて教えてください。

A

就労ビザ（技術・人文知識・国際業務など）を保持する外国人の配偶者や子は、在留資格「家族滞在」を取得します。ただし、事実婚・同性婚による配偶者や養子縁組をしていない継子などには「家族滞在」は許可されないため、他に取得可能で適切な在留資格を検討しなければなりません。

なお、「家族滞在」を許可された外国人は、包括的な資格外活動許可を受けることができ、週28時間以内の制限でアルバイト就労が可能になります（風俗店などは除く）。

さらに、「高度専門職1号（2号）」の配偶者を持つ外国人配偶者は、学歴・職歴などの上陸許可基準を満たさずとも、「技術・人文知識・国際業務」などの「専門的・技術的分野の就労活動」に該当する活動を行うことができます。

1 労働者の配偶者や子に付与される「家族滞在」

以下の在留資格を持つ外国人の扶養を受けて、日本に在留しようとする配偶者または子に対しては、「家族滞在」という在留資格が付与されます。

> 「教授」「芸術」「宗教」「報道」「高度専門職」「経営・管理」「法律・会計業務」「医療」「研究」「教育」「技術・人文知識・国際業務」「企業内転勤」「興行」「技能」「文化活動」「留学」
>
> ※　上記以外の在留資格の場合、配偶者や子の「家族滞在」取得はできない。

設問のように、海外から外国人を招へいする場合、上記いずれかの在留資格

で在留資格認定証明書を交付された外国人は、在留資格「家族滞在」の配偶者や子を伴って来日することが可能です。

また、上記在留資格の保持者が一足先に来日し、その後、一定期間後に扶養者として家族の在留資格認定証明書交付申請を行い、呼び寄せることもできます。

ただし、「家族滞在」が許可される「配偶者」と「子」については入管法で以下のような認定要件があるので注意してください。

〈認定される配偶者〉

法律上、結婚関係にあり、結婚生活が継続中の配偶者。離婚した者、死別した者・内縁の配偶者また海外の法律において有効に成立した同性婚の配偶者は含まれない。

〈認定される子〉

嫡出子、養子、認知された非嫡出子。成年（20歳）に達した者も含まれる。

● 在留資格認定証明書（家族滞在）申請時の主な提出書類

「家族滞在」の在留資格認定証明書交付申請を行うときに提出する主な申請書類は、以下のとおりです。

---

① 在留資格認定証明書交付申請書：1通

② 写真（縦4cm×横3cm）：1葉

③ 返信用封筒（392円分の切手（簡易書留用）を貼付したもの）：1通

④ 次のいずれかで、申請人と扶養者との身分関係を証する文書

・戸籍謄本：1通

・婚姻届受理証明書：1通

・結婚証明書（写し）：1通

・出生証明書（写し）：1通

上記に準ずる文書：適宜

※ 結婚証明書・出生証明書については、中国の場合は本国の公証所が発行

する結婚公証書や出生公証書のコピー、欧米諸国の場合、当局（公衆衛生局など）が発行する出生証明書や結婚登録証明書などのコピー（外国語で発行されているものは全て日本語訳文を添付する）

⑤　扶養者の在留カードまたは旅券の写し：1通

⑥　扶養者の職業及び収入を証する文書

　1．扶養者が収入を伴う事業を運営する活動または報酬を受ける活動を行っている場合

〈会社員などの場合〉

　⑥−1　在職証明書または営業許可書などの写し等：1通（扶養者の職業がわかる証明書）

　⑥−2　住民税の課税（または非課税）証明書及び納税証明書（1年間の総所得及び納税状況が記載されたもの）：各1通

　※　⑥−1は、扶養者と同時に入国する場合は招へい元企業が発行する在籍証明書や雇用契約書など。⑥−2は、扶養者と同時に入国する場合または来日間もないため取得できない場合、招へい元企業が発行する報酬額証明書など

　2．扶養者が上記1．以外の活動を行っている場合

〈自営業者などの場合〉

　⑥−1　扶養者名義の預金残高証明書または給付金額及び給付期間を明示した奨学金給付に関する証明書：適宜

　⑥−2　上記⑥−1に準ずるもので、申請人の生活費用を支弁することができることを証するもの：適宜

　※　「扶養者」とは「技術・人文知識・国際業務」などの在留資格を持つ配偶者を指します。

2　同伴する家族に養子縁組をしていない配偶者の継子がいる場合

　昨今、頻繁に散見される相談事案に多いもので、本国で事実婚や同性婚での配偶者がいる、または配偶者の継子（配偶者の連れ子）を扶養している外国人

が来日時に、在留資格「家族滞在」を取得できないという問題があります（前出①〈認定される配偶者／子〉を参照）。

　海外には、事実婚や同性婚または養子縁組をしていない親子関係であっても、行政サービスを受ける上で不利益が少ないため、法律婚や養子縁組をわざわざ行う必要性を感じないという国も多いようです。

　したがって、昨今の在留外国人の増加に伴って、このような状況下の来日外国人も必然的に増えているようで、彼らが家族と共に来日しようとするときに「家族滞在」ビザを取得できないという問題が出てきてしまいます。

　そこで、ここでは「技術・人文知識・国際業務」などの在留資格を保持する外国人が本国で法的に養子縁組をしていない、配偶者の連れ子を来日時に同伴する（または来日後に呼び寄せる）方法を例に挙げて解説します。

　養子縁組をしていない継子の場合、入管法上の規定を満たしていないため、継子が「家族滞在」を取得することはできませんが、実務上の代替案としては次のような方法があります。

> ●代替案①：継子が在留資格「短期滞在」で一時入国し、入国後に「特定活動」への在留資格変更許可申請を行う。

　この方法が、一番現実的で許可される可能性も高いでしょう。同様の事案では、この方法で在留資格を取得することが一般的なようです。

　しかし、継子の日本における活動内容（在日外国人である義理の親によって扶養される家族としての活動）は、家事使用人やワーキングホリデーなどの「告示特定活動（あらかじめ法務大臣が告示をもって定める活動）」と異なり、「告示外特定活動」に該当するため、許可されるかどうか予め正確に予測することができません。

　扶養者である義理の親や継子本人に問題がなければ、通常は許可される事案ではありますが、「告示外特定活動」という特殊な在留資格の性質上、あくまでも審査を行う出入国在留管理庁の判断に任されます。

継子が、在留資格「留学」を取得できる要件を備えていれば、「留学」で在留資格認定証明書を申請し、交付されれば義理の親に同伴して来日することが可能です。

ちなみに入管法では、在留資格「留学」を取得するための留学先教育機関として「大学、高等専門学校、高等学校（中等教育学校の後期課程を含む）、特別支援学校の小・中・高等部、中学校、小学校、専修学校、各種学校、設備編成に関して、これらに準ずる教育機関、法務省が告示をもって定める日本語教育機関（日本語学校）」と定めています。

これら入管法で規定されている学校でなければ、留学ビザの申請は行えませんのでご注意ください。

また、「留学」という在留資格で日本に在留する以上、在留資格に基づく活動はあくまでも学業に専念することです。

したがって「留学」の在留資格で在留している家族（子）が、在留期間の更新時において、学校の出席率が悪いなど、出入国在留管理局によって学業に専念していないと判断されるような事情があれば在留期間の更新が許可されない可能性が出てきます。

継子を留学ビザで在留させる場合、この点は特に注意する必要があります。

なお、「留学」で在留資格認定証明書を申請する場合、申請人（継子）を受入れる日本の教育機関が申請代理人として、所轄の出入国在留管理局に申請を行うことになります。

この場合、扶養者である在日外国人をはじめ日本にいる親族や身元保証人などが申請代理人となることはできません。

③ 資格外活動許可を受ければアルバイト就労ができる

　「家族滞在」を付与されている外国人は、資格外活動許可を申請して許可を受ければ、週28時間以内の稼働時間の制限でアルバイト就労が可能です（法令に違反しない活動に限定、風俗店などでの就労は不可。Q2-1「2．在留カードのチェックポイント②」参照）。

　また、「家族滞在」の保持者に付与される資格外活動許可は、基本的に包括的資格外活動許可であるため、法令に違反しない就労活動であれば、アルバイト先が複数であったとしても個別に許可を取得する必要はなく、一度取得した資格外活動許可がいずれのアルバイト先でも有効となります。

　ただし、週28時間という稼働時間の制限は守らなければなりませんので、複数のアルバイトを行う場合であっても、合計の稼働時間は週28時間以内に収める必要があります。

④ 配偶者が「高度専門職１号（２号)」の場合

　在日外国人の在留資格が「高度専門職１号（２号)」（Q3-11参照）の場合、優遇措置の１つに、配偶者の就労に対する緩和制度があります。

　たとえば、「技術・人文知識・国際業務」や「教育」などの在留資格を持つ外国人の配偶者として、「家族滞在」で在留する配偶者が「技術・人文知識・国際業務」などに該当する就労活動を行おうとする場合は、学歴・職歴などの一定の要件を満たし、それらの在留資格を取得する必要があります。

　しかし、配偶者の在留資格が「高度専門職１号（２号)」である配偶者の場合は、学歴・職歴などの要件を満たさない場合であっても、それらの在留資格に該当する活動を行うことができるのです。したがって、上記③で解説した、週28時間以内のアルバイト就労に限らず、フルタイムで「技術・人文知識・国際業務」などの「専門的・技術的分野の就労活動」に従事できるということになります。

Q3 ⑱ 在留資格「特定技能1号」で外国人を雇用したいと思っています。採用手続きの流れについて教えてください。

A

特定技能1号の外国人材を雇用する場合、まず雇用主が「受入れ機関」として課される、業種ごとに設定された条件を満たす必要があります。その上で、外国人の採用を決定し「特定技能雇用契約」を締結します。

次に、特定技能1号の雇用に義務付けられている「1号特定技能外国人支援計画」を策定、実施を委託する場合は、委託先の登録支援機関を決定します。支援計画の実施とともに、出入国在留管理局に対する在留資格認定証明書交付申請（海外から招へいする場合）または在留資格変更許可申請（日本に在留している外国人を採用する場合）を行い、許可されれば、海外から招へいする場合は、在外の日本公館において査証を取得して入国日以降、日本に在留している外国人の場合は、在留資格変更が許可された日以降、「特定技能1号」による就労が可能となります。

1 「受入れ機関に対して課される条件」等を確認する

Q1-2で、在留資格「特定技能」の概要を解説しました。これをふまえて、「特定技能1号」で外国人を雇用しようとする場合、はじめに、①自社が**図表3-22**の「特定産業分野」に属する事業所であること、②外国人に行わせる業務が「従事できる業務」に明記された業務内容であるかどうかの2点を確認します。

その上で、「受入れ機関（雇用主）に対して特に課す条件」を参照してください。

「特定技能1号」で外国人を雇用できる産業分野は14分野（業種）ですが、

分野ごとに制度全般を所管する行政機関が異なります。

　たとえば、介護・ビルクリーニングの2業種は厚生労働省、農業・漁業などの4業種は農林水産省の所管となっていて、それぞれ所管する分野で制度の適切な運用を図るために、所管行政機関が協議会を設置しています。

　分野によって、「特定技能1号」の外国人を雇用するために課される、たとえば「所管する行政機関が組織する協議会に参加し協力を行うこと」をはじめとした、様々な条件が設定されています。

　「特定技能1号」の外国人を雇用するためには、受入れ機関である雇用主が自らの分野におけるこれらの条件を全てクリアしなければいけません。

　なお、この分野ごとの条件に関する詳細や相談を希望する場合は、**図表3－23**に掲載されている、それぞれの所管行政機関の窓口に問い合わせてください。

図表3－22 特定技能1号・受入れ見込み数等（受入れ機関に対して課す条件など）

	特定産業分野	分野所管行政機関	受入れ見込み数(5年間の最大値)	従事する業務	受入れ機関に対して特に課す条件
1	介護	厚労省	60,000人	・身体介護等（利用者の心身の状況に応じた入浴、食事、排せつの介助等）のほか、これに付随する支援業務（レクリエーションの実施、機能訓練の補助等） (注) 訪問系サービスは対象外 〔1試験区分〕	・厚労省が組織する協議会に参加し、必要な協力を行うこと ・厚労省が行う調査または指導に対し、必要な協力を行うこと ・事業所単位での受入れ人数枠の設定
2	ビルクリーニング	厚労省	37,000人	・建築物内部の清掃 〔1試験区分〕	・厚労省が組織する協議会に参加し、必要な協力を行うこと ・厚労省が行う調査または指導に対し、必要な協力を行うこと ・「建築物清掃業」または「建築物環境衛生総合管理業」の登録を受けていること
3	素形材産業	経産省	21,500人	・鋳造　・金属プレス加工 ・仕上げ　・溶接　・鍛造 ・工場板金　・機械検査 ・ダイカスト　・めっき ・機械保全　・機械加工 ・アルミニウム陽極酸化処理 ・塗装 〔13試験区分〕	・経産省が組織する協議会に参加し、必要な協力を行うこと ・経産省が行う調査または指導に対し、必要な協力を行うこと

	特定産業 分野	分野所管 行政機関	受入れ 見込数 (5年間の最大値)	従事する業務	受入れ機関に対して 特に課す条件
4	産業機械 製造業	経産省	5,250人	・鋳造　・塗装　・仕上げ ・電気機器組立て ・溶接　・鍛造　・鉄工 ・機械検査 ・プリント配線板製造 ・工業包装　・ダイカスト ・工場板金　・機械保全 ・プラスチック成形 ・機械加工　・めっき ・電子機器組立て ・金属プレス加工 〔18試験区分〕	・経産省が組織する協議会に参加し、必要な協力を行うこと ・経産省が行う調査または指導に対し、必要な協力を行うこと
5	電気・ 電子情報 関連産業		4,700人	・機械加工　・仕上げ ・プリント配線板製造 ・工業包装 ・金属プレス加工 ・機械保全 ・プラスチック成形 ・工場板金 ・電子機器組立て ・塗装　・めっき ・電気機器組立て　・溶接 〔13試験区分〕	・経産省が組織する協議会に参加し、必要な協力を行うこと ・経産省が行う調査または指導に対し、必要な協力を行うこと
6	建　設	国交省	40,000人	・型枠施工　・土工 ・内装仕上げ／表装 ・左官　・屋根ふき ・コンクリート圧送 ・電気通信 ・トンネル推進工 ・鉄筋施工　・建設機械施工 ・鉄筋継手 〔11試験区分〕	・外国人の受入れに関する建設業者団体に所属すること ・国交省が行う調査または指導に対し、必要な協力を行うこと ・建設業法の許可を受けていること ・日本人と同等以上の報酬を安定的に支払い、技能習熟に応じて昇給を行う契約を締結していること ・雇用契約に係る重要事項について、母国語で書面を交付して説明すること ・受入れ建設企業単位での受入れ人数枠の設定 ・報酬等を記載した「建設特定技能受入計画」について、国交省の認定を受けること ・国交省等により、認定を受けた「建設特定技能受入計画」を適正に履行していることの確認を受けること ・特定技能外国人を建設キャリアアップシステムに登録すること　等

	特定産業 分野	分野所管 行政機関	受入れ 見込数 (5年間の最大値)	従事する業務	受入れ機関に対して 特に課す条件
7	造船 ・舶用工業	国交省	13,000人	・溶接　　・仕上げ ・塗装　　・機械加工 ・鉄工　　・電気機器組立て 　　　　　　〔6試験区分〕	・国交省が組織する協議会に参加し、必要な協力を行うこと ・国交省が行う調査または指導に対し、必要な協力を行うこと ・登録支援機関に支援計画の実施を委託するにあたっては、上記条件を満たす登録支援機関に委託すること
8	自動車 整備		7,000人	・自動車の日常点検整備、定期点検整備、分解整備 　　　　　　〔1試験区分〕	・国交省が組織する協議会に参加し、必要な協力を行うこと ・国交省が行う調査または指導に対し、必要な協力を行うこと ・登録支援機関に支援計画の実施を委託するにあたっては、上記条件等を満たす登録支援機関に委託すること ・道路運送車両法に基づく認証を受けた事業場であること
9	航　空		2,200人	・空港グランドハンドリング（地上走行支援業務、手荷物・貨物取扱業務等） ・航空機整備（機体、装備品等の整備業務等） 　　　　　　〔2試験区分〕	・国交省が組織する協議会に参加し、必要な協力を行うこと ・国交省が行う調査または指導に対し、必要な協力を行うこと ・登録支援機関に支援計画の実施を委託するにあたっては、上記条件を満たす登録支援機関に委託すること ・空港管理規制に基づく構内営業承認等を受けた事業者または航空法に基づく航空機整備等に係る認定事業場等であること
10	宿　泊		22,000人	・フロント、企画・広報、接客、レストランサービス等の宿泊サービスの提供 　　　　　　〔1試験区分〕	・国交省が組織する協議会に参加し、必要な協力を行うこと ・国交省が行う調査または指導に対し、必要な協力を行うこと ・登録支援機関に支援計画の実施を委託するにあたっては、上記条件を満たす登録支援機関に委託すること ・「旅館・ホテル営業」の許可を受けた者であること ・風俗営業関連の施設に該当しないこと ・風俗営業関連の接待を行わせないこと
11	農　業	農水省	36,500人	・耕種農業全般（栽培管理、農産物の集出荷・選別等） ・畜産農業全般（飼養管理、畜産物の集出荷・選別等） 　　　　　　〔2試験区分〕	・農水省が組織する協議会に参加し、必要な協力を行うこと ・農水省が行う調査または指導に対し、必要な協力を行うこと ・登録支援機関に支援計画の実施を委託するにあたっては、協議会に対し必要な協力を行う登録支援機関に委託すること ・労働者を一定期間以上雇用した経験がある農業経営体であること

Q3-18　在留資格「特定技能1号」で外国人を雇用したいと思っています。
　　　　採用手続きの流れについて教えてください。

	特定産業分野	分野所管行政機関	受入れ見込数(5年間の最大値)	従事する業務	受入れ機関に対して特に課す条件
12	漁業	農水省	9,000人	・漁業（漁具の製作・補修、水産動植物の探索、漁具・漁労機械の操作、水産動植物の採捕、漁獲物の処理・保蔵、安全衛生の確保等） ・養殖業（養殖資材の製作・補修・管理、養殖水産動植物の育成管理・収獲（穫）・処理、安全衛生の確保等） 〔2試験区分〕	・農水省が組織する協議会に参加し、必要な協力を行うこと ・農水省が行う調査または指導に対し、必要な協力を行うこと ・農水省が組織する協議会において協議が調った措置を講じること ・登録支援機関に支援計画の実施を委託するにあたっては、分野固有の基準に適合している登録支援機関に限ること
13	飲食料品製造業		34,000人	・飲食料品製造業全般（飲食料品（酒類を除く）の製造・加工、安全衛生） 〔1試験区分〕	・農水省が組織する協議会に参加し、必要な協力を行うこと ・農水省が行う調査または指導に対し、必要な協力を行うこと
14	外食業		53,000人	・外食業全般（飲食物調理、接客、店舗管理） 〔1試験区分〕	・農水省が組織する協議会に参加し、必要な協力を行うこと ・農水省が行う調査または指導に対し、必要な協力を行うこと ・風俗営業関連の営業所に就労させないこと ・風俗営業関連の接待を行わせないこと

〈出典〉法務省「在留資格「特定技能」が創設されます／受入れ機関向け」3頁（http://www.moj.go.jp/content/001290039.pdf）

	特定産業分野	分野所管行政機関	担当部署	連絡先 （ ）内は内線
1	介護	厚労省	社会・援護局福祉人材確保対策室	03-5253-1111 （2125、3146）
2	ビルクリーニング		医薬・生活衛生局生活衛生課	03-5253-1111（2432）
3	素形材産業	経産省	製造産業局素形材産業室	03-3501-1063
4	産業機械製造業		製造産業局産業機械課	03-3501-1691
5	電気・電子情報関連産業		商務情報政策局情報産業課	03-3501-6944
	（製造3分野全体）		製造産業局総務課	03-3501-1689
6	建設	国交省	土地・建設産業局建設市場整備課	03-5253-8283
7	造船・舶用工業		海事局船舶産業課	03-5253-8634
8	自動車整備		自動車局	03-5253-8111 （42426、42414）
9	航空		航空局 ①航空ネットワーク部航空ネットワーク企画課（空港グランドハンドリング関係） ②安全部運航安全課乗員政策室（航空機整備関係）	03-5253-8111 （①49114） （②50137）
10	宿泊		観光庁観光産業課観光人材政策室	03-5253-8367
11	農業	農水省	経営局就農・女性課	03-6744-2162
12	漁業		水産庁企画課漁業労働班	03-6744-2340
13	飲食料品製造業		食料産業局食品製造課	03-6744-7180
14	外食業		食料産業局食文化・市場開拓課	03-6744-7177

〈出典〉法務省「在留資格「特定技能」が創設されます／受入れ機関向け」4頁・上段（http://www.moj.go.jp/content/001290039.pdf）

2 支援計画の策定と実施のため「登録支援機関」を利用する

　Q1−2で解説したとおり、「特定技能1号」労働者を雇用する雇用主企業は、制度上「**受入れ機関**」と呼ばれ、これら受入れ機関には、外国人労働者の保護と適正な雇用管理を目的に「**1号特定技能外国人支援計画**」の策定と実施が義務化されています。

　ただし、マンパワー不足などにより、自社による計画の策定や実施が困難な中小企業等の場合は、今回の改正入管法で新設された「**登録支援機関**」にそれらの業務全般を委託することもできるようになっています。

　登録支援機関とは、受入れ機関（雇用主）から委託されて1号特定技能外国

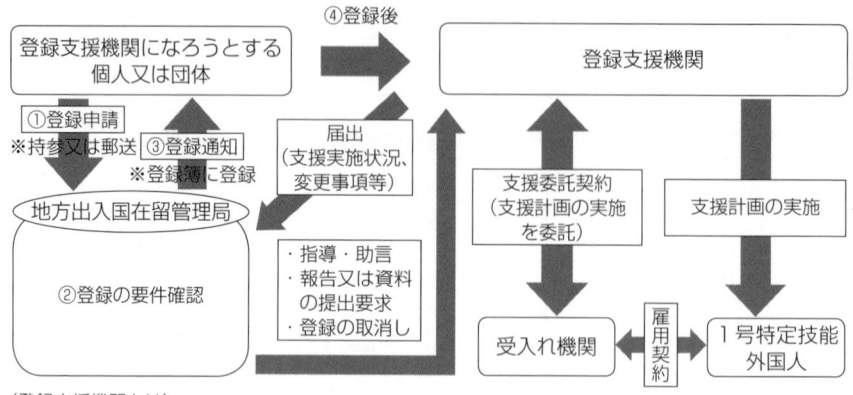

図表 3 - 24 登録支援機関に係る制度の概要

〈登録支援機関とは〉

○ 登録支援機関は、受入れ機関との支援委託契約により、支援計画に基づく支援の全部の実施を行う個人または団体です。
○ 登録支援機関になるためには、出入国在留管理庁長官の登録を受ける必要があります。
○ 登録を受けた機関は、登録支援機関登録簿に登録され、出入国在留管理庁ホームページに掲載されます。
○ 登録の期間は 5 年間であり、更新が必要です。
○ 登録支援機関は、出入国在留管理庁長官に対し、定期または随時の各種届出を行う必要があります。

〈出典〉法務省「在留資格「特定技能」が創設されます／登録支援機関向け」2 頁・上段 (http://www.moj.go.jp/content/001290038.pdf)

人支援計画の実施を行う、個人または団体のことです。登録支援は、制度で義務化されている様々な定期または随時の届出を、委託を受けた受入れ機関に代わって行います。

　マンパワーが不足する多くの中小企業は、こうした登録機関に業務を委託して計画の実施を行うことになると思います。登録機関は出入国在留管理庁長官によって登録され、出入国在留管理庁のウェブサイトに掲載されていますので、そちらからも委託する登録支援機関を検索することが可能です。

　なお、登録支援機関のしくみについては、**図表 3 -24**で確認してください。また、登録支援機関に関する相談は、後掲**図表 3 -26**の法務省に設置されている問い合わせ先に連絡してください。

図表3-25 特定技能1号・受入れ手続きの概要

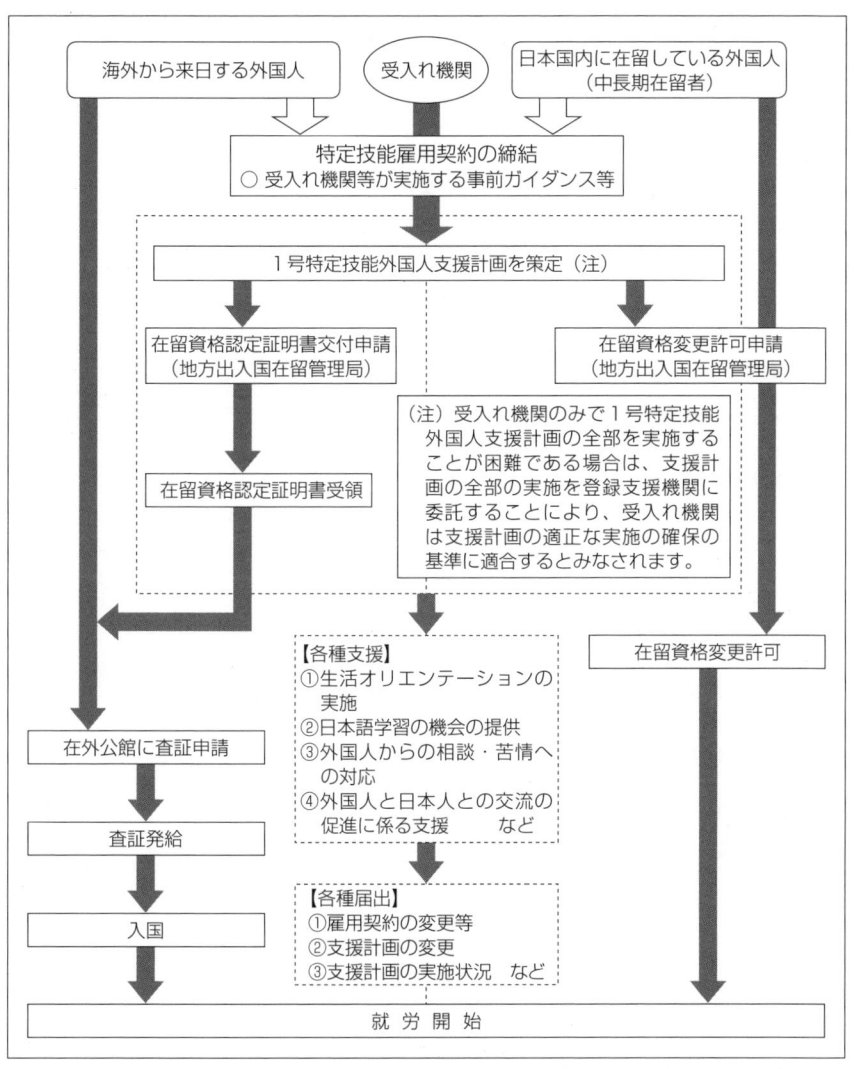

〈出典〉法務省「在留資格「特定技能」が創設されます／受入れ機関向け」2頁（http://www.moj.go.jp/content・001290039.pdf）

図表 3 −26 特定技能・制度全般、入国・在留手続き、登録支援機関等の問い合わせ先

官署名	住　所	連絡先
法務省入国管理局総務課広報係	東京都千代田区霞が関 1 − 1 − 1	03-3580-4111(2737)
札幌入国管理局総務課	北海道札幌市中央区大通西12 札幌第 3 合同庁舎	011-261-7502
仙台入国管理局総務課	宮城県仙台市宮城野区五輪 1 − 3 −20　仙台第 2 法務合同庁舎	022-256-6076
東京入国管理局総務課	東京都港区港南 5 − 5 −30	03-5796-7250
東京入国管理局横浜支局総務課	神奈川県横浜市金沢区鳥浜町 10− 7	045-769-1720
名古屋入国管理局総務課 ○受入れ・共生関係 総務課 →審査管理部門（2019年 4 月 1 日以降） ○在留資格「特定技能」関係 就労審査部門 →就労審査第二部門（2019年 4 月 1 日以降）	愛知県名古屋市港区正保町 5 −18	総務課　052-559-2150（代） 審査管理部門　052-559-2112 就労審査部門　052-559-2114 就労審査第二部門　052-559-2110
大阪入国管理局総務課	大阪府大阪市住之江区南港北 1 −29-53	06-4703-2100
大阪入国管理局神戸支局総務課	兵庫県神戸市中央区海岸通29番 地　神戸地方合同庁舎	078-391-6377（代）
広島入国管理局入国・在留審査 部門 →就労・永住審査部門（2019年 4 月 1 日以降）	広島県広島市中区上八丁堀 2 -31 広島法務総合庁舎	082-221-4412（代）
高松入国管理局総務課	香川県高松市丸の内 1 − 1 高松法務合同庁舎	087-822-5852
福岡入国管理局総務課	福岡県福岡市中央区舞鶴 3 − 5 −25 福岡第一法務総合庁舎	092-717-5420
福岡入国管理局 那覇支局審査部門	沖縄県那覇市樋川 1 -15-15 那覇第一地方合同庁舎	098-832-4186

○2019年 4 月 1 日から、入国管理局は出入国在留管理庁に組織改編します（住所・電話番号は変更なし）。
○在留資格「特定技能」の詳細については、法務省ＨＰを御参照ください。
　→「法務省　特定技能」で検索☆

〈出典〉法務省「在留資格「特定技能」が創設されます／受入れ機関向け」 4 頁下段（http://www.moj.go.jp/content/001290039.pdf）

これまで述べてきた「特定技能１号」で雇用する外国人の受入れ手続きについては、**図表３−25**で概要を理解してください。

実際の手続きはおおむね以下①〜⑤のような流れになることが多いかと思いますが、②と③については外国人材の求人方法によって前後することもあるでしょう。

※ 「特定技能１号」取得に必要な従事する業務に関する評価試験や、日本語試験の合格前に内定を出して、「特定技能雇用契約」を結ぶことは、法律上禁止されていません。

また、制度全体の概要や、「特定技能１号」に関する在留資格認定証明書交付申請や在留資格変更許可申請に関する入国管理手続きについては、**図表３−26**に掲載した窓口にお問い合わせください。

〈特定技能１号の外国人材を雇用するまでの流れ〉

① 受入れ機関に課される条件を確認し、必要な要件を満たす手続きを行う。

② （在留資格「特定技能１号」の取得要件を満たす、または満たす見込みの）外国人の採用を決定し、特定技能雇用契約を締結する。

③ １号特定技能外国人支援計画を策定、（実施を委託する場合は）委託する登録支援機関を決定する。

④ 出入国在留管理局に対して、在留資格認定証明書交付申請（海外から招へいする場合）または在留資格変更許可申請（日本に在留している外国人を採用する場合）を行う。

⑤ ④で許可されれば、海外から招へいする場合は、在外の日本公館において査証を取得して入国後、日本に在留している外国人の場合は、在留資格変更が許可された日以降、「特定技能１号」で就労が可能となる（１号特定技能外国人支援計画の実施）。

Q3 (19) 飲食店で、調理担当・ホールスタッフとして外国人を雇用したいと思います。就労ビザは取得できますか？

A

外国人を飲食店の調理担当やホールスタッフとして、留学生のアルバイトではなく、フルタイムで正規雇用する方法は2つあります。

1つは、外食業における「特定技能1号」を取得することによって雇用する方法です（ケース1）。もう1つは、2019年5月に入管法の法務省告示が改正されたことで可能になった方法で、国内の四年制大学以上の卒業者が、在留資格「特定活動」を取得して、飲食店や小売店の接客、工場のラインなどで就労することができるようになりました（ケース2）。

ただし、いずれの在留資格においても、従事する活動内容や外国人本人が満たさなければならない要件があるので、それぞれの要件をよく確認した上で、採用が可能かどうか判断してください。

1 ケース1．「特定技能」で調理・接客・店舗管理を行う外国人を雇用する

1 改正入管法で外食業への就労が可能に

外食業の人手不足は、有効求人倍率（店長職・給仕係含む外食業合計）が4.32倍（2017年度／農林水産省データ）、外食業を含む「宿泊業・飲食サービス」の欠員率で5.4%（2017年雇用動向調査／厚生労働省）と、全産業と比較しても2倍以上の高水準にあり、慢性的な労働力不足に苦しんでいる業界の1つです。

筆者も長年、こうした状況下にある飲食店から、外国人労働者をホールスタッフとして、正規の就労ビザを取得した上で雇用できないかと頻繁に相談を受け

ていましたが、2019年4月以前はホールスタッフなどの業務に従事できる在留資格（就労ビザ）が存在していなかったため、残念ながら諦めていただくしかありませんでした。

しかし、2019年4月に施行した改正入管法によって「特定技能1号」の対象業種に外食業が加わり、従事できる業務として、外食業（飲食物調理、接客、店舗管理）が規定されたため、これらの業務内容で外国人労働者を正規の就労ビザ（特定技能1号）で雇用することが可能になりました（その後、2019年5月には国内の大学卒業者の飲食店などにおける在留資格変更が緩和）。

「特定技能1号」の外国人を雇用することが可能な外食業の業態は「飲食店」「持ち帰り・配達飲食サービス業」です（ただし、**"接待飲食等営業"** を営む事業所においては「飲食物調理、接客、店舗管理」であっても特定技能1号の外国人労働者を就労させることはできません）。

なお、入管法の規定では「特定技能1号」の外国人が主に従事する業務は、上述の「飲食物調理、接客、店舗管理」でなければなりませんが、他の日本人スタッフが通常従事する関連業務（原料の調達・受入れ・配達作業など）に付随的に従事する（主に従事する業務とはしない）のであれば差し支えないとされています。

❷ 候補者には外食業技能測定試験と日本語能力試験の合格が義務付けられる

外食業分野において「特定技能1号」で受け入れる外国人については、次の①及び②の試験に合格した者、または「医療・福祉施設給食製造」の第2号技能実習*17を修了した者とされています（2019年4月現在）。

① 技能及び業務上必要な日本語能力
・国外、国内で実施される「外食業技能測定試験」に合格した者

---

*17 当該技能実習の職種は2018年11月に追加されたため、2019年4月現在、技能実習2号からの受入れは始まっていない。

② 日本語能力（基本的な日本語能力）

・国外で実施される場合は「国際交流基金日本語基礎テスト」「日本語能力試験（N4以上）」、国内で実施される場合は「日本語能力試験（N4以上）」に合格した者

以上のように、飲食店に雇用される「特定技能1号」外国人については、上記の技能測定試験と日本能力試験に合格することが義務付けられます。

詳細は、Q3−18の回答も併せて検討し、必要な手続きを進めてください。

2 ケース2.「特定活動」で大学・大学院卒業者を雇用する

2019年5月に入管法の法務省告示が改正され、国内の大学や大学院を卒業した留学生が、以下のようなサービス業の労働現場において**「日本語を用いた円滑な意思疎通を要する業務」** を行う場合、在留資格「特定活動」が許可され、就労することが可能になりました。

❶ 「特定活動」が許可される活動の例

① **飲食店**
外国人客に対する通訳を兼ねた接客業務を行う場合で、日本人客に対する接客も含む。ただし、厨房での皿洗いや店舗の清掃のみの業務では認められない。

② **工場のライン**
日本人従業員から受けた作業指示を技能実習生や他の外国人従業員に対し、外国語で伝達・指導しつつ、自身が行うラインにおける業務も含む。ただし、ラインで指示された作業・業務のみ行う場合は認められない。

③ **小売店**
仕入れや商品企画などと併せて、通訳を兼ねて外国人客を接客する場合で日本人客に対する接客も含む。ただし、商品の陳列や店舗の清掃のみの業務では認められない。

④ **ホテルや旅館**
翻訳業務を兼ねた外国語のウェブサイトの開設・更新作業、外国人客への通

訳業務、また、他の外国人従業員への指導業務を兼ねたベルスタッフやドアマンとしての接客業務（日本人客に対する接客業務）も含む。

⑤　タクシー会社

観光客（集客）のための企画・立案業務を行いつつ、外国人客に対する通訳を兼ねた観光案内を行うタクシードライバー業務（通常のタクシードライバーとして乗務することも含む）。ただし、車両の整備や清掃のみの業務では認められない。

⑥　介護施設

外国人従業員・技能実習生への指導を行いながら、外国人利用者・日本人利用者含む利用者との意思疎通を図り、行う介護業務。

ただし、施設内の清掃や衣服の洗濯のみの業務では認められない。

❷ 対象者の要件
～国内大学卒業以上の学歴と高い日本語能力が必要～

在留資格「特定活動」を取得できる対象者は、日本の大学を卒業または大学院の修士課程修了者であることが要件で、海外の大学・大学院、日本の専門学校や短期大学卒業者は認められません。

なお、上記の学歴要件に加えて、日本語能力に関しても、日本語能力試験1級（N1）あるいはBJTビジネス日本語能力テストで480点以上を取得した者または大学や大学院で日本語を専攻して卒業したことが要件とされています。

ちなみに、海外の大学・大学院において日本語を専攻して卒業した外国人も、日本語能力に関する要件を満たしているとされますが、その場合であっても、前者の要件である日本の大学や大学院を卒業していることについて満たす必要があります。

以上のように、「特定活動」で外国人を雇用する場合、従事する業務内容が「日本語を用いた円滑な意思疎通を要する業務」であることが必要です。すなわち、日本語と外国語を用いた通訳や翻訳を含む業務であることが必要です。

したがって、留学生のアルバイトのように、飲食店や小売店などで、ホールスタッフや接客業務などの単純作業のみをやってもらうことはできませんが、

前出の「技術・人文知識・国際業務」と異なり、「特定活動」においては、従事する業務内容が、外国人が大学などで専攻した専門分野に関連している必要はありません。

　たとえば、日本の大学以上を卒業していれば、専攻科目が何であっても、日本語能力と従事する業務内容が要件を満たしていれば、在留資格「特定活動」を取得できる可能性があります。

　「特定活動」の取得要件など詳細は、以下のガイドラインで確認してください。

☞ 法務省　出入国在留管理庁「留学生の就職支援に係る「特定活動」（本邦大学卒業者）についてのガイドライン」（http://www.moj.go.jp/content/001294971.pdf）

外国人を販売スタッフなど、主に日本人客対応の接客専業職として雇用したいと思っています。就労ビザは取得できますか？

A

基本的に、日本人顧客に対応する接客販売職専業で、就労ビザは取得できません。そのような接客販売職で外国人を雇用する場合は、在留資格「永住者」「日本人の配偶者等」「永住者の配偶者等」「定住者」「留学」または「家族滞在」（ともに資格外活動許可が必要）の保持者であれば可能です。
ただし、2019年5月の入管法・法務省告示の改正によって、一部のサービス業の現場において、日本の大学以上の卒業者が、「日本語を用いた円滑な意思疎通を要する業務」に従事する場合、在留資格「特定活動」を取得した上で就労することが可能になりました（詳細はＱ3−19を参照）。

1 接客販売職専業では「技術・人文知識・国際業務」などの就労ビザは取得できない

本設問も、長年筆者が問い合わせを受けることが多い相談内容の１つです。

設問のように、外国人が主に日本人顧客を担当する接客販売職に従事するのであれば、いわゆる就労ビザと呼ばれる、就労系の在留資格19種類（Ｑ1−4**図表1−11**参照）のいずれかを取得できる可能性はありません。したがって、接客専業職として就労ビザを取得した外国人を雇用することはできません。

これまでも述べてきたとおり、外国人が日本で就労するためには基本的に、上記の19種類の在留資格のいずれかを取得する必要がありますが、その前提として、外国人に従事させる業務がいずれかの在留資格において従事できる業務であること（在留資格該当性）が必要です。

この「在留資格該当性」の点で言うと、外国人が主に従事する「日本人顧客

を担当する接客専業職と」という業務を従事できる在留資格が存在しない（在留資格該当性がない）ということになります。

　ただし、たとえば、主に対応するのが外国人スタッフにとって母国語を話す外国人顧客であり、通訳や翻訳を主な業務とする場合や、将来的には貿易・経営企画業務に移行させるための訓練段階における、一時的な接客業務である場合などは、在留資格「技術・人文知識・国際業務」に該当する可能性もあります。

　もし、そのような事案に該当するのであれば、在留資格認定証明書交付申請や在留資格変更許可申請を行う際に、通訳・翻訳業務の必要性を客観的に証明できる外国人顧客数のデータや、将来「技術・人文知識・国際業務」に該当する職種に移行させるための詳細な教育計画書及び職務記述書などを立証資料として、出入国在留管理庁に提出する必要があります。

2 高度な日本語力が必要な接客業務を行う場合は「特定活動」で就労が可能

　Ｑ３−19で解説したとおり、2019年５月以降、日本の大学以上を卒業した外国人が必要な要件を満たし、従事する業務内容が「高度な日本語力が必要な業務」であると認められた場合、在留資格「特定活動」を取得した上で、小売店などのサービス業の現場で就労することが可能になりました。

　この「特定活動」の取得対象となるサービス業の種類、従事する業務内容、外国人が満たさなければならない要件については、前設問Ｑ３−19と出入国在留管理庁のガイドラインで確認してください。

> ☞ 法務省 出入国在留管理庁「留学生の就職支援に係る「特定活動」（本邦大学卒業者）についてのガイドライン」（http://www.moj.go.jp/content/001294971.pdf）

採用を内定した外国人の就労ビザ申請が許可されませんでした。再度申請をして許可を得る可能性はあるでしょうか？　また、再申請はどのように行えばいいのでしょうか？

A

就労ビザの申請が不許可になってしまっても、不許可理由によっては再度申請を行って、許可を受けられる可能性があります。たとえば、採用後に従事する予定の業務内容と、申請した在留資格に応じた業務内容が一致しない場合は、可能であれば在留資格に応じた業務内容に職種変更を行う、または提出書類の作成・提出課程における単純なミスなどの場合は、適正に修正した書類を再作成した上で再申請を行えば、許可を受けられる可能性は生まれます。

　採用を内定した外国人の就労ビザの申請（海外から招へいする場合は在留資格認定証明書交付申請、在留外国人の場合は、在留資格変更許可申請・在留期間更新許可申請・就労資格証明書交付申請）が不交付または不許可（就労ビザが許可されないこと）になった場合、その理由によっては申請内容を訂正し、再度あらためて申請しなおすことは可能です。

　再申請に挑戦する場合、まず初めにやらなければいけないことは、申請した出入国在留管理局に出向き、詳しい不許可理由を審査官との面談において把握することです。

　面談には申請した外国人本人に、可能な限り、雇用主企業の代表者や人事担当者（外国人を招へいする場合は招へい元の雇用主の代表者や人事担当者）が同伴し、以下①〜③の必要書類も持参します。

①　不交付・不許可処分の通知書原本

② 申請書類の控え

③ パスポートや在留カード（在留外国人の申請の場合）

　面談に対応する出入国在留審査官は、申請が不許可になった理由について、公開できる内容についてはきちんと開示してくれることがほとんどです。それによって、不許可理由を正確に把握し、指摘された部分を再申請時に修正できれば、次回の申請では一転「許可」の結果を得られる可能性があります。

　ちなみに、申請が「不許可」になる理由の１つに、申請した在留資格に応じた職務内容と、外国人が実際に従事する予定の職務内容（活動内容）の不一致というものがあります。

　たとえば、「技術・人文知識・国際業務」（従事できる活動内容は、専門的・技術的分野の知識が必要とされるエンジニア・貿易事務や通訳・翻訳、私立学校の語学教師など）で申請したものの、就職予定先で行う業務内容が、レジや販売など「技術・人文知識・国際業務」の業務に該当しない場合は、在留資格認定証明書や在留資格変更は許可されません。

　したがって、もしも、このような理由によって申請が不許可になってしまった場合は、外国人が入社後に行う仕事内容を、申請する在留資格で従事できる職種に変更できるかどうか、社内で検討し、可能な場合は変更した上で新たに申請を行えば、許可がされる可能性があるでしょう。

　ただし、その場合は実際に業務内容の変更を確定し、出入国在留管理局に対して、変更したことを明らかに証明できる（修正した）雇用契約書や職務記述書・辞令書などを提出しなければ、再度申請を行っても許可されることはありません。

　なお、上記以外にも、申請時に出入国在留管理局に提出した証明書類の信憑性について疑いを持たれたことによる不許可理由も散見されます。

　これについては、端的に言うと、外国人本人や雇用主である企業などが就労ビザ申請のために出入国在留管理局に提出した卒業証明書や在職証明書・決算

書などの各種証明書類に不備があった、または出入国在留管理局にそれら証明書類自体の信憑性を疑われた結果、申請が不許可になってしまったということです。

　後者の場合、提出した公正証書及びその他の私文書が実際に偽造されたものであった場合には、再申請をしても当然許可されることはありません（公文書・私文書偽造罪に問われる可能性もあります）。

　しかし、提出した書類が真正（本物）であって、書類の作成・提出課程における単純な手違い・不備によって、偽造などの不正を疑われた可能性もあります。

　そのような場合であれば、書類を正しく修正して再申請すれば、出入国在留管理局の疑いを払拭することができ、許可を得られる可能性が出てくるかもしれません。

　以上、「書類の信憑性に疑いあり」という不許可理由を受け取って、何の心当たりもない場合は、まず申請先の出入国在留管理局に出向き、審査官に直接、詳しい不許可理由を尋ねることが重要です。

　その上で、提出書類の不備を正しく訂正し、再申請すれば、一転「許可」の可能性が生まれます。

Q3 22 人材派遣会社が外国人を採用して、就労ビザを取得し、顧客企業に派遣することはできますか？　また、外国人を派遣社員として雇用する場合、使用者としての責任は派遣会社と派遣先企業のどちらが負担するのでしょうか？

A

Q3−4でも解説しましたが、外国人が日本で就労ビザを取得する場合、スポンサーとなる雇用主との労務契約は、直接雇用元と結ぶ「雇用契約」に限らず、「業務委託契約（請負契約）」「委任契約」、また設問の、人材派遣会社が外国人労働者との間で結ぶ「（派遣）労働契約」であっても、その内容が適法なものであれば就労ビザの取得は可能です。

ただし、派遣労働契約においては、これまで述べてきた一般的な雇用契約と同様に、従事する職務内容が就労ビザを取得できる内容であること（在留資格該当性）と、本人の学歴や職歴が就労ビザを取得できる要件を満たしていること（上陸許可基準該当性）はもちろんですが、その派遣期間も審査の対象となります。

なお、外国人派遣社員に対する労働基準法などの適用や責任は、日本人派遣社員同様、その内容ごとに派遣元・派遣先双方が負います。

1 短期の派遣契約では長期の就労ビザ取得は難しい

　主な就労系の在留資格の在留期間は、1回の許可にあたって、3か月、1年、3年あるいは5年が付与されます（更新の制限なし）。

　外国人が就労ビザを取得する場合、最も多いのは、雇用元と直接雇用契約を結ぶ「雇用契約」で、その中でも、無期雇用契約（期間の定めのない正社員）が

一般的です。有期雇用契約であっても、初回の契約期間は短くても１年以上であり、ほとんどの場合は、満了後の契約更新がある旨が明記されています。

したがって、そのような申請事案では、当初より、１年以上の長期の在留期間が許可されます。

一方、一般派遣においては、１回の派遣契約は３か月あるいは６か月（更新あり）という事例が多いようですが、そのような短期の派遣契約期間であれば、就労ビザが許可される場合であっても、最初から１年以上といった長期の在留期間を望むことは難しくなります。

この点を留意した上で、人材派遣会社が外国人労働者の就労ビザのスポンサーとなる場合は、できるだけ当初から長期の派遣期間で派遣労働契約を締結した上で、在留資格変更、在留期間更新、在留資格認定証明書の申請を行う必要があります。

2 就労ビザ申請のスポンサーは派遣元の人材派遣会社

これまでも述べてきたとおり、外国人が派遣労働者として在留資格を取得・更新するにあたっても、従事する職務内容が取得する在留資格の活動内容に該当すること、本人の学歴や職歴が在留資格を取得する要件を満たしていることが必要です（Ｑ２−１、Ｑ２−２他参照）。

また、出入国在留官庁が審査する「事業の適正性・安定性・継続性」（Ｑ３−２参照）については、当然、派遣元である派遣会社の事業内容が対象となります。

ちなみに、海外から外国人を招へいする場合の在留資格認定証明書交付申請の申請代理人、また、日本に在留している外国人の在留資格変更や在留期間更新などの所属機関（いずれも就労ビザのスポンサー）とされ、これらの申請について雇用主として責任を負うのは派遣元の人材派遣会社となります。

各申請には、所属機関（雇用主）である人材派遣会社が作成・発行する様々な立証書類（労働者派遣個別契約書や労働条件通知書など）が必要です。

3 労働基準法など使用者責任の義務負担

外国人を含め、派遣労働者に対する労働基準法などの適用や派遣元・派遣先の義務負担については、**図表3-27**のとおりです。

外国人の派遣労働者については、派遣元・派遣先双方の事業主が以下の義務を履行するためにも、今後ますます言語面をはじめとする十分なサポート体制が必要になってくると思います。

図表3-27 派遣労働者に対する労働法令の義務

	派遣元事業主が負う義務	派遣先事業主が負う義務	双方が負う義務
労働基準法	・賃金 ・年次有給休暇 ・災害補償等	・労働時間 ・休憩 ・休日 ・時間外／休日労働等 ※ 派遣元の36協定の範囲内において時間外／休日労働が可能	・均等待遇 ・申告を理由とする不利益取扱い禁止 ・強制労働の禁止等
労働安全衛生法	・雇入れ時の安全衛生教育 ・一般健康診断等	・安全管理者、安全委員会 ・危険防止等のための事業者の講ずべき措置等 ・危険有害業務就業時の安全衛生教育 ・作業環境測定 ・有害な業務に係る健康診断等	・総括安全衛生管理者 ・衛生管理者、衛生委員会 ・作業内容変更時の安全衛生教育 ・健康診断実施後の作業転換等の措置 ・労働者死傷病報告　等
男女雇用機会均等法	（右記以外の規定）	―	・妊娠／出産等を理由とする不利益取扱い禁止 ・職場における性的な言動に起因する問題に関する雇用管理上の措置 ・妊娠中及び出産後の健康管理に関する措置

就労ビザ取得に必要なチェック・リスト

【ケース１】日本にいる留学生や転職者の採用

□　①　在留資格変更・在留資格更新・就労資格証明書交付申請のいずれが必要かを確認したか？

〔参考：Ｑ３－５、Ｑ３－６、Ｑ３－７、Ｑ３－８、Ｑ３－９〕

【ケース２】海外にいる外国人の採用

□　①　在留資格認定証明書交付申請が可能な在留資格を確認したか？

〔参考：Ｑ３－10〕

□　②　就労ビザ申請に必要な提出書類を確認し、準備をしたか？

〔参考：Ｑ３－１、Ｑ３－５〕

【ケース１・２共通】

□　③　必要な提出書類を全て揃えて提出したか？

〔参考：Ｑ３－６、Ｑ３－10〕

■就労ビザが許可された後のチェック項目

【ケース１】日本にいる留学生や転職者の採用

□　④　在留資格変更が許可された後に採用を開始したか？

【ケース２】海外にいる外国人の採用

□　④　外国人本人へ在留資格認定証明書の原本送付と、在外公館における査証申請のアドバイスを行ったか？　　〔参考：Ｑ３－10〕

Q3-22　人材派遣会社が外国人を採用して、就労ビザを取得し、顧客企業に派遣することはできますか？　また、外国人を派遣社員として雇用する場合、使用者としての責任は派遣会社と派遣先企業のどちらが負担するのでしょうか？

225

第4章

外国人労働者
採用後の実務Q&A

外国人社員が入社（退職）しました。出入国在留管理庁・ハローワーク・年金事務所に対して行う届出について教えてください。

A

外国籍の社員の入社と退職時の手続きについては、重要なものに出入国在留管理庁とハローワークへの届出があります。特に出入国在留管理庁への届出は、中小企業の雇用主にとっては特になじみが薄く届出漏れが散見されます。届出を怠ることで、他の外国人社員の就労ビザの取得や延長などに影響を及ぼすおそれもあるので注意してください。また、ハローワークへの届出は雇用保険への加入の有無によって届出の方法が異なります。

なお、出入国在留管理庁への届出については、入社時・退職時に雇用主が行う届出とは別に外国人（中長期在留者）本人に義務付けられている届出もあります。このような外国人が行う届出に関して、本人が知識を持っていないことによって、意図しない届出義務違反を犯している事案が見られます。本人が行う届出についても雇用主が留意し、違反しないよう外国人社員を指導してください。

※　本設問はQ4−7とも関連しています。併せて確認してください。

　外国籍の社員が入社・退職したときに行う行政機関への届出については、日本人社員に対する取扱いと多少異なるものがあります。主に、出入国在留管理局、ハローワークに対する届出に外国人特有のものがあるので、後掲の**図表4−1**（入社時）、**図表4−2**（退職時）にまとめています。

　記載したそれぞれの届出の様式など詳細は、各行政機関のウェブサイトからダウンロードできます。いくつか記載例も掲載しておきますので、そちらも確認し、外国人社員の入社・退職の際には、行政機関に対する届出を漏れのないように行ってください。

以下、いくつか留意するべきポイントについて解説します。

1 出入国在留管理庁への届出に関する注意点

2012年7月に導入された新しい外国人在留管理制度の下、外国人本人に加え、企業が雇用する外国人に関して行う、出入国管理庁とハローワークに対する手続きの数が著しく増えました。

> ☞ 法務省 出入国在留管理庁「新しい外国人在留管理制度について」(http://www.immi-moj.go.jp/newimmiact_1/)

特に出入国在留管理庁への届出については、雇用主がこの制度に関する届出を怠った場合、現時点（2019年8月）で罰則はありませんが、雇用主が将来、他の外国人を雇用する際に申請する別事案の就労ビザ申請や、すでに雇用している他の外国人社員の就労ビザ更新に対する審査について影響を及ぼす可能性がないとはいえません。

出入国在留管理庁に対する届出は、対象の外国籍が入社または退職したときに「中長期在留者の受入れに関する届出」を最寄りの出入国在留管理局に持参、東京出入国在留管理局の担当窓口に郵送またはインターネットのいずれかの方法で行います（届出様式や郵送先は以下の法務省ウェブサイトでダウンロード）。

> ☞ 法務省 出入国在留管理庁「中長期在留者の受入れに関する届出」(http://www.moj.go.jp/nyuukokukanri/kouhou/nyuukokukanri10_00017.html)

2 ハローワークへの届出に関する注意点

入社・退社にあたり、ハローワークへ届出が必要になるのは日本国籍を有しない外国人であり、在留資格「外交」「公用」「特別永住者（在日韓国・朝鮮人等）」は対象になりません（届出不要）。

届出対象者の雇用を開始し（入社したとき）、また終了したとき（退職したとき）には雇用保険の加入の有無によって、次の届出を行います。

❶ 雇用保険に加入しない・していなかった社員の場合

雇用保険の適用条件を満たさず加入していないパートタイマー（31日以上の雇用見込みがなく、１週間当たりの所定労働時間が20時間以下）や、全日制の大学などに通学する留学生、ワーキングホリデー中のアルバイト社員が該当します。

これらの外国人が入社・退職した場合は、事業所を所轄するハローワークに対して、**外国人雇用状況届出書**を提出します。

❷ 雇用保険に加入する・していた社員の場合

「技術・人文知識・国際業務」など就労系の在留資格を保持して、フルタイムで働く外国人社員がこのケースに該当します。

通常の日本人社員同様、入社時に雇用保険の資格取得届、退職時に資格喪失届を提出することで、会社の届出義務は完了します（各様式は以下の厚生労働省ウェブサイトからダウンロード）。

> ☞ 厚生労働省「外国人雇用状況の届出は、全ての事業主の義務であり、外国人の雇入れの場合はもちろん、離職の際にも必要です！」（https://www.mhlw.go.jp/stf/seisakunitsuite/bunya/koyou_roudou/koyou/gaikokujin/todokede/index.html）

なお、ハローワークに対する届出は義務化されていて、届出を怠ったり、虚偽の届出を行った場合には、30万円以下の罰金の対象となります。

❸ 外国人本人が出入国在留管理庁に行う届出

新しい外国人在留管理制度では、上記の雇用主企業による届出とは別に、外国人（中長期在留者）本人に対しても、住居地変更などの基本的な届出以外に出入国在留管理庁に対しても、以下①〜⑤のような届出を行うことを義務付け

ています。

① 活動機関に関する届出（所属機関に入社したとき／所属機関を退職したとき）

② 契約機関に関する届出（所属機関に入社したとき／所属機関を退職したとき）

③ 活動機関の名称変更・所在地変更・消滅の場合の届出

④ 契約機関の名称変更・所在地変更・消滅の場合の届出

⑤ 配偶者に関する届出（「家族滞在」「日本人の配偶者等」「永住者の配偶者等」が配偶者と離別・死別した場合の届出）

これら外国人本人が行う届出に関しては、雇用主が行うものと異なり、留資格の取消し・強制退去への該当事由など届出を怠った場合の罰則が設けられています。

しかし、外国人本人の中には、このような入国管理に関する知識に乏しく、やらなければならない届出を怠っている場合もあるので、雇用主も本人が行う届出義務を果たしているか常に注意深く見守っていく必要があるでしょう。

4 初めて来日した外国人が行うのは、転入届

在留資格認定証明書によって、海外から招へいされ、初めて来日した中長期在留者が行う届出は、さしあたり、住所を定めたときに住居地の市区町村役場で行う転入届となります。

届出期限は「**新しく住居地を定めた日から14日以内**」とされていますので、入国後できるだけ早く住所を決めて、届出を行うよう雇用主から外国人社員を指導してください。

転入届を行うことによって、入国時に交付された在留カードに住所が裏書されて、その後マイナンバーの付与（通知）が届きます。住所が確定すれば、給与振込に必要な銀行口座の開設などが可能になります。

図表 4 - 1 外国人労働者が入社したときに雇用主が行う届出

※ 在留資格「技能実習」「特定技能」については、**図表 4 - 2**（注）参照。

在留資格	雇用主が行う届出		
届出先	出入国在留管理局	ハローワーク	年金事務所
「経営・管理」	「中長期在留者の受入れに関する届出」を提出〈期限〉受入れ（雇入れ）を開始した日から14日以内	① 雇用主と雇用契約を締結しているまたは締結していなくても明確な「使用従属性*18」があり、雇用保険の被保険者となる場合：「雇用保険被保険者　資格取得届」〈期限〉雇入れ日の属する月の翌月10日まで② 代表取締役など代表権を持つ場合：提出不要	健康保険・厚生年金保険の被保険者となる場合：・「健康保険 厚生年金保険被保険者資格取得届」・「厚生年金保険被保険者アルファベット氏名（変更）届」〈期限〉事実発生（雇入れ）から5日以内※ 社会保障協定により、社会保険に加入しない外国人の場合は不要。
「教授」「高度専門職」「法律・会計業務」「医療」「研究」「教育」「技術・人文知識・国際業務」「企業内転勤」「介護」「興行」「技能」「研修」		① 雇用保険の被保険者となる場合：「雇用保険被保険者　資格取得届」〈期限〉雇入れ日の属する月の翌月10日まで② 雇用保険の被保険者とならない場合：「外国人雇用状況届出書（様式第3号）」を提出〈期限〉雇入れ日の翌月末日まで	
「家族滞在」「日本人の配偶者者等」「永住者」「永住者の配偶者等」「定住者」	—		
「留学」「特定活動」※ 学生の資格外活動※ ワーキングホリデーなど		「外国人雇用状況届出書（様式第3号）」を提出〈期限〉雇入れの翌月末日まで	

---

*18 雇用契約が締結されていなくても、以下の基準に照らして、使用者ではなく労働者に該当する場合は「使用従属性がある」と判断される。
・指揮監督下で労働をしているか（仕事の依頼、業務に従事すべき旨の指示などに諾否の自由があるか）〔自由があれば「使用従属性はない」〕
・業務遂行上の指揮監督の有無〔監督があれば「使用従属性がある」〕
・拘束性の有無〔拘束性があれば「使用従属性がある」〕
・代替性の有無〔代替性があれば「使用従属性がある」〕

図表4-2 外国人労働者が退職したときに雇用主が行う届出

在留資格	雇用主が行う届出		
届出先	出入国在留管理局	ハローワーク	年金事務所
「経営・管理」	「中長期在留者の受入れに関する届出」を提出〈期限〉雇用を終了した（離職した）日から14日以内	① 雇用主と雇用契約を締結しているまたは締結していなくても明確な「使用従属性*18」があり、雇用保険の被保険者である場合：「雇用保険被保険者　資格喪失届」〈期限〉離職日の属する月の翌月10日まで② 代表取締役など代表権を持つ場合：提出不要	健康保険・厚生年金保険の被保険者の場合：・「健康保険 厚生年金保険被保険者資格喪失届」〈期限〉事実発生（退職）から5日以内※ 社会保障協定により、社会保険に加入していない外国人の場合は不要。
「教授」「高度専門職」「法律・会計業務」「医療」「研究」「教育」「技術・人文知識・国際業務」「企業内転勤」「介護」「興行」「技能」「研修」		① 雇用保険の被保険者である場合：「雇用保険被保険者　資格喪失届」〈期限〉離職日の属する月の翌月10日まで② 雇用保険の被保険者ではない場合：「外国人雇用状況届出書（様式第3号)」を提出〈期限〉離職日の翌月末日まで	
「家族滞在」「日本人の配偶者等」「永住者」「永住者の配偶者等」「定住者」	―		
「留学」「特定活動」※ 学生の資格外活動※ ワーキングホリデーなど		「外国人雇用状況届出書（様式第3号)」を提出〈期限〉離職日の翌月末日まで	

（注）　在留資格「技能実習」と「特定技能」の保持者については、労災保険・雇用保険に加入、実習実施機関または受入れ機関が健康保険と厚生年金保険の適用事業所の場合、健康保険と厚生年金保険に加入する（適用事業所ではない場合は国民健康保険と国民年金に加入）。届出は、通常の各保険の資格取得届と資格喪失届を行う。

参考様式2の1（受入れの開始/終了）
Start / End of acceptance

中 長 期 在 留 者 の 受 入 れ に 関 す る 届 出
NOTIFICATION OF ACCEPTANCE OF MID-TO-LONG TERM RESIDENT

① 届出の対象者 Subject of notification

| 氏　　　名
Name | XXXX XXXXX | | | | | | | | | 性別
Sex | 男・女
Male/Female |

| 生 年 月 日
Date of Birth | 1986 年
Year | 12 月
Month | 26 日
Day | 国籍・地域
Nationality/Region | アメリカ合衆国 |

住 居 地　〒XXX-XXXXX
Address in Japan　東京都港区●●1-2-3, ●●ハイツ

在留カード番号　H　E　1　2　3　4　5　6　7　8　9　0
Residence card No.
外国人登録証明書番号　※番号は左詰めで記載してください。
Alien registration certificate No.

② 届出の事由（該当するものを選んでください。） Item of notification (check one of the following boxes)

■ 中長期在留者の受入れの開始　　　　□ 中長期在留者の受入れの終了
Start of acceptance by the organization　　　End of acceptance by the organization
⇩　　　　　　　　　　　　　⇩
Aを記入　　　　　　　　　　Bを記入
to A below.　　　　　　　　　to B below.

A 受入れの開始 Start of acceptance

開 始 年 月 日　2019 年　4 月　1 日
Date of start of acceptance　　Year　　Month　　Day

受け入れた中長期在留者が行う活動の内容　Details of activities at the organization

情報セキュリティエンジニア（コンサルタント）

B 受入れの終了 End of acceptance

終 了 年 月 日　　　　年　　　月　　　日
Date of end of acceptance　　Year　　Month　　Day

③ 届出機関 Notification organization

機 関 の 名 称　ABC株式会社
Name of the organization

機 関 の 所 在 地　〒XXX-XXXXX
Address of the organization　東京都千代田区●●1-2-3, ●●ビル

担 当 者　山田花子 （人事部）　　電話番号　03-XXXX-XXXX
Person in charge　　　　　　　　　Phone No.

届 出 年 月 日　2019 年　4 月　5 日
Date of notification　　Year　　Month　　Day

図表4-4 厚生年金保険被保険者 アルファベット氏名（変更）届の記載例【入社時】（提出先：年金事務所）

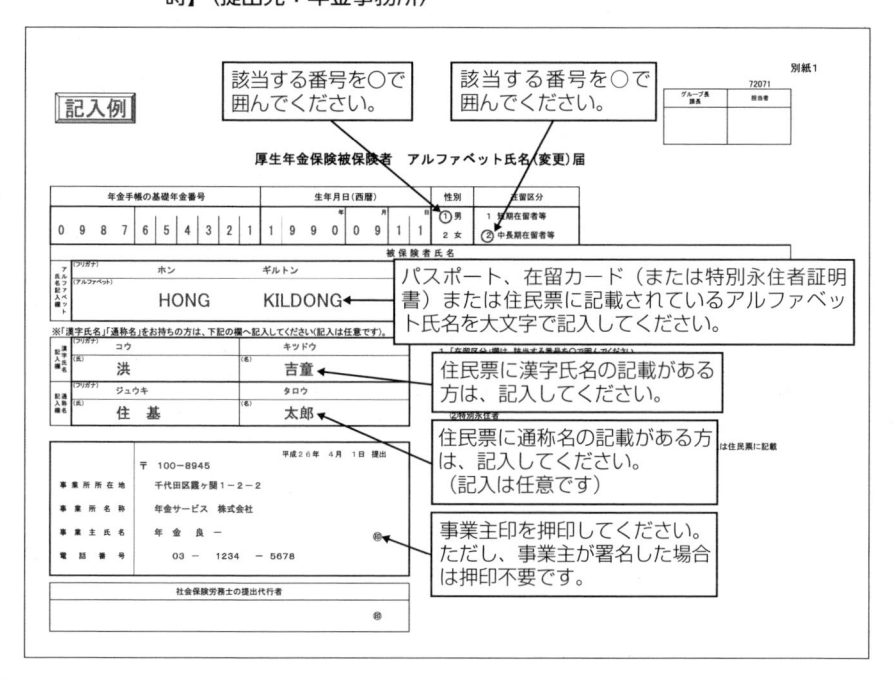

様式第3号（第10条関係）（表面）

雇　　　　　入　　　　　れ
　　　　　　　　　　　　　　　　　に係る外国人雇用状況届出書
離　　　　　　　　職

フリガナ（カタカナ）	スミス		アンドリュー	ピーター
①外国人の氏名（ローマ字）	姓　SMITH		名　ANDREW	ミドルネーム　PETER
②①の者の在留資格	留　学		③①の者の在留期間（期限）（西暦）	2020年　4月　5日　　まで
④①の者の生年月日（西暦）	1997年1月3日		⑤①の者の性別	① 男 ・ 2 女
⑥①の者の国籍・地域	アメリカ合衆国		⑦①の者の資格外活動許可の有無	① 有 ・ 2 無

雇入れ年月日（西暦）	年　　月　　日	離職年月日（西暦）	2019年　3月　31日
	年　　月　　日		年　　月　　日
	年　　月　　日		年　　月　　日

　労働施策の総合的な推進並びに労働者の雇用の安定及び職業生活の充実等に関する法律施行規則第10条第3項の規定により上記のとおり届けます。

　　　　　　　　　　　　　　　　　　　　　　　　　　2019年　　4月　　30日

事業主	事業所の名称、所在地、電話番号等	雇入れ又は離職に係る事業所		雇用保険適用事業所番号 X X X X － X X X X X X － X
		（名称）　ABC株式会社		①の者が主として左記以外の事業所で就労する場合 □
		（所在地）東京都港区●●1-2-3 主たる事務所		TEL　03-XXXX-XXXX
		（名称）		
		（所在地）		TEL
	氏名	代表取締役社長　山田　太郎		印

社会保険労務士記載欄	作成年月日・提出代行者・事務代理者の表示	氏名	印	公共職業安定所長　殿

Q4 ② 外国人社員が増えてきたのですが、外国語版の就業規則または翻訳文の作成は必要でしょうか？　また、作成する場合は、どのような点に気をつければいいのでしょうか？

A

外国語版の就業規則（または翻訳文）は、外国人社員が多い企業や、これから外国人雇用を増やそうと計画している企業にとっては必須です。簡易な労働条件通知書の交付だけでは、日本の労働法規や労働慣行に不慣れな外国人に服務規程など会社のルールを十分に理解してもらうことは難しいのではないでしょうか。

外国人社員と良好な労使関係を築き、継続して勤務してもらうためには、雇入れ時に労働条件通知書と併せて、就業規則の外国語版あるいは翻訳文を交付し、会社のルールをよく理解してもらい、合意を得ておくことが大切です。

1 就業規則の外国語版（翻訳文）の必要性

　労働基準法（第89条）では、「常時10人以上の労働者を使用する使用者は就業規則を作成し、行政官庁に届けなければならない」と規定していますが、「外国人従業員を○○人雇用したら外国語の就業規則（翻訳文）を作成しなければならない」というような規定があるわけではありません。

　また、就業規則は外国人社員に向けたものが別に作成されている場合を除いて、基本的に日本人・外国人に限定されず、全ての社員に適用されるものです。

　ただ、本来は外国人を1人でも雇い入れた場合、その外国人のためにも、また会社のためにも、外国人が理解できる就業規則の翻訳版を作成して本人に交

付することがベストでしょう。

　海外から招へいされて、初めて日本で働く場合は特に、労働慣行や労働法が大きく異なる日本において、社内のルールを外国語である日本語の就業規則だけで100％理解してください、というのは酷な話です。

　あらかじめ外国人自身が理解できる言語に翻訳された就業規則を読んで理解しておくことによって、入社後の就労がスムーズにいくことはもちろん、ルールを知らなかったことによって起こる無用のトラブルを避けることもできるはずです。

　一方、会社側にとっても、たとえば、勤務上のルールである「服務規律」やあらかじめ注意を喚起しておきたい「懲戒規定」などについては特に、日本人社員同様、外国人社員にも周知し理解を得ておく必要があるはずです。

　したがって、「今いる外国人社員にこれからも長く働いてもらいたい」と願う企業はもちろん、今後、優秀な外国人の雇用を増やしていく予定の企業であれば、できるだけ早く外国語版の就業規則を作成するといいのではないでしょうか。

　まずは、以下、就業規則に関する概要を解説した上で、外国語版（翻訳文）作成時の注意点について解説します。

2　就業規則に記載する事項とは

　就業規則に記載しなければいけない項目には、以下のように必ず記載しなければならない①**絶対的必要記載事項**と、会社がその部分について、取り決めているのであれば必ず記載しなければならない②**相対的必要記載事項**とに分かれます（労働基準法第89条）。

---

①　絶対的必要記載事項
- 始業及び終業の時刻
- 休憩時間、休日、休暇
- 労働者を２組以上に分けて交替で就業させる場合においては就業時転換に

関する事項
- 賃金（賞与等の臨時の賃金は除く）の決定、計算及び支払いの方法、賃金の締め切り及び支払いの時期並びに昇給に関する事項
- 退職に関する事項（退職の事由と手続き／解雇の事由）

② **相対的必要記載事項**
- 退職手当の定めをする場合は適用される労働者の範囲、退職手当の決定、計算及び支払いの方法並びに退職手当の支払いの時期に関する事項
- 臨時の賃金等（退職手当を除く）、及び最低賃金額の定めをする場合においては、これに関する事項
- 労働者に食費、作業用品その他の負担をさせる定めをする場合においては、これに関する事項
- 安全及び衛生に関する定めをする場合においては、これに関する事項
- 職業訓練に関する定めをする場合においては、これに関する事項
- 災害補償及び業務外の傷病扶助に関する定めをする場合においては、これに関する事項
- 表彰及び制裁に関する定めをする場合においてはこれに関する事項
- 以上に掲げるもののほか、当該事業場の労働者の全てに適用される定めをする場合においてはこれに関する事項

就業規則には、上記の①（必ず記載する）絶対的必要記載事項と②（その部分について取り決めている場合は記載する）相対的必要記載事項を全て盛り込む必要があります。

3 雇用契約書と就業規則の効力はどちらが優位か

労働者の労働条件は、労働基準法、労働契約法（2008年3月1日施行）によると、以下5点の優先順位によって決定されることになっています。

1. 労働基準法
2. 労働協約（労働組合と使用者間で締結される労働条件その他について文書に

よる協定）

　3．特約のある労働契約

　4．就業規則

　5．特約のない労働契約

　つまり、労働者の労働条件は最初に労働基準法で定められた内容が当てはめられ、労働基準法に定めがない場合、その次に労働協約、特約のある労働契約、就業規則、特約のない一般の労働契約という優先順位によって決定されるということです。

　たとえば、優先順位第4位である就業規則で「残業時間の割増率は1割とする」と定めたとしても、労働基準法（優先順位第1位）で規定されている「残業時間の割増率は2割5分増以上」という労働条件が適用され、その就業規則の該当部分は「自動的に無効」になります（ただし、労働基準法以上の労働条件を定める就業規則や労働契約は、その部分については有効となります）。

　以上のことから、**特約のない一般の雇用契約**の場合、一部、就業規則に明記されている労働条件以下の内容で雇用契約書を作成し、特定の労働者に交付したとしても、その部分に関しては、労働契約の記載内容は自動的に無効とされ、就業規則の内容が優先されて適用されることになります。

　なお、2008年に施行された労働契約法では、**特約のある労働契約**（優先順位第3位）を結んだ場合、逆に労働契約のほうが就業規則に優先して適用されるとしています。

　特約のある労働契約とは、ある一部分の労働条件について、就業規則で定めた以上の労働条件あるいは就業規則の規定とは異なる取扱をすることを明示している（特約条項を含んでいる）労働契約のことです。

4 就業規則の周知方法

　就業規則の作成や変更時には、事業場の労働者の過半数で組織する労働組合があるときには労働組合、労働組合が存在しない場合には、労働者の過半数を代表する者の意見を聴き、作成・変更した就業規則に、意見を聴いた代表者の

意見を記した書面を添付した上で、所轄の労働基準監督署に届出をしなければなりません（労働基準法第90条）。

労働基準監督署に届け出を済ませた就業規則は次の方法により、その職場で働く労働者に周知することになっています（労働基準法施行規則第52条の2）。

- 各事業場の見やすい場所へ掲示するかまたは備え付ける
- 書面として労働者に交付する。
- 磁気テープ、磁気ディスクその他これらに準ずるものに記憶し、かつ各事業場に労働者がこれらの記録を常時確認する機器を設置する。

作成して労働基準監督に届出をした就業規則は、CD などに保存し、それらをいつでも再生できるパソコンを常時労働者に提供すること、またはイントラネットや共有ファイルの閲覧によって、いつでも就業規則のソフトファイルを閲覧できるようにしておかなければなりません。

5 就業規則の外国語版作成と翻訳文の必要性

外国人社員専用に就業規則の外国語版を作成する場合ですが、就業規則に記載しなければいけない記載事項や周知方法については、基本的に日本語の就業規則を作る場合と全く同様です。労働基準法ほか、その他の関連する法律に従って作成してください。

また、厚生労働省が就業規則の英語・中国語・ポルトガル語・ベトナム語のモデル版をウェブサイトで公開しているので、こうしたモデル版を利用することも可能です。

> ☞ 厚生労働省「モデル就業規則について」(https://www.mhlw.go.jp/stf/seisakunitsuite/bunya/koyou_roudou/roudoukijun/zigyonushi/model/index.html)

ただし、すでにお持ちの有効な就業規則を外国人社員に適用し、理解してもらいたいということであれば、やはり彼らの母国語による翻訳文を作成し、配布するのが最も有効でしょう。

または外国人社員の国籍が様々で、個別に翻訳文を作成するのが難しいのであれば、多くの外国人にとっての公用語である、英文翻訳版を各国語版に代えることもできます。

　ちなみに、外国語の翻訳文を作成するときには、外国人社員が日本の労働法規や会社のルールについて問題なく理解できる、わかりやすい正確で平易な表現の翻訳文になるよう心がけてください。

　また、既存の日本語就業規則の翻訳を翻訳会社に依頼する場合は、翻訳者は翻訳のプロではありますが、労働法のプロではありません。

　翻訳会社が翻訳したものを、労働法や会社のルールに詳しい人事・法務担当者が丁寧にチェックをし、齟齬や抜けがないことを十分に確認した上で社員に配布することも重要です。

6　就業規則の代わりになる雇用契約書も有効

　外国人を雇い入れる際には、日本語または外国語による雇用契約書や労働条件通知書のいずれかを交付すると思いますが、それらに記載される限られた労働条件のみ記載した、簡易な雇用契約書のみでは会社のルールについて全てを理解してもらうのは難しいでしょう。

　ですので、自身の労働条件についてあらかじめ十分理解し、気持ち良く働いてもらうこと、また、労使双方ともに後々「言った、聞いていない」などのトラブルを起こさないためにも、外国人の雇入れ時には、雇用契約書と就業規則（雇用契約書で通知できなかった服務規律などの重要事項を補足）の2点セットを交付しておくこともお勧めです。

　または、まだ就業規則を作成していない従業員数10名以下の企業については、さしあたり、就業規則の代わりになるような、密度の濃い雇用契約書を作成して配布することも有効でしょう。

　本書で公開している雇用契約書の記載例（Q2－4・**図表2－3**）は、基本的に就業規則がない企業が交付する前提で作成しています。

　本記載例や、当該設問でも紹介した厚生労働省による、労働条件通知書（8

か国語）のモデル版も参考にして、雇用契約書を作成してください。

外国人社員が、厚生年金の加入を了解してくれません。どのように説得すればいいでしょうか？

A

健康保険・厚生年金保険（社会保険）や労災保険・雇用保険（労災保険）は日本で就労する以上、日本人労働者同様、外国人にも等しく加入する義務があります。掛け捨てになるという理由で厚生年金保険への加入を渋る外国人社員には、脱退一時金制度や社会保障協定に基づく、受給資格期間短縮の取扱いなどを説明して理解を得るしかありません。また、社会保険の加入が、外国人の就労ビザの維持（在留資格変更や在留期間更新）や永住申請の重要な要件の1つになっているということもよく説明してください。

1 脱退一時金や社会保障協定の制度説明を

　筆者も時々、関与先企業の人事担当者から、新たに採用した外国人社員が掛け捨てになることを嫌って厚生年金保険の加入を了解せず、健康保険だけには加入したいと言うので困っているという相談を受けることがあります。

　本書をお読みの読者はご存知のことと思いますが、健康保険と厚生年金保険は2つで1つの社会保険であり、基本的にどちらか一方の保険には入るが一方には入らない、と個人や会社が自由に選択することはできません。

　※　例外として、日本が社会保障協定（Q4-4参照）を結んでいる相手国からの被派遣者で、条件に該当する外国人については、片方の保険のみ加入するが、片方は加入しない（自国の保険制度に加入を続ける）というケースがあります。

　国内の事業主に直接雇用され、日本にある事業所で働く外国人は日本人と同様、各法律で定められている加入条件に当てはまれば、健康保険や厚生年金保

険だけではなく労災保険と雇用保険にも加入することが義務付けられています。

このように、外国人本人や会社の選択で、健康保険や厚生年金保険に加入する・しないを決められるわけではないため、まずは雇用主がその点を本人によく説明し、加入に納得してもらうしかありません。

なお、本人が加入を嫌がっている原因の、保険料が掛け捨てになるという心配については、離日時に請求すれば払った保険料の一部が戻ってくる、**脱退一時金制度**（Q4－13参照）や、後述の年金受給期間の短縮に関する法改正について詳しく説明すると、外国人にも社会保険の加入をスムーズに了解してもらえるのではないかと思います。

2 年金受給資格期間が短縮され、海外勤務経験者は有利になった

2017年8月1日に施行された、「年金受給資格期間短縮法」（年金機能強化法の一部改正）によって、それまで25年とされていた老齢年金の受給資格期間が、10年（120月）に短縮されました。この改正は、日本人以外の外国人の年金加入者も対象となります。

年金の**受給資格期間**とは、以下①〜③のような期間のことをいいます。

① 国民年金の保険料を納めた期間や保険料納付を免除されていた期間

② 被雇用者として、船員保険を含む厚生年金保険や共済年金保険に加入した期間

③ 年金制度に加入していなくても、資格期間に加えることができる期間（＝カラ期間[19]）

上記の受給資格期間が10年に達した場合、以前は（25年だったことによって）受け取ることができなかった老齢基礎年金・老齢厚生年金・退職共済年金を受け取れるようになったことは、日本人にはもちろん、以前日本で暮らし、社会

---

[19] 過去に国民年金に任意加入できる期間であったが、加入していなかった場合などで、年金受取りに必要な「受給資格期間」に含めることはできるが、老齢基礎年金の年金額の計算の対象とならない期間。

保険に加入していた外国人労働者にとっても朗報となりました。

　ただし、年金を受け取る資格を得るために必要な期間が、最短で10年になったということであり、実際に受け取れる年金の額はあくまでも、個人が保険料を納付した額により異なります。ちなみに、保険料を40年納付した人は満額の年金額を受け取れますが、10年納付した人の場合は、およそ満額の４分の１です。

　2017年８月以前は、前述のように「日本の年金を受け取るために必要な受給資格期間」が25年以上必要だったため、日本で就労し、社会保険に加入しても（25年の）期間を満たさずに帰国する外国人は大半が「脱退一時金」を請求、それによって日本の年金請求権を喪失していたのです。

　しかし、法改正以降は、日本の年金制度に10年以上加入した後に帰国する場合や、社会保障協定締結国の外国人で、自国と日本の年金制度で合算した加入期間が通算して10年以上になる場合は、将来、日本の年金を受給できるようになったため、脱退一金の請求を行わずに離日するという選択をすることが出来るようになっています（加入期間の通算は、**対イギリス**、**対韓国**との社会保障協定では上記の期間通算は適用されません）。

● 2017年８月「以前」と「以降」の受給資格期間の取扱い

　以下、社会保障協定締結国出身の外国人が日本の年金受給権を得るために必要な「受給資格期間」の通算に関し、2017年８月以前と以降の具体的な取扱いの違いについて例を挙げておきます。

①　2017年８月以前の受給資格期間の取扱い

　アメリカの年金（最低加入期間は10年）に５年加入＋日本の年金（最低加入期間は25年）に５年加入（両方に合計10年加入）していた場合

　→アメリカの年金は、最低加入期間10年を満たすので受給できる。しかし、日本の年金は最低加入期間25年を満たさず、受給できない（脱退一時金を請求しなかった場合、日本の年金は掛け捨てになっていた）。

アメリカの年金（最低加入期間は10年）に5年加入＋日本の年金（最低加入期間は10年）に5年加入（両方に合計10年加入）

→アメリカの年金も日本の年金も、最低加入期間10年を満たすので、日米両方の年金を受給できる（脱退一時金を請求しない場合は、日本の年金請求権を維持し将来、老齢年金を受給できる）。

以上、社会保険加入について外国人社員の理解を得るためには、脱退一時金制度についてだけではなく、このような受給資格期間の短縮に関する情報も併せて説明すると効果的ではないでしょうか。

3 在留資格変更等には社会保険加入が必要

「在留資格の変更、在留期間の更新許可のガイドライン」（2010年3月再改正・法務省入国管理局）によると、2010年4月以降、外国人労働者が在留資格変更と在留期間更新申請を行う際、出入国在留管理局の窓口において、健康保険証を提示することが義務付けられました。

これによって、事実上、外国人労働者の就労ビザの変更や更新の審査基準の1つとして、社会保険に加入していることが加えられることになりました。

ガイドラインでは、健康保険・厚生年金・国民健康保険・国民年金に加入していない企業・労働者が、在留資格の変更・在留期間の更新時、健康保険証を提示できない場合、そのことだけをもって申請を不許可にすることはしないと明示しています。

しかし、明らかに社会保険（企業の健康保険・厚生年金）の強制適用事業所や、国民健康保険・国民年金の加入対象者でありながら、特別な事情がなく、不法に社会保険に加入していない雇用主・外国人本人が、変更や更新申請を行った場合、社会保険未加入を理由の1つとして申請が不許可になる可能性がないとはいえません。

また、外国人が将来、「永住者」への在留資格変更を希望している場合は、許可要件の1つに、「納税義務等公的義務を履行していること」があり、外国

人個人の過去の納税証明書や課税証明書を提出しなければなりません。それらには、社会保険料の納付履歴も記載されますので、社会保険料を滞納している事案であれば、「永住者」への在留資格変更が許可されることはないでしょう。

　このように、社会保険制度への加入は、日本に在留する外国人にとって、最も大切な就労ビザを維持するためにも必要不可欠であることを、本人によく説明してください。

Q4 4 海外の子会社から派遣されてくる外国人派遣者の社会保障協定のしくみと手続きについて教えてください。

A

社会保障協定とは、日本から海外、海外から日本に行き来して働く労働者のために、社会保険の二重加入を防ぐこと、将来の老齢年金受給に必要な年金加入期間の通算を目的として、日本と外国間で締結されている協定のことです。

日本の企業が、海外の親会社や子会社などの関連会社から派遣されてくる社会保障協定の対象外国人を受け入れる場合、当初から予定している派遣期間が5年を超えないと見込まれる場合、日本の社会保障制度への加入が免除されるしくみになっています。

1 社会保障協定とは

　日本から海外、あるいは海外から日本へ行ったり来たりして働く場合、短期間でも相手の国の、健康保険や厚生年金保険などの社会保険に加入しなければならないのか、相手国の保険に加入する場合、自分の国で入っている社会保険の保険料を二重に払わなければいけないのか、また、将来、老齢年金を受給するときに、複数国の年金制度における、必要な加入期間（受給資格期間／Q4－3参照）をどう満たすのか、といった難しい問題が発生します。

　社会保障協定とは、こういった問題を解決するために、日本と海外諸国との間で取り交わされた協定のことです。

　社会保障協定の制度では、協定を結んでいる海外の国から派遣されてくる外国人の派遣期間が当初の予定で**5年を超えない見込み**の場合は、派遣期間中、日本の社会保障制度に加入しなくてもいい（加入を免除する）ことになってい

ます。これによって、短期間の海外勤務に伴う社会保険料の二重負担を避けることができるわけです。

また、相手国との間で、受給資格期間の通算ができる内容の社会保障協定を結んでいる場合は、両国間の年金制度の加入期間を通算することができ、通算した期間が、それぞれの国の制度で年金を受給するために最低必要とされる期間以上であれば、それぞれの国の制度の加入期間に応じた年金がそれぞれの国の制度から受けられることになります（Q4−3**2**参照）。

なお、上記の、相手国の社会保障への加入を免除される場合の外国人とは、社会保障協定を締結している国の出身者で、海外の親・子会社などから赴任してくる転勤者が該当します（自営業者も同様の制度がありますが、本書では触れません）。

社会保障協定締結国出身の外国人であっても、日本で直接採用する場合は赴任者とは異なり、最初から日本の社会保険制度に加入するため、二重加入免除の対象者とはなりません。

2 社会保障協定の対象者と締結状況

社会保障協定（二重加入免除）の対象者（海外からの転勤者）を雇用する場合、外国人の出身国によって、厚生年金保険・健康保険・雇用保険・労災保険のいずれを自社（日本）の被保険者として保険に加入させるのか、またはさせないのか変わってきます。

なぜなら、現在日本が社会保障協定を締結している国は、**図表4−6**のとおり、ドイツ・イギリスをはじめ20か国（ほか発効準備中が2か国／2019年7月現在）ですが、これらの国々と締結している社会保障協定の内容は、

- ・年金については社会保障協定を結んでいるが、健康保険については結んでいない
- ・年金についても健康保険についても社会保障協定を結んでいる
- ・年金・健康保険・労災保険・雇用保険も社会保障協定を結んでいる

というように、相手国によって個別の締結内容が様々に異なるからです。

図表 4 − 6 社会保障協定国における発効状況（2019年 7 月現在）

協定相手国	状況	受給資格期間（Q 4 − 3）の通算ができるか	二重加入防止の対象となる社会保障	
			日本	相手国
ドイツ	発効済み	○	公的年金制度	公的年金制度
イギリス	発効済み	×	公的年金制度	公的年金制度
韓国	発効済み	×	公的年金制度	公的年金制度
アメリカ	発効済み	○	公的年金・医療保険制度	社会保障（公的年金）公的医療保険（メディケア）
ベルギー	発効済み	○	公的年金・医療保険制度	公的年金・医療保険・労災保険制度
フランス	発効済み	○	公的年金・医療保険制度	公的年金・医療保険・労災保険制度
カナダ	発効済み	○	公的年金制度	公的年金制度 ※ ケベック州年金制度は除く
オーストラリア	発効済み	○	公的年金制度	退職年金保障制度
オランダ	発効済み	○	公的年金・医療保険制度	公的年金・医療保険・雇用保険制度
チェコ	発効済み	○	公的年金・医療保険制度	公的年金・医療保険・雇用保険制度
スペイン	発効済み	○	公的年金制度	公的年金制度
アイルランド	発効済み	○	公的年金制度	公的年金制度
ブラジル	発効済み	○	公的年金制度	公的年金制度
スイス	発効済み	○	公的年金・医療保険制度	公的年金・医療保険・雇用保険制度
ハンガリー	発効済み	○	公的年金・医療保険制度	公的年金・医療保険・雇用保険制度
インド	発効済み	○	公的年金制度	公的年金制度
ルクセンブルク	発効済み	○	公的年金・医療保険制度	公的年金・医療保険・労災保険・雇用保険制度
フィリピン	発効済み	○	公的年金制度	公的年金制度
イタリア	発効準備中	−	公的年金・雇用保険制度	公的年金・雇用保険制度
スロバキア	2019年 7 月発効済み	○	公的年金制度	公的年金・疾病保険・補償保険制度リザーブファンド・公的労災・雇用保険制度
中国	2019年 9 月発効済み	−	公的年金制度	公的年金制度
スウェーデン	発効準備中	○	公的年金制度	公的年金制度

したがって、転勤者の出身国によって、たとえば、健康保険については日本で加入させるが、厚生年金は出身国の保険に入り続けるため、日本では加入しない（派遣時に見込まれる日本での滞在期間によって決定）場合や、厚生年金と雇用保険は、日本では加入しないが健康保険は加入するというような様々なケースが発生するのです。

3 外国人転勤者の取扱い

　社会保障協定の締結相手国出身で、その国の社会保障制度に加入している外国人が転勤などによって来日し、日本で就労する場合、日本の制度に加入するか、それとも自国の社会保障制度に加入し続けるかどうかは以下の判断基準によって決まります。

①　自国の社会保障に加入継続・日本の制度には加入しない

　日本へ派遣されるときに見込まれる派遣（赴任）期間が、当初から5年以内と見込まれる場合がこれにあたります。

②　自国の社会保障ではなく、日本の制度に加入する

　日本へ派遣されるときに見込まれる派遣（赴任）期間が、当初から5年を超えると見込まれる場合は、日本の社会保障制度に加入することになります。

4 外国人を日本の社会保険の適用から外す場合

　転勤者の赴任期間の見込みが5年以内の場合は、日本の健康保険や厚生年金保険などの適用から外すことができます。

　この適用除外の適用を受けるためには、外国人本人が日本に赴任する前に、自国の年金担当窓口（実施機関）で、協定相手国の社会保障制度に加入していることを証明する**適用証明書**を入手し、持参の上来日します。そして、日本の赴任勤務先に適用証明書を提出、勤務先を通じて、日本の年金事務所に届け出ることによって、日本の社会保障への加入が免除されます。

　以上のような流れで、対象者は日本の社会保険適用が免除されます。

なお、社会保険保障協定制度があることを知らずに、協定締結国からの派遣者を受け入れ、長期間、自国と日本で社会保険に重複して加入し、保険料の二重払いをしていたような場合、少なくとも日本の社会保障制度の下では、保険料の払い戻しを受ける権利の消滅時効は2年間なので、2年間分しか遡って払い戻し請求をすることができません。

　したがって、初めて社会保障協定の対象となる外国人を受け入れる場合は、手続きに不備がないよう、あらかじめ所轄の年金事務所で詳しい説明を受けておくといいでしょう。

Q4 5 外国人社員が、母国にいる母親を健康保険の扶養家族にしてほしいと希望しています。どのような手続きをすればいいのか教えてください。

A

健康保険では、被扶養者として認定されれば、海外に在住している外国人親族でも海外療養費や出産一時金などの給付が受けられます（ただし健康保険法の改正により廃止予定／2020年4月施行予定）。

被扶養者として認定されるためには、被保険者である外国人との関係によって、被保険者と同居が必要か不要かなど要件が異なります。また、被保険者が被扶養者の生計を維持していることも必要であり、海外在住者の場合は、認定要件を満たしていることを証明する立証書類の収集や翻訳文の準備に手間がかかる場合が多いので、認定を申請する場合は、所轄の年金事務所の担当窓口とあらかじめよく相談して、申請作業を進めてください。

※ 本設問で解説する健康保険とは、旧政府管掌、現在は移管先である協会けんぽが運営する健康保険のことを指します。各健康保険組合が管掌する健康保険の場合は、被扶養者の認定要件などが異なる場合がありますので注意してください。

1 海外の親族に対する被扶養者認定要件

　日本の健康保険は、被保険者（会社員本人）の国籍にかかわらず、本人が扶養する一定の親族に対しても被扶養者として健康保険を適用し、様々な給付を提供しています。

　したがって、被保険者が扶養する親族が海外にいる外国人であっても、健康保険法で定められている、被扶養者の条件に該当し、年金事務所に認定されれ

ば、被保険者の健康保険に加入することができます（2019年7月現在／ただし健康保険法の改正により、この取扱いは2020年4月以降廃止予定）。

　では、健康保険法で、被扶養者として認められる親族とはどのような親族かというと、被保険者（外国人本人）が、その親族の生計を維持している（**生計維持要件**）という前提で、次の2パターンに分けて考えます。

①　被保険者（外国人本人）と同居していない親族の場合（海外に在住している親族を含む）

②　被保険者（外国人本人）と同居している親族の場合

【①本人と同居していなくても健康保険に加入できる親族】

- ・（本人の）配偶者
- ・（本人の実）子
- ・（本人の実）父母
- ・（本人の実）祖父母
- ・（本人の実）兄姉弟妹
- ・（本人の実）曾祖父母
- ・（本人の実）孫

【生計維持要件の判断基準】

　被扶養者（親族）本人の年間収入が130万円未満（認定対象者が60歳以上、またはおおむね障害厚生年金を受けられる程度の障害者の場合は180万円未満）であって、かつ、被保険者本人からの援助による収入額より少ない場合

【②本人と同居している場合は、健康保険に加入できる親族】

- ・3親等内の親族

［例］伯父、伯母、叔父、叔母、甥、姪、配偶者及び内縁の配偶者の連れ子、配偶者の父母や兄弟姉妹など

【生計維持要件の判断基準】

　被扶養者（親族）本人の年間収入が130万円未満（認定対象者が60歳以上、ま

たはおおむね障害厚生年金を受けられる程度の障害者の場合は180万円未満）で
あって、かつ、被保険者の年間収入の2分の1未満である場合

　なお、上記に該当しない場合であっても、被扶養者（親族）本人の年間収入
が130万円未満（認定対象者が60歳以上、またはおおむね障害厚生年金を受けら
れる程度の障害者の場合は180万円未満）であって、かつ、被保険者の年間収入
を上回らない場合には、その世帯の生計の状況を果たしていると認められると
きは、被扶養者となる場合がある。

　上記の要件を確認し、母国の親族が認定要件に当てはまるようであれば、被
扶養者として日本で健康保険に加入させることができます。

　本設問の場合は、①の同居していない実母ということですので、実母が生計
維持要件である、自身の収入について公的な証明書を提出することができれば、
被扶養者として認定される可能性が高いでしょう（ただし、2020年4月以降この
取扱いは廃止の予定）。

2　被扶養者認定のために提出する証明書類

　被扶養者認定を申請する親族が日本人または日本に在留している外国人であ
れば、戸籍謄（抄）本や住民票の写しなどによって被保険者本人との関係を証
明できますが、海外在住の外国人の親族との関係を証明する場合は、中国であ
れば戸口簿や結婚公証書など、欧米諸国の出身者であれば地元行政機関が発行
する結婚証明書や出生証明書などに加えて、パスポートの写しなどの提出が必
要になるでしょう。

　また、生計維持を証明する書類としては、一般的には被保険者本人が海外の
親族に送金を行っている記録として、海外送金記録、通帳のコピーなどを提出
します。

　外国語で記載されている各種証明書類に関しては、基本的に全て日本語訳文
の提出が必要になるはずです。

　いずれにしても、認定に必要な提出書類は、手続きを行う年金事務所によっ

て要求される内容が異なる場合があるため、あらかじめ年金事務所の担当窓口でよく相談してください。

3 被扶養者に給付される主な健康保険給付

1 海外療養費

海外療養費制度とは、被保険者本人や日本在住及び海外にいる被扶養者が、海外の医療機関で治療を受け、支払った医療費（高額療養費含む）を日本の健康保険から給付してもらうことができる制度です。

ただし、海外の被扶養家族が、海外で日本の健康保険証を提示して医療を受けることはできません。

いったん自費で全額医療費を立て替えてから、現地の担当医師に記入してもらった診療内容証明書や領収書を、日本にいる被保険者に送り、被保険者本人が日本国内の医療機関等で同じ傷病を治療した場合にかかる医療費を基準に計算した額から、本人（被扶養者）負担分を差し引いた額を日本円で払い戻してもらうシステムになっています。

なお、海外で受けた治療内容が、日本の健康保険法で保険給付の対象として認められている治療内容と合致しない場合は、給付を受けること（払い戻しを受けること）はできません。

海外療養費の診療内容証明書の記載書式（日英）や、海外療養費支給申請書の書式は協会けんぽのウェブサイトからダウンロードできます。

> ☞ 協会けんぽ「海外で急な病気にかかって治療を受けたとき」(https://www.kyoukaikenpo.or.jp/g 3 /cat310/sb3120/r138)

2 出産育児一時金

海外にいる被保険者の配偶者が出産した場合、出産育児一時金として一律、1児につき42万円が健康保険から支給されます（産科医療補償制度に加入してい

ない医療機関等で出産した場合は40万4千円／多胎児を出産したときには胎児数×42万円)。

海外で出産した場合は、被保険者が出産を証明する証明書（日本語訳文添付）ほか支給申請書などを提出します。必要な提出書類は以下のウェブサイトで確認し、不明な点は協会けんぽの窓口で確認してください。

☞ 協会けんぽ「子供が生まれたとき」(https://www.kyoukaikenpo.or.jp/g3/cat315/sb3080/r145)

4 海外在住の被扶養親族の保険給付は廃止？

2019年2月、現行の海外在住の被扶養親族に対する、健康保険給付の廃止を目的とした、健康保険法の改正案が閣議決定されました。

改正案は、2020年4月に施行を予定していて、上記の海外療養費など被扶養者として健康保険から給付を受けられる扶養家族が、「日本国内の居住者に限る」となるようです（留学などで一時的に海外に在住している扶養親族は除く）。

2019年7月現在、法改正の詳細はまだ発表されていませんが、政府の外国人労働者の受入れ拡大に伴って、従来の日本に生活の拠点がなくても給付を受けられる、外国人家族に関する現行制度が厳格化されるようです。

ちなみに、現在、厚生年金など被用者年金の加入者（国民年金第2号被保険者）の被扶養配偶者（国民年金第3号被保険者）は保険料の負担をせずに将来、老齢年金などを受け取ることができますが、これについても、第3号被保険者については日本国内の居住を加入要件とする、国民年金法の改正も併せて施行されるようです（現在、第3号被保険者には国内居住の必要はない）。

Q4 6
外国人社員に借り上げ社宅を提供したいと思います。家賃の控除やその他、社宅使用上の注意点など、日本人に対する取扱いと異なる点がありますか？

A

外国人社員に借り上げ社宅を提供するときには、税法・社会保険各法に加えて、就労ビザ維持の観点からも適法な給与計算処理を行う必要があります。また、社宅提供時には社員にゴミ出しの方法など生活上のルールを十分説明した上で、「社宅使用にかかる保証書」に署名してもらうなどの対応も必要です。

　日本で暮らす外国人にとって、個人の力で賃貸住宅を探し、賃貸契約を結んだ上で入居するということは、たとえ日本語が堪能であったとしても難しいのではないでしょうか。

　また、民間住宅を借りる場合は、日本人も同様ですが通常連帯保証人を求められるため、来日間もない外国人にとっては、事実上、自力で住居を探して入居することは不可能です。

　したがって、外国人を雇用している企業の多くは、会社が借り上げた民間住宅（社宅）を用意し提供しています。比較的大きな企業であれば、寮（労働基準法上の寄宿舎に該当するもの）や会社所有の住宅を完備しているところもあります。

　本設問では、最も多いと思われる、会社が民間住宅を借り上げて外国人社員に提供している事案について解説します。

1 外国人居住が可能な民間住宅の探し方

　在留外国人が増加している現在の日本では一昔前の、「外国人お断り」と堂々

と告知している不動産業者は徐々に減ってきているようです。

　逆に、特に都市圏では「外国人専用」を謳い、多言語対応で在留外国人を専門に扱う不動産業者の増加が目立ちます。

　企業が外国人社員のために借り上げる民間住宅を探す場合は、そのような不動産業者のサポートを受けるのもいいですし、以下のような国土交通省の外郭団体が提供している住宅検索サイトを利用するのも有効です。

　検索時、該当条件として「外国人可」の住宅を検索することができます。

　また、外国人入居者向けに多言語で作成された、（部屋探しのための）ガイドブックも公開していて、部屋探しから賃貸契約の結び方、入居後のゴミの出し方まで、至れり尽くせりの説明が掲載されています。

☞ セーフティネット住宅情報検索システム（https://www.safetynet-jutaku.jp/guest/index.php）

☞ 国土交通省「外国人の民間賃貸住宅への円滑な入居について・多言語ガイドブック 」（http://www.mlit.go.jp/jutakukentiku/house/jutakukentiku_house_tk3_000017.html）

---

2 従業員に借り上げ社宅を提供するときの注意点

❶ 「社宅使用にかかる保証書」を作成、署名をもらっておく

　海外から初来日する外国人や、新卒採用者に借り上げ社宅を提供する場合は難しいかもしれませんが、日本に在留歴が長い転職者の場合は、できるだけ社宅使用に伴う保証人をつけてもらうようにした方がいいでしょう。

　保証人をつけてもらうことによって、たとえば、入居していた社員が退職した後、家賃負担分を支払わずに退去したり、退職した社員が退去せずに社宅に住み続けるなどのトラブルが起こった場合、保証人に対して滞納した家賃負担分を請求し、または退去を拒否する社員を説得してもらうことが可能になります。

その他、予想される様々な社宅に関わるトラブルを防ぐためにも、入社時に立てる身元保証人（身元保証書）とは別に、社宅入居に係る保証人（保証書）を立てておくのがいいでしょう。

　もちろん、社宅入居に関わる保証人が入社時の身元保証人と同一人でも問題ありません。

　ただ、上記のように、海外から招へいし、初めて来日する外国人社員や留学生の新卒採用者については、日本国内に保証人になってくれるような知人がいないことがほとんどです。

　その場合は、身元保証人を立ててもらうことはできないので、少なくとも、後述の「生活上の注意・退去時の注意事項等に関する確認書」を作成し、外国人社員の署名をとっておきましょう。

❷ 確認書を取り交わし、入居社員の署名をとっておく

　日本の生活に不慣れな外国人の場合は特に、ゴミ出しなどの生活上の基本的なルールや生活知識が不足していることが多く、本人にその意図がなくても入居先で何らかのトラブルを起こしてしまうことがあります。

　ですので、借り上げ社宅への入居にあたっては、まず、会社が基本的な社宅利用ルールを十分説明するとともに、その上で、本人が必要な注意を怠って、会社に損害を与えるようなトラブルを起こした場合は、それに対する損害賠償や原状回復義務（室内を汚してしまった、キズつけてしまったときなど、元の状態に戻すこと）を明記した確認書を取り交わし、入居社員の署名を取っておくことが必要です。

　退去後に連絡が必要になることも想定して、退去後の連絡先も忘れずに記載してもらってください。

　なお、ゴミの出し方など、生活上の注意点の説明に関しては、前述で紹介した、国土交通省が公開しているガイドブックや、その他、在留外国人数が多い市区町村などが多言語で紹介している、日本の生活情報などを利用するといいでしょう。

☞ 新宿区「外国語による提供」(http://www.foreign.city.shinjuku.lg.jp/jp/benri/benri_4/)

3 家賃の控除についての注意点

　会社が借り上げ住宅の家賃を支払う場合、一般的な給与計算においては、会社が支払う家賃の1割〜2割を社員の経済的利益として、給与に加えて支給するか、または、家賃として給与から控除するか、いずれかによって、所得税法上の処理していることが多いようです（海外からの派遣者でグロスアップ計算を行う場合は除く）。

　いずれの方法で行うかは、給与規程など個々の会社の規程に従います。

　また、社会保険で、保険料負担の対象となる「現物給与」については、従業員から畳1畳あたりの現物給与の価格以上を徴収していれば、報酬として算入されない、現物給与の額は、都道府県単位の時価によって厚生労働大臣が定めるとされています（居住スペースに応じて計算）。

　なお、外国人社員に対する社宅費用の取扱いに関する注意点に、以下のようなものがあります。

　外国人を雇用する企業でも、給与計算業務に慣れていない小規模の飲食店などの事業所に散見されるのが、雇用している外国人社員を自社の借り上げ社宅や会社が所有している住宅に住まわせ、家賃はもちろん光熱費なども全額会社持ち、それら費用を差し引いた額を純粋に給与として支給している事案です（事業主自身も外国人で、起業に伴い母国から親族などを招へいして雇用しているケースなど）。

　たとえば、総支給額は25万円と規定し、その中から家賃5万円、光熱費などの経費3万円の計8万円は会社が負担して支払い、残り17万円を単純に給与として外国人社員に支払っているような場合ですが、こうした取扱いは、税法上

また労働・社会保険法上、大きな問題があるだけではなく、外国人社員の次回の在留期間更新許可申請（就労ビザの更新）という点からも、大きなデメリットとなります。

　就労ビザは、問題がなければ、回数の制限なく期間の更新をすることができますが、申請の際には、前年度分の課税証明書や納税証明書の提出が必要です。これらの証明書には当然、会社からいくらの給与を受け所得を得、いくら納税したかが明確に記載されます。

　したがって、証明書に記載された額が上記で説明したような、社宅費や生活費を除いて支給した単純な手取り額だけであると、更新にかかる審査を行う出入国在留管理庁は、雇用主が社員に不当に低い給与しか支払っていないと判断し、許可基準を下回ったとして、不許可処分を下す可能性があります。

　以上、外国人社員の社宅をはじめとする費用負担に関しては、税務や社会保険の問題だけではなく、就労ビザの維持という面からのリスクにも留意して、適法な処理を行ってください。

　不明な点があれば、給与計算に関しては顧問税理士や社会保険労務士、就労ビザに関しては行政書士などの専門家に適宜相談してください。

Q4 7 在留資格「経営・管理」である外国人の代表取締役、留学生、ワーキングホリデー中のアルバイトに関する労働保険と社会保険の適用について教えてください。

A

労災・雇用保険（労働保険）と健康・厚生年金保険（社会保険）は、日本人労働者と等しく外国人労働者にも適用されます。各保険の強制定期用事業所において、被雇用者として働く、就労系の19種類の在留資格、「永住者」「日本人の配偶者等」などの身分に基づく在留資格の保持者は、要件に該当すれば被保険者として、各保険に加入しなければいけません。

なお、「経営・管理」「留学」「特定活動（ワーキングホリデー）」の保持者の場合、各保険の適用除外（被保険者として加入しない／できない）とされる場合があります。ただし、この例外に関する根拠は、外国人であることが理由ではなく、日本人にも同等に適用される各保険の個別の加入要件に基づくものです。

　労働基準法をはじめとする、最低賃金法、労災保険法、雇用保険法、健康保険法、厚生年金保険法などの労働者に関する様々な法律は、日本人と同様、外国人労働者に対しても全て同等に適用されます。

　したがって、給与や労働保険、社会保険の適用などの雇用管理についても、基本的には日本人社員と同様の処遇をすれば問題ありません。

　本設問では、保険ごとに法律上、定められている（強制的に）加入しなければいけない事業所と、また、保険に加入させなければならない労働者（外国人含む）の要件、加えて、特に注意しておきたい、在留資格「経営・管理」（法人の代表者や役員）と「留学」、また、ワーキングホリデーなどで在留している「特定活動」の在留資格の保持者について解説します。

なお、外国人社員に関する各保険の手続きについて触れている、Ｑ４－１についても、本設問の開設と併せて確認してください。

1 労災保険の適用除外は

次ページ**図表４－７**のとおり、「経営・管理」の保持者で代表取締役など事業主・役員・使用者に該当する外国人は労災保険の被保険者となることはできません。ただし、労災保険の**特別加入制度**を利用して加入することは可能です。

なお、労災保険の適用事業所は、たとえ雇用している外国人が不法就労者であったとしても、労災保険を適用しなければならないとされています。

たとえば、肉体労働などの日雇いで１日だけのアルバイト労働者として雇用した外国人が不幸にも負傷し、労災事故に遭ってしまったような場合、その外国人が不法就労者だということを知っていたか、知らなかったにかかわらず、事業主は労災保険を適用して彼らを救済する義務があります。

なお、不法就労者とは、不法入国者や不法残留者（オーバーステイ）も含め、資格外活動許可を得ずに就労している外国人や自身が保持している在留資格の範囲外で働いている、資格外活動の外国人も含みます。

2 雇用保険の適用除外は

雇用保険の被保険者とならない「適用除外者」は、在留資格「経営・管理」「留学」「特定活動」の在留資格を持つ外国人です。

「留学」と「特定活動」の保持者の場合、**図表４－７**の、被保険者となる要件（31日以上の雇用見込みがあり、１週間あたりの所定労働時間が20時間以上の労働者）を満たしていても、雇用保険には加入しません。

ただし「経営・管理」の保持者については、原則は適用除外ですが、使用人兼役員のような、雇用主と雇用契約を締結している、または締結していなくても明確な使用従属性がある場合は、雇用保険の被保険者になることがあります。個別の事案については所轄のハローワークに相談してください。

図表 4 − 7 労働保険・社会保険の強制適用事業所と被保険者

	強制適用事業所 (必ず加入しなければならない事業所)	被保険者となる者 (必ず加入しなければならない者)
	任意適用事業所 (強制適用ではない事業所)	適用除外者となる者 (被保険者にならない者)
労災保険	労働者を1名でも雇用する事業所	パートタイム・日雇・アルバイトを含む全ての外国人労働者(不法就労者も含まれる) ※ 「留学」「特定活動」(ワーキングホリデー)保持者も加入。
	−	「経営・管理」の保持者で代表取締役など事業主・役員・使用者に該当する外国人 ※ ただし、「特別加入」制度を利用して加入することが可能。
雇用保険	労働者を1名でも雇用する事業所	31日以上の雇用見込みがあり、1週間あたりの所定労働時間が20時間以上の労働者
	個人経営の農林水産業で、雇用している労働者が常時5人未満の場合は任意適用。	・上記以外の者 ※ 「留学」「特定活動」(ワーキングホリデー)保持者は労働期間・雇用期間の見込にかかわらず加入しない。
健康保険・厚生年金保険	① 全ての法人事業所 ※ 代表者1名の事業所含む。 ② 常時従業員が5人以上の個人事業所 ※ 一部の業種(飲食業、理容業などは除く)	① 1週間の所定労働時間及び1か月の所定労働日数が同じ事業所で同様の業務に従事している正社員の4分の3以上 ② 所定労働時間が正社員の4分の3未満であるが以下の条件を全て満たす者 ・1週の所定労働時間が20時間以上・勤務期間が1年以上見込まれること ・月額賃金が8万8千円以上 ・学生以外・従業員501人以上の企業に勤務していること ※ 「留学」「特定活動」(ワーキングホリデー)保持者が上記①を満たす場合は加入する。
	上記以外の事業所 ただし、厚生労働大臣の認可を受けて任意適用事業所になることができる。	上記①、②以外の者

3 健康保険・厚生年金保険の適用除外は

　健康保険と厚生年金保険の被保険者となる要件は、**図表4－7**のとおりです。

　表中①の要件に該当する場合（週間の所定労働時間及び1か月の所定労働日数が同じ事業所で同様の業務に従事している正社員の4分の3以上）は、「留学」「特定活動」の保持者であっても健康保険と厚生年金保険に加入します（②の所定労働時間が正社員の4分の3未満である場合は、全日制に通学する学生であることによって、加入要件を満たさず両保険に加入しません）。

　なお、外国人が代表取締役などで「経営・管理」をもって、強制適用事業所（法人）で、常勤する場合、従業員数にかかわらず（外国人代表者1名であっても）、健康・厚生年金保険の被保険者となります。

在留資格「日本人の配偶者等」で就労して
いる外国人社員が、配偶者と離婚したそう
です。このまま雇用を継続することは可能
でしょうか？

A

身分に基づく在留資格「永住者」「永住者の配偶者等」「日本人の配偶者等」
「定住者」及び「家族滞在」の在留資格を持つ社員については、個人が有
する状況（婚姻関係など）に変化がないか、在留期間が問題なく更新され
ているかどうか、事業主は常に確認を怠らず、雇用管理を行っていく必要が
あります。いつの間にか配偶者と離婚や死別をして、社員が在留資格の該
当性を失っているにもかかわらず、雇用し続けていた場合など、雇用主にも
不法就労助長の処分が課される可能性があるからです。

在留資格の該当性、在留期間の更新許可の確認を

　Ｑ２−２②で解説したとおり、「永住者」「永住者の配偶者等」「日本人の配
偶者等」「定住者」という、外国人の身分に基づく４つの在留資格の保持者には、
就労する業種や職種・就労時間などの制限が一切ありません。

　ただし、「永住者」を除く他の３種類の在留資格には、在留期限があります（５
年・３年・１年または６月／定住者の場合は左記に加えて "５年を超えない期間で法
務大臣が個々に指定する期間"）。

　したがって、これらの在留資格、また「家族滞在」の在留資格を持って就労
している社員については、常に在留期間の更新が問題なく行えているかどうか
確認しておく必要があります。

　雇用主が在留カードの確認を怠って、万が一、在留資格の該当性を失い、結
果的に不法就労となった外国人を長期間継続して雇用していたような場合、雇

用主は、不法就労助長罪の処分を受ける可能性があります。

　たとえば、「日本人の配偶者等」の在留資格を保持していた外国人社員は、日本人の配偶者と離婚または死別した場合、本人がそれまで持っていた「日本人の配偶者等」のまま、日本に住み続けることはできません。

　引き続き日本で暮らし、それまでの仕事も続けていきたいのであれば、日本人の配偶者と離婚・死別してから、まず、14日以内に出入国在留管理庁に対して「配偶者に関する届出」によって、その事実を申告し、その上で（基本的に在留資格取消しの対象となる3か月以内に）、自身の仕事内容に応じた就労系の在留資格か、あるいは「定住者」への在留変更許可申請をしなければなりません。ちなみに、この配偶者との離婚・死別に関する届出と在留資格変更申請の義務については「永住者の配偶者等」「家族滞在」保持者も同様です。

　在留資格変更が許可されれば、雇用主は引き続き、その外国人の雇用を継続できますが、万一、許可されなかった場合は残念ながら退職してもらうしかありません。

　このように、個人の状況の変化によって、就労資格に影響がある「日本人の配偶者等」「永住者の配偶者等」「定住者」（在留資格取消対象となった「永住者」も含む）及び「家族滞在」の社員に対しても、雇用主は常に注意を払っておく必要があります。

　具体的には、該当社員の在留期間の更新（ビザの延長）時期を把握して、更新の都度、新しい在留カードを提示してもらい、コピーを取っておくようにしましょう。

　なお、「永住者」の場合、ビザの延長手続きはありませんが、在留カードは7年に1回、新しい在留カードに更新されることになっています。「永住者」の場合も、在留カードのコピーを更新の都度もらっておくといいでしょう。

☞ 法務省「配偶者に関する届出」（http://www.moj.go.jp/nyuukokukanri/kouhou/nyuukokukanri10_00016.html）

Q4 9 外国人社員の職務変更を検討しています。変更する職務に制限はありますか？

A

「技術・人文知識・国際業務」など（専門的、技術的分野）の在留資格を保持する外国人社員の職務変更は、新しく従事させる業務内容が、同じく専門的、技術的分野の在留資格のいずれかの在留資格に応じた業務であることを確認し、次に、対象者が現在保持している在留資格のまま新しい業務を行うことができるのか、できない場合は、在留資格変更を行う要件を対象者が満たしているのかを確認した上で検討してください。入管法の要件を満たさない職務変更は、資格外活動違反となる可能性があります。

1 外国人の職務変更や配置転換をするときの注意点

　就労系の在留資格19種類のいずれかを保持する外国人は、その在留資格で従事することが可能な職務範囲においてのみ、就労が許されています。

　したがって、保持している在留資格で許可されていない職務を行うと、入管法上、資格外活動という不法就労になります。

　たとえば、「教育」という在留資格で、高校の英語教師として就労している外国人が、週末に民間の英会話スクールで講師として、定期的・継続的にアルバイト勤務をして報酬を得るような場合も、資格外活動として違法行為にあたります。なぜなら、民間の語学学校で講師として就労活動を行う場合に該当する在留資格は「技術・人文知識・国際業務」であり、外国人が本来保持している「教育」とは別の在留資格の活動になるからです。

　ただし、この場合は、外国人本人が出入国在留管理局に対し「資格外活動許可」を申請し、許可がされれば、アルバイトで語学スクール講師を行うことが

できる場合もあります。

　また、以上のような資格外活動という不法就労行為につながるのは、外国人が会社外で副業を行う事例の他に、企業がすでに雇用している外国人の職務変更（配置転換）を行おうとする場面でも起こりえます。

　雇用主は、外国人が保持している在留資格に応じた職務内容でのみ、業務を行わせることができますが、在留資格に該当しない職務を行わせることはできません。

　したがって、外国人社員の配置転換に伴って、従事する職務内容を従前と異なる内容に変更した場合、新しく従事する職務内容が、保持している在留資格では従事できない職務内容であれば、在留資格変更を行う必要があります。

　または、そもそも、新しく従事する職務内容が単純作業業務のような、19種類の在留資格の該当性を満たさない職務内容の場合は、変更する在留資格が存在しないため、その配置転換は行えません。

　また、新しく従事する業務に該当する在留資格が存在しても、対象社員の学歴や職歴などの条件（上陸許可基準）によっては、在留資格変更の要件を満たさず、変更が認められないというケースもあります。そのような事案でも当然、外国人の配置転換はできません。

　以上のように、外国人社員の職務変更については、すでに在留資格を持っているからといって、日本人社員と同様、自由にどのような部署・職務に変更できるわけではありません。

　雇用主や外国人が、こうした入管法の知識を持っていないことによって、当事者の本意ではないものの、結果的に不法就労行為を犯してしまうということにもなりかねません。そうしたリスクを避けるためにも、外国人本人はもちろんですが、雇用する会社も入管法の基本的な知識はしっかりと身につけておきたいものです。

　次ページ**図表４−８**の概要図で、外国人社員の職務変更が入管法の条件を満たすかどうか検討してください。

図表4－8 外国人社員の職務変更を行う場合の検討事項

① 新しく従事する職務内容が、就労系の在留資格（「技能実習」を除く）の いずれかで行う活動に該当するか（在留資格該当性の確認）

該当する

↓

新しく従事する活動が本人がすでに 持っている在留資格で行えるか

↓

行える　→　職務変更は可能

[例] システムエンジニアとして勤務し ていた外国人を開発中のシステム に関する技術営業職に職務変更す る場合（在留資格「技術・人文知 識・国際業務」の範囲内）

該当しない　→　職務変更は不可能

[例] 新しく従事する活動が日本人客 のみに対応する接客業務やレジ 打ち等の単純作業である場合

行えない　　（②へ）

[例] 「技術・人文知識・国際業務」で 被雇用者として勤務していた外 国人を取締役に登記して事業の 経営・管理活動を行わせる場合 （新しく従事する職務内容は「経 営・管理」に該当）

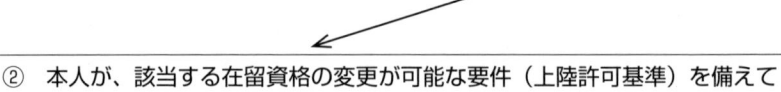

② 本人が、該当する在留資格の変更が可能な要件（上陸許可基準）を備えて いるか

備えている　→　職務変更は可能

※　在留資格変更申請を行った上で 許可を得た後に職務変更可

備えていない　→　職務変更は不可能

[例] 「経営・管理」の上陸許可基準の 要件、3年以上の事業の管理経 験を満たしていないなど

2 最終学歴が専門士の職務変更には特に注意が必要

　Q3-7で、専門士（国内の専門学校卒業者）については、卒業後の留学ビザから就労ビザへの在留資格変更に際して、従事することができる活動内容（分野と職種）が厳格に限定されていることを解説しました。それに加えて、従事する職務内容と、専門学校で専攻した科目が、大学卒業者に比べて、相当程度に関連していることが在留資格変更の必要条件とされています（**図表3-9**参照）。

　この専攻科目と職種の関連性に関しては、入社後の配置転換に際しても同様に配慮しなければいけません。

　したがって、専門士の職務変更は、転換後の職務内容が、専門士が従事できる職務であること、対象者に、職務に直結した学歴や職歴があることの両方を満たしているか、大学卒業者以上に配慮し、その職務変更が資格外活動とならないように注意して行います。

　なお、これまでも述べてきたとおり、「永住者」「日本人の配偶者等」「永住者の配偶者等」「定住者」の在留資格を持つ社員の職務変更は、こうした職種や学歴・職歴の配慮は必要ありません。

Q4 ⑩ 退職する外国人社員に、退職証明書の交付を求められました。次回のビザ更新にも必要だそうです。どのような形式の退職証明書を発行すればいいのか教えてください。

A

労働基準法の規定により、社員が退職時に請求した場合は、日本人・外国人にかかわらず雇用主は退職証明書を発行しなければなりません。退職証明書に記載する事項については、本人が除外を希望する項目は記載することができません。ただし、外国人社員に退職証明書を発行する場合は、退職後の就労ビザの維持、また日本以外の海外へ転職するケースも考えて、日本語と英語両方で、退職日や試用期間・職務内容などを記載しておくと有効です。本人にその旨を説明し、了解を得た上で適切な退職証明書を発行してください。

1 退職証明書の記載事項

労働基準法（第22条）の規定により、雇用主は、退職の際に社員が請求するときには日本人・外国人にかかわらず、退職証明書を交付しなければなりません（英語圏の労働者は、"Release Letter" と呼んでいることが多いようです）。

この規定に反し、退職証明書を発行しない企業に対しては、罰金（30万円）という罰則も規定されています。退職証明書には、以下5点について記載することになっています。

- ・使用期間
- ・業務の種類
- ・その事業における地位
- ・賃金

・退職の事由（解雇の場合は、その理由を含む）

　ただし、上記であっても、社員が請求しない事項や秘密の記号を記入してはいけません。たとえば、退職する社員が、「賃金については記載しないでください、残りの項目のみを記載して発行してください」と請求した場合には、賃金についての記載を除外した、退職証明書を発行します。

　退職証明書は、通常の自己都合退職の場合は退職日以降、本人が請求してから遅滞なく発行することとされていますが、解雇の場合は、退職の事由のみを記載した「解雇理由証明書」であれば、退職前の発行も可能となります。

2　外国人社員に発行する退職証明書の留意点

①　必ず日本語・英語併記で作成する

　退職後の外国人は、将来日本を去り、母国または母国以外の外国で働くことが多いようです。

　その場合、退職証明書は、海外の転職先に提出したり、海外の就労ビザ申請に必要になることもあります。そのような場合を考えると、日本語だけの転職証明書では役に立たず、後々再発行を要請されることになります。

　したがって、外国人社員にはできるだけ、日本語と英語の両方で作成したものを交付してください。社員にとっても雇用主にとっても再発行の手間を省くことになります。

　また、退職証明書には、作成（発行）責任者の職種・氏名と連絡先も必ず明記してください。

　出入国在留管理局や、転職先企業の担当者が在籍確認のために連絡してくる場合があるので、必ず連絡がとれるコンタクト先を記載しておく必要があります。

　後掲の**図表４－９**で、外国人社員に発行する退職証明書（日英文併記）の記載例を掲載しているので参考にしてください。

②　職種・入社日・退職日については、本人より（除外の）希望があっても、了解を得た上でできるだけ記載する

　外国人社員は退職後、転職で次の職場に移る場合や、自ら日本国内で起業する場合なども含め、自身の就労ビザを引き続き維持するために、就労資格証明書交付申請や在留期間更新申請など、出入国在留管理局において、必要な手続きを行う必要があります。

　そのときに、彼らは出入国在留管理局に対して、自分がいつからいつまで、どこでどんな活動（どの会社で何の仕事）をしていたのかを証明しなければなりません。

　その際に必要となるのが、この退職証明書で、特に重要なものが、以下の項目です。

　・職種

　・入社日

　・退職日

　したがって、以上3点については、社員本人が「記載しないで」と希望した場合も、将来、就労ビザの手続きに必ず必要になる項目であることを説明した上で了解を得た上で記載、発行してください。

Certificate for Termination of Employment
退職証明書

March 31, 2019
2019年3月31日

To: Mr. Mark SMITH
スミス・マーク殿

I hereby certify that the below statement about your termination of employment is true and correct.
貴殿の退職について、以下の事項を証明します。

Date of Resignation: March 31, 2019
退職年月日： 2019年3月31日

Duration of Employment: April 1, 2014 ～ March 31, 2019
使用期間： 2014年4月1日～2019年3月31日

Job description: System Engineer（Software development for search engine tools）
業務の種類： システムエンジニア（検索エンジンツールのソフトウェア開発）

Position: Section Manager
事業における地位： 部門マネージャー職

Salary: Basic Salary ￥400,000 Commutation allowance ￥10,000（Paid on March 25, 2019）
賃金 基本給 400,000円、通勤手当 10,000円（2019年3月25日支給）

Reasons for Termination: ① Resignation for personal reasons
退職の事由： ① 自己都合による退職

2. Resignation at suggestion of company

2. 退職勧奨による退職

3. Mandatory retirement

3. 定年による退職

4. Termination by expiration of predetermined period of employment

4. 契約期間の満了による退職

5. Dismissed (due to attached reason)

5. 解雇（理由は別紙記載のとおり）

6. Others (Reasons _____)

6. その他（具体的には _____ ）

*Circle the appropriate number.／*丸で囲む。

Q4 ⑪ 能力不足を理由に、試用期間中または本採用後に外国人社員を解雇したいと思っています。解雇の手順や必要な手続きなど、注意点があれば教えてください。

A

社員を解雇するときには、普通解雇・整理解雇・懲戒解雇のいずれであっても、労働法規のルールにのっとった適正な方法・手続きをふまえて行うことが、後々の労使トラブルを起こさない秘訣です。解雇に関するルールは日本人・外国人社員同等に適用されるものですが、海外から招へいして雇い入れた外国人については、帰国時のサポートなど、日本人に対するものと多少異なる配慮が必要になる場面もあるでしょう。

1 解雇のルール

　解雇とは、雇用主が社員との雇用契約を一方的に打ち切る行為であるため、日本人・外国人社員の別なく、日本の労働法規では厳しい制限がかけられています。

　まずは、解雇に関する概要とルールを確認しておきます。

1 解雇の3類型

　解雇は、その理由によって、次の3種類の類型に分けられています。

① 普通解雇

　従業員に関し、雇用契約の継続が困難な事情があるときに行う解雇で、後掲の②整理解雇と③懲戒解雇以外の解雇を指します。

　解雇理由として、以下のようなものが挙げられます。

・勤務成績が著しく悪く、指導を行っても改善の見込みがないとき

- 健康上の理由で、長期にわたり職場復帰が見込めないとき
- 著しく協調性に欠けるため業務に支障を生じさせ、改善の見込みがないとき

② **整理解雇**

会社の経営悪化により、人員整理を行う必要があるときに行う解雇であり、次の4点のいずれも満たすことが必要です。
- 整理解雇することに客観的な必要があること
- 解雇を回避するために最大限の努力を行ったこと
- 解雇の対象となる人選の基準、運用が合理的に行われていること
- 労使間で十分に協議を行ったこと

③ **懲戒解雇**

従業員が極めて悪質な規律違反や非行を行ったときに懲戒処分として行う解雇です。懲戒解雇となる理由を、就業規則や雇用契約書に具体的に明示しておくことが必要です。

❷ 解雇が認められるための要件

上記3類型の解雇について、解雇の正当性が認められるためには、以下2点の条件が必要です。
① あらかじめ就業規則と労働条件通知書に、解雇の事由となる項目を明示しておくこと
② 解雇理由が、①で明示した要件に合致すること

また、①と②を満たした上で、後述の解雇予告や解雇予告手当の支払いをはじめとする、解雇に伴う適法な手続きを踏むことが求められています。

❸ 雇用主による解雇権の濫用による解雇は無効

雇用主による解雇権の濫用に歯止めをかけるため、労働契約法（第16条）は、解雇となる理由について、就業規則や労働契約書に明示されていたとしても、その理由が、「客観的に合理的な理由を欠き、社会通念上相当であると認めら

れない場合は、その権利を濫用したものとして、無効とする」と定めています。

たとえば、「体調が悪く、連絡できないまま無断欠勤をした」というような、やむを得ない理由があった場合や、単に「商品を壊した」「服装がだらしない」といった、ささいな理由だけで解雇することはできないということです。

④ 法律上、認められない解雇理由

労働法令によって、以下は、正当な解雇理由として認められず、もしこのような理由で解雇してもその解雇は無効とされます。

- 労働者の国籍・信条・社会的身分を理由としたもの
- 労働者が事業場の法違反を労働基準監督署に申告したことを理由としたもの
- 労働者が結婚・妊娠・出産したことを理由としたもの
- 育児・介護休養、子の看護休暇を申請・取得したことを理由としたもの
- 労働者が労働組合の組合員であること、組合に加入しようとしたことを理由としたもの
- 労働者が個別労働関係紛争の援助を求めたことを理由としたもの

⑤ 解雇に必要な法律上の手続き

解雇を行う雇用主が社員に対して行わなければならない法律上の手続きは、主に次の2点です。

① 解雇予告または解雇予告手当を支払う

雇用主が社員を解雇する場合は、少なくとも30日前までに、その予告をする必要があります。

解雇予告は、基本的に解雇通知書などの書面を社員に交付して行います（口頭でも可能です）。

解雇予告が、解雇しようとする日の30日前を切った場合は、解雇予告をした上で、30日に不足する日数分の解雇手当（平均賃金／過去3か月間における1日あたりの賃金）を支払わなければなりません。即日解雇する場合は、解雇予告

と同時に30日分の解雇予告手当を支払います。

② 解雇理由の証明書の交付

Q4-10でも解説しましたが、解雇される社員が請求した場合は、解雇予告日から解雇日までの間に、解雇理由の証明書を交付しなければなりません。

なお、この解雇理由の証明書はQ4-10の退職証明書と異なり、記載する項目は解雇理由だけです。退職証明書は退職日以降、別途交付してください。

❻ 解雇予告（と解雇予告手当の支払い）が不要な労働者

以下の労働者は、前項の解雇予告（と解雇予告手当の支払い）を行うことなく解雇することができるとされています。

① 試用期間中の者（ただし、14日を超えて引き続き雇用されることになったときは必要）

② 4か月以内の季節労働者（ただし、4か月を超えて引き続き雇用されることになったときは必要）

③ 契約期間が2か月以内の者（ただし、2か月を超えて引き続き雇用されることになったときは必要）

④ 日雇労働者（ただし、1か月を超えて引き続き雇用されることになったときは必要）

❼ 解雇できない期間

労働者が以下の状況にあるとき、解雇することはできないとされています。

① 労働者が業務上の病気や怪我で、療養のために休業している期間とその後30日間（労働基準法第81条による打切補償を支払った場合は除く）

② 女性労働者が産前（6週間／多胎妊娠は14週間）、産後（8週間）で休業しているとき

以上、解雇について、概要やルールを理解した上で、設問の、外国人社員の能力不足による解雇（❶①の普通解雇に該当）について、試用期間中または本

採用後に分けて考えてみましょう。

2 試用期間中の解雇と本採用後の解雇の違い

　まず、試用期間とは、雇用主が社員の能力や適性に関して、本採用が可能かどうかを見極める期間のことですが一般的に、多くの会社が3〜6か月程度の期間に限定して、制度を導入しています。

　試用期間中の解雇は、これまでの裁判例や慣習では本採用後の解雇に比べて、法律的にはその正当性が認められやすいといわれています。

　つまり、試用期間中に解雇された社員によって、解雇の正当性を争う裁判を起こされた場合、会社が主張する解雇理由の正当性が、本採用後の社員の解雇時に比べて、裁判で多少認められやすいということです。

　しかし、いくら試用期間中の社員だからといって、上記の権利濫用による解雇無効の規定のとおり、客観的に誰もが納得できるような理由もなく、安易に解雇できるというわけではありません。その上で、どうしても、やむを得ない理由によって解雇する（本採用を行わない）ということであれば、解雇にあたり、以下の点を十分注意してください。

❶ 外国人社員の試用期間中の解雇に関する大原則

　社員の採用に際して、試用期間を適用するか適用しないか、また、解雇するときの必要な手続きについても、日本人・外国人にかかわらず、同等の対応をしなければいけません。

　たとえば、外国人であることを理由に、試用期間を他の日本人社員に比べて不当に長くする、また解雇後の解雇手当の支払いを行わないなどの差別をすることはできません。

❷ 試用期間という制度について、社員の理解を深めておく

　前述❶の「❷解雇が認められるための要件」に記載したように、解雇の正当性が認められるための要件の1つに、「あらかじめ就業規則と労働条件通知書

に、解雇の事由となる項目を明示しておくこと」というものがあります。

　そもそも、試用期間という制度そのものを知らない外国人が多いことを前提に、雇用契約書などで、試用期間・解雇理由を含めた労働条件について、雇用主が本人に対して、よく説明し了解を得ておくことが後々起こりうる労使トラブルを防止するために大切だといえます。

　試用期間については、特に次の３点を十分に説明してください。

① 　試用期間／Trial Period があること
② 　試用期間の期間、その間の待遇（社会保険や労働保険、賃金など）
③ 　試用期間中、満了後の解雇がありうること、解雇する場合はその理由（職務怠慢、能力の著しい不足など）

❸ 解雇する外国人社員の帰国手配

　これは、試用期間中あるいは本採用後の解雇のいずれにも該当することですが、特に、在留資格認定証明書によって海外から招へいされた社員を、入社間もない試用期間中に解雇する場合で、本人が解雇後、日本国内の他社において再就職を希望せず、即時帰国希望するときには、会社は社員に対して速やかに、帰国手配のサポートを行ってください。

　この帰国手配のサポートに関して、雇用主には何ら法律上の義務はありません（ただし、入社に伴い、住所を変更した労働者が入社時に明示された労働条件が実際と異なっていたことを理由に退職し、14日以内に帰郷する場合、雇用主には引越し費用と帰郷旅費に対して負担義務がある／労働基準法第15条第３項）。

　とは言っても、雇用主自身が採用を決定し、就労ビザのスポンサーとなって日本に呼び寄せた人材であり、外国人本人も本国の勤務先を退職し、覚悟を決めて、はるばる遠い我が国に来てくれています。

　できれば、解雇を回避する努力を最大限に行っていただいた上で、それでも、やむをえない理由によって、短期間で解雇しなければいけない場合は、帰国費用の補助や帰国便の手配など雇用主として、誠意のある対応が望まれます。

3 試用期間満了後（本採用後）の解雇

　本採用後の解雇についても、前述の労働法規のルールを守った上で適法な方法で行わなければなりません。ただ、雇用主が行った解雇が適法で正当性があるのかどうかという判断は、労使間で紛争が起き、裁判になったとき、裁判所が下すことになります。

　懲戒解雇や、能力不足による普通解雇、またリストラなどの退職勧奨による事実上の解雇も含め、解雇という処分は、失職する社員にはもちろん、雇用主にとっても、やり方を間違えれば、訴訟を起こされ、雇用主の正当性を争わなければならなくなる、大きなリスクをはらんだ、慎重に行うべき最終手段だといえるでしょう。

外国人社員に対して、会社都合の退職勧奨を行い、自発的に退職してもらうことになりました。退職する社員のために必要な手続きはどのようなものがありますか？

A

本人の能力不足や業績不振などにより、会社から退職を勧め、社員が応じて自らの判断で退職をする場合や、会社が公募した退職支援プログラムなどに社員が応募して退職する場合（いわゆるリストラ）は、一般的な自己都合退職ではなく、退職勧奨による退職という取扱いになります。

退職勧奨による退職に関しては、退職合意書を作成し、解雇ではないことの確認を得た上で退職金の上積みや再就職支援プログラムを提供するなど、将来の労使トラブルを防ぐ対策を立てておきましょう。

また、勤務先の急激な業績悪化や倒産などによって失業した外国人労働者の場合、就労ビザの救済措置がとられる場合がありますので、そのような事案では必ず所轄の出入国在留管理局に相談してください。

1 退職勧奨による退職手続きの留意点

1 退職合意書を作成し、署名・保管をしておく

　将来発生するかもしれない、退職理由や退職条件に伴う労使紛争を防ぐために「退職合意書」を作成し、その退職が解雇ではなく、本人が退職勧奨に応じた円満な退職であること、その他退職時に支払う退職金や条件を明示し、本人によく説明した上で署名させ、労使双方１通ずつ保管しておきます。

退職勧奨が多い、外資系企業や大手企業では、退職勧奨に応じる社員に対して、再就職支援プログラムとして、退職金の上積や再就職支援会社による支援プログラムなどを提供するケースが多いようです。

退職金上積金の額については、会社の資力や規模によって様々ですが、一般的な外資系企業の場合、3か月程度から長くて2年程度の月収及び年収額を上積み分として支払っています。

退職勧奨による退職の場合、雇用保険の失業給付について、自己都合退職に比べ、給付期間や給付開始時期に関してメリットがあります。

退職が会社都合であることによって、失業給付（失業保険）の給付期間が長くなり（給付額が自己都合退職の場合よりも多くなる）、実際の給付が開始する時期も、自己都合退職の「3か月間後」に比べ、退職勧奨による退職の場合は「1週間後」となるのです（いずれの場合も7日の待機期間あり）。

退職勧奨による退職者が、このメリットを受けるためには、会社が作成する離職証明書（離職票）において、離職理由を「事業主からの働きかけによるもの／希望退職の募集または退職勧奨（理由を記載)」と申告しておかなければなりません（離職理由は、一覧から選択して申告する形式）。

以上、離職証明書の作成時に会社が申告する退職理由によって、退職する社員の失業給付の額や開始時期に大きな影響があるので、注意して手続きを行ってください。

2 解雇・退職勧奨・雇い止めで失職した場合の救済措置

2008年の金融危機を機に、出入国在留管理庁は、外国人労働者の失業に対応

するため、就労系の在留資格を保持して就労している外国人が、勤務先の急激な業績悪化や倒産によって失業（退職勧奨や解雇）したとき、または、自宅待機を命じられたときの措置として、2009年に以下のような概要を発表し、2019年現在も引き続き運用されています。

失業後、求職活動を引き続き行っていれば、現在持っている就労ビザ（在留資格と在留期間）は有効で在留資格取消しの対象になることなく、現行の在留期間の満了日まで、日本に在留することができます。

また、現在の在留期間が満了するまでの失業期間中について、「退職勧奨による退職」または「解雇」であることを証明する、前雇用主が発行した退職証明書を出入国在留管理庁に提出し、資格外活動許可を得ることによって、週28時間以内の稼動時間に限ってアルバイトをすることができます。

なお、在留期間が満了した後も、新しい仕事が見つからない場合で、継続して求職活動を行っていれば、出入国在留管理庁に申請して、短期滞在（90日）の在留資格を取得できる可能性があります。この、短期滞在で在留している期間中も資格外活動の許可は有効で、制限時間内でアルバイトをすることができます。

なお、このとき、失業者に「家族滞在」を保持している被扶養家族がいる場合は、家族についても「短期滞在」に在留資格変更申請が必要となります。

ただし、この特例措置については雇用している会社の倒産や業績悪化に伴う、やむを得ない人員削減によって行われた解雇や退職勧奨・雇い止めに遭った外国人が対象とされています。

それ以外の自己都合退職はもちろん、外国人本人の能力不足・勤務成績や態度を理由とした普通解雇やリストラによる退職勧奨・有期雇用契約の雇止めによる失業者の場合、基本的に、上述のような措置（資格外活動許可の付与等）が認められる可能性はありません。

以上、失業した外国人が、当該特例措置の対象になるかどうかは、所轄の出入国在留管理局に相談してください。

外国人社員が帰国することになったため、厚生年金の脱退一時金の申請を希望しています。雇用主としてサポートしなければいけないことを教えてください。

A

脱退一時金は、日本の年金制度（国民年金・厚生年金・共済組合）に6か月以上加入して帰国する外国人に対して、払い込んだ保険料の額に応じて一定額を払い戻す制度です。英語では、Lump-sum Withdrawal Payment といい、保険料の掛け捨て防止を目的に作られた制度です。

脱退一時金は、日本出国後、外国人本人が請求手続きを行わなければいけませんが、出国前の転出届や、申請可能期間（請求の時効）など、雇用主が事前に情報を提供しておく必要があります。

　以下に、脱退一時金を受け取る条件・脱退一時金の計算式や手続きの流れについて記載します。詳細は、日本年金機構のウェブサイトも併せてご覧ください。

1 脱退一時金を受け取ることができる外国人の条件

　脱退一時金を受け取るためには以下①～④全ての要件を満たしている必要があります。

① 日本国籍を持っていないこと

② 国民年金の第1号被保険者としての保険料納付済期間の月数と、保険料4分の1免除期間の月数の4分の3に相当する月数、保険料半額免除期間の月数の2分の1に相当する月数及び保険料4分の3免除期間の月数の4分の1に相当する月数とを合算した月数または厚生年金保険の被保険者期間の月数が6か月以上あること

③ 日本に住所がないこと

　※ 再入国許可・みなし再入国許可を受けて出国する場合は、転出届の提出を したとき

④ 障害年金などの年金を受ける権利を持っていないこと

2 脱退一時金の受給金額

　脱退一時金の受給金額は、国民年金と厚生年金の加入期間によって計算式が 異なります。

❶ 国民年金の受給金額

　国民年金の被保険者期間の受給金額については、以下の日本年金機構ウェ ブサイトから、国民年金の受給金額一覧表にアクセスし、外国人が国民年金に 加入していた時期及び加入期間に応じて、支給金額を確認します。

> ☞ 日本年金機構「短期在留外国人の脱退一時金」（https://www.nenkin.go.jp/ service/jukyu/sonota-kyufu/dattai-ichiji/20150406.html）

❷ 厚生年金被保険者の受給金額の計算式

　厚生年金の被保険者期間の受給金額については、後掲の**図表4−10**で、おお よその支給金額を計算することができます。

3 脱退一時金の請求に必要な書類

① 脱退一時金請求書（国民年金・厚生年金同じものを使用）

② パスポートの写し（氏名、生年月日、国籍、署名、在留資格が確認できるペー ジ）

③ 日本国内に住所を有しなくなったことを確認できる書類（住民票の写し など）（注）

④　国民年金手帳またはその他基礎年金番号が確認できる書類

⑤　「銀行名」「支店名」「支店の所在地」「口座番号」及び「請求者本人の口座名義」であることが確認できる書類（銀行が発行した証明書等または①の請求書中の「銀行の口座証明印」の欄に銀行の証明を受けて提出する）

（注）③については、請求する外国人が帰国前に住所地の市区町村に転出届を提出した場合、住民票の消除情報によって、請求者が請求時点で、日本国内に住所を有しないことを確認できるため、不要。

4　脱退一時金請求手続きの流れ

脱退一時金請求時の手続きの流れはおおむね、以下のとおりです。

(1)　脱退一時金は、国民年金の場合、支給時に所得税が控除されませんが、厚生年金の脱退一時金の場合、あらかじめ所得税（20.42％／2019年4月現在）を源泉徴収された額が支払われます。

この所得税控除は後に、帰国した外国人が住んでいた住所地の税務署に申告することで還付を受けることができます。

したがって、源泉徴収控除額の還付を受けたい外国人は、帰国前に住所地を管轄する税務署に「納税管理人の届出書」を提出し、自身の帰国後に還付手続きを代理してもらう納税管理人（日本に住所を有する日本人・外国人／他に条件・資格はなし）を決めておきます。

※　「納税管理人の届出書」を提出せずに帰国した場合は、所得税の還付申告時に納税管理人の届出書を同時に提出することもできます。

(2)　帰国した外国人が「**3**脱退一時金の請求に必要な書類」①の脱退一時金裁定請求書を記載し、振込希望の銀行の証明書、または①の「銀行証明欄」にスタンプをもらい、年金手帳などの証明書を添付して、日本年金機構・外国業務グループに郵送します。

〈脱退一時金請求書・郵送先〉
・日本年金機構 外国業務グループ（〒168-8505 東京都杉並区高井戸西3-5-24）

(3)　（2）で書面を受け取った日本年金機構が、提出書類を確認し、振込希望の本人自国の銀行口座へ振込。実際に本人の口座に振り込まれるまでは書類を郵送・提出後数か月かかります。

※　ドルやユーロ以外の基軸通貨以外の通貨での振込みについては制限がある場合があります。

(4)　日本年金機構から郵送で外国人本人に、脱退一時金決定通知書が送付されます。

厚生年金保険の場合は、支払われた脱退一時金から所得税が控除されているので、この決定通知書を①で本人が帰国前に日本の住所を管轄する税務署に届け出た、納税管理人に郵送し、納税管理人が本人に代わって税務署で還付申告を行います。

5 （社員に説明しておきたい）脱退一時金の請求期限

脱退一時金は、国民年金・厚生年金・共済組合の被保険者資格を喪失し、「日本に住所を有しなくなった日」から2年以内に請求しなければ、時効によって請求する権利を失います。

まず、請求に必要な前提条件は、日本を出国するときに、住所地の市区町村役場において、国外に住所を移す旨を申告し、**転出届**を提出することです。

この転出届をしていない場合、出国後、すぐに脱退一時金を請求することはできません。

これをふまえて、転出届をしている場合と、転出届をしていない場合の請求期間は以下のようになります。

❶ 転出届をして出国した場合の請求期間

出国前に、住所地の市区町村役場において、国外に住所を移す旨を申告して「転出届」を提出し、「再入国許可[20]」または「みなし再入国許可[21]」を受けて日本を出国する場合、「日本に住所を有しなくなった日」は、転出日の翌日（国民年金の資格喪失日）となり、その日から2年間が脱退一時金の請求可能期間

となります。

❷ 転出届をせずに出国した場合の請求期間

　出国前に「転出届」を提出せず、「再入国許可」または「みなし再入国許可」を受けて日本を出国する場合、原則、上記再入国許可の有効期間が経過する日までは、国民年金の被保険者とされるため、脱退一時金の請求はできません。

　なお、最終的に「再入国許可」または「みなし再入国許可」の有効期限日までに再入国しなかった場合、有効期限日が経過した日が、国民年金の被保険者資格の喪失日とされるため、その日から2年間が脱退一時金の請求可能期間となります。

❻ （社員に説明しておきたい）脱退一時金の請求期限

　Q4-3でも述べましたが、2017年8月1日に施行された「年金受給資格期間短縮法」（年金機能強化法の一部改正）によって、それまで25年とされていた、日本の老齢年金の受給資格期間が10年（120月）に短縮されました。

　この改正は、日本人以外の外国人の年金加入者も当然対象となります。これによって、日本の老齢年金について、受給資格期間が10年に達した場合、以前は（25年だったことによって）、受け取ることができなかった、老齢基礎年金・老齢厚生年金・退職共済年金を受け取れるようになっています。

　したがって、以前は老齢年金の受給資格を得ることはできないと、しかたなく脱退一時金を選択して帰国していた外国人にとって、今後は自身の加入期間によっては、脱退一時金ではなく、将来、日本の老齢年金を受け取る方が有利

---

*20　有効なパスポート及び在留カードを所持する外国人が、一時的に日本を出国するとき、現行の在留資格の活動を継続する目的で再入国を希望するときに受けておく許可。再入国許可には1回限り・数次の再入国許可があり、最大期限は5年。ただし、現在保持している在留資格の下の在留期間の残り期間が許可期間となる。

*21　有効なパスポート及び在留カードを所持する外国人が、日本出国時に出国後1年以内に、日本での活動を継続するために再入国する場合、原則として*20の再入国許可手続きを不要とする、みなし再入国許可（制度）。みなし再入国許可によって出国した外国人が、日本に戻ることなく海外で1年を経過した場合、現行の在留資格と在留期間は失効する。

になるケースも増えてくると思います。

　退職者には、以上のような重要な法改正がされていることも併せて説明し、脱退一時金あるいは将来の日本の年金受給か、本人が有利な方を選択できるようにサポートしてください。

7 脱退一時金制度の説明

　以上、退職して、帰国または海外に出国する予定で、近い将来、日本に戻らない外国人社員に対しては、これまで述べてきたような、脱退一時金制度についてよく説明した上で、脱退一時金請求書の入手方法なども伝えておきましょう。

　2019年4月現在、脱退一時金の請求書（兼制度の説明書）は、上述した日本年金機構のウェブサイトにおいて、十数か国語版が公開されています。

　このような説明書を利用し、脱退一時金請求に必要な、帰国前に行う転出届また請求可能期間などを特に念入りに説明し、事前に本人の理解を得ておけば、後々の請求漏れによるトラブルが防げるでしょう。

厚生年金保険被保険者の受給金額　　　　　　　　　　　**English**

外国籍の方が、日本国内に住所を有しなくなった後に脱退一時金を請求することができます。
脱退一時金は厚生年金保険の保険料を6か月以上支払い、年金等の受給権が発生していない方が対象になります。
最後に国民年金の被保険者の資格を喪失したとき（日本国内に住所を有しなくなった日）から2年以内に請求してください。

受給金額

脱退一時金は、被保険者期間に応じて、以下のとおり計算されます。この給付は、課税の対象となります。（2ページ目参照）

◇ 計算式

脱退一時金額＝平均標準報酬額***×支給率*（厚生年金保険の被保険者期間に応じた支給率は次の表のとおりです。）

厚年被保険者期間月数	最終月が2009年9月から2010年8月の場合の率	最終月が2010年9月から2011年8月の場合の率	最終月が2011年9月から2012年8月の場合の率	最終月が2012年9月から2014年8月の場合の率	最終月が2014年9月から2015年8月の場合の率	最終月が2015年9月から2016年8月の場合の率	最終月が2016年9月から2017年8月の場合の率	最終月が2017年9月から2019年8月の場合の率
6月以上12月未満	0.5	0.5	0.5	0.5	0.5	0.5	0.5	0.5
12月以上18月未満	0.9	0.9	1	1	1	1	1.1	1.1
18月以上24月未満	1.4	1.4	1.4	1.5	1.5	1.6	1.6	1.6
24月以上30月未満	1.8	1.9	1.9	2	2.1	2.1	2.1	2.2
30月以上36月未満	2.3	2.4	2.4	2.5	2.6	2.6	2.7	2.7
36月以上	2.8	2.8	2.9	3	3.1	3.1	3.2	3.3

【参考】2005年4月以降の厚生年金保険の被保険者期間がある方の計算式について
脱退一時金額＝平均標準報酬額***
　　　　　　×支給率{(保険料率****×1／2)×被保険者期間月数に応じた数**}

**被保険者期間月数に応じた数については次のとおりです。

厚年被保険者期間月数	支給率計算に用いる数
6月以上12月未満	6
12月以上18月未満	12
18月以上24月未満	18
24月以上30月未満	24
30月以上36月未満	30
36月以上	36

***平均標準報酬額

◇ 厚生年金保険被保険者期間の全部が2003年4月以後の方

$$平均標準報酬額 = \frac{被保険者期間の各月の標準報酬月額と標準賞与額の合計}{全被保険者期間の月数}$$

◇ 厚生年金保険被保険者期間の全部又は一部が平成15年3月以前の方

$$平均標準報酬額 = \frac{2003年3月以前の被保険者期間の各月の標準報酬月額×1.3 + 2003年4月以後の被保険者期間の各月の標準報酬月額標準賞与額の合計}{全被保険者期間の月数}$$

****保険料率

最終月が1月〜8月の場合、前々年10月時点の保険料率になります。
最終月が9月〜12月の場合、前年10月時点の保険料率になります。

〈出典〉　日本年金機構「脱退一時金請求書・日本から出国される外国人のみなさまへ」9頁
（https://www.nenkin.go.jp/service/jukyu/todoke/kyotsu/20150406.files/A.pdf）

Q4-13　外国人社員が帰国することになったため、厚生年金の脱退一時金の申請を希望しています。雇用主としてサポートしなければいけないことを教えてください。

Application for the Lump-sum Withdrawal Payments
(National Pension / Employees' Pension Insurance)

脱退一時金請求書（国民年金／厚生年金保険）

受付番号 — Official use only （日本年金機構記入欄）

Note: If you apply and are entitled to the Lump-sum Withdrawal Payments, all your past coverage periods used as basis of the Payments amount calculations will no longer be valid to apply for other Japanese benefits. Please carefully read the important information on page 4 of this Payments brochure / application. If you still opt for your Payments after due consideration for possible future pension benefits, please make sure to sign in the column 2. If you have long coverage periods and yet fail to sign, we may return your application to ask you again about your decision.

※ 脱退一時金を支給した場合、脱退一時金の計算の基礎となった期間は年金加入期間ではなくなります。脱退一時金請求書の 2 ページ目の注意書きをよくご覧いただき、将来的な年金受給を考慮したうえでなお脱退一時金の受給を希望される場合、必ず「2」欄に署名してください。被保険者期間が長期にわたる方で「2」欄に署名がなされていない場合、請求の意思の確認のために書類をお返しする場合があります。

	2. Your signature 請求者本人の署名（サイン）	3. Do you have permanent residence permit? (date of permit) 永住許可の有無（許可日） No / Yes (Date:)
1. Date Year 年 Month 月 Day 日		

（記入はアルファベットの大文字でお願いします。）

4. Your name, date of birth and address （請求者氏名、生年月日及び住所）

Name 氏 名						
Date of birth 生年月日		Year 年	Month 月	Day 日	Nationality 国籍	
Address after you leave Japan 離日後の住所						
					Country	

Note: Please complete 1. through 6., inside the broad-bordered boxes, using capital letters of Roman alphabet. 太わく内のみ記入してください。

5. Please nominate your bank account for your Payments remittance. （脱退一時金振込先口座）

Official use only 日本年金機構記入欄	1	3	銀行コード				支店コード			預金種別	1

Name of bank 銀行名	
Bank branch name 支店名	
Bank branch address 支店の所在地	Country
Bank account number 口座番号	Bank stamp for verification 銀行の証明印
Name of the account holder/ applicant 請求者本人の口座名義	In Roman alphabet
	In KATAKANA letters, if you choose bank in Japan カタカナ（日本国内の金融機関を指定した際のみ記載）

6. Your numbers on your Pension Handbook （年金手帳の記載事項）

Your Basic Pension Number 基礎年金番号			—	
Your registration number for each pension system 各制度の記号番号			—	

Official use only （日本年金機構　記入欄）	日本年金機構　決定印	日本年金機構　受付印
加入制度　チェック1　チェック2　チェック3　チェック4		
厚年 船員 国年 国共 地共 私学 （送金先国（課税△/非 0）（本人請求△/他 2）（日独非対象者 △ /対象者 01）		

（入力回付年月日）

We need your supporting documents

Please make sure that you submit necessary documents. If you fail to submit all documents of ①, ②, ③ and ④ as below, we may need to return your application.
添付書類（①〜④の書類等が添付されていない場合は、請求書をお返しすることになりますので添付もれのないようお願いします。）

① Photocopy of your passport page(s) showing your name, date of birth, nationality, signature, and status of residence, e.g., instructor, engineer or trainee.
パスポート（旅券）の写し（氏名、生年月日、国籍、署名、在留資格が確認できるページ）

② Document showing that you have no registered address in Japan, such as a certified copy of "JOHYO", a resident registry document which can be issued at your municipal office.
日本国内に住所を有しなくなったことを確認できる書類（住民票の除票の写し等）
◎You do not need to submit this evidence document if you report to your municipal office that you will reside outside of Japan before you leave Japan. The municipal offices and the Japan Pension Service share necessary evidence information to confirm that you no longer have registered address in Japan.
◎帰国前にお住まいの市区町村に転出届を提出していただいた場合には、日本年金機構が、住民票の消除情報から、転出届を提出された方が日本国内に住所を有しないことを確認できますので、本書類の添付は不要です。

③ Documents including your bank's certificate or notices, showing your bank's name, name and address of branch office, your bank account number and showing that the account holder's name is your name. Instead of documents, you may have your bank verify your account details and stamp on the column "Bank Stamp for verification" on the application form. You may nominate bank in Japan, as far as your account name is registered in Japanese KATAKANA letters.
Please note you cannot receive your Payments at Japan Post bank (YUUCHO GINKO).
請求書の「銀行の口座証明印」の欄に銀行の証明を受けるか、「銀行名」、「支店名」、「支店の所在地」、「口座番号」及び「請求者本人の口座名義」であることが確認できる書類を添付してください（銀行が発行した証明書等）。なお、日本国内の金融機関で受ける場合は、口座名義がカタカナで登録されていることが必要です）。
※ゆうちょ銀行では脱退一時金を受け取ることができません。

④ Your Pension Handbook or other documents showing your Basic Pension Number.
国民年金手帳、その他基礎年金番号が確認できる書類

Please fill in your coverage history under Japanese public pension systems (Employees' Pension Insurance, National Pension, Seamen's Insurance, and Mutual aid association systems) below.
公的年金制度（厚生年金保険、国民年金、船員保険、共済組合）に加入していた期間を記入してください。

Your pension coverage history: Please provide detailed information as accurately as possible.
履歴（公的年金制度加入経過） ※できるだけくわしく、正確に記入してください。

(1) Name of your employer (or owner of ship in case you were a crew member) 事業所（船舶所有者）の名称及び船員であったときはその船舶名	(2) Address of your employer (or owner of ship in case you were a crew member) or your Japanese address while you were covered by the National Pension system 事業所（船舶所有者）の所在地または国民年金加入時の住所	(3) Employment periods or coverage periods under the National Pension system 勤務期間または国民年金の加入期間		(4) Type of pension system you were covered by 加入していた年金制度の種別
		Year 年/Month 月/Day 日 From　　　　　から To　　　　　まで		1. National Pension　国民年金 2. Employees' Pension Insurance 厚生年金保険 3. Seamen's Insurance　船員保険 4. Mutual Aid Association 共済組合
		Year 年/Month 月/Day 日 From　　　　　から To　　　　　まで		1. National Pension　国民年金 2. Employees' Pension Insurance 厚生年金保険 3. Seamen's Insurance　船員保険 4. Mutual Aid Association 共済組合
		Year 年/Month 月/Day 日 From　　　　　から To　　　　　まで		1. National Pension　国民年金 2. Employees' Pension Insurance 厚生年金保険 3. Seamen's Insurance　船員保険 4. Mutual Aid Association 共済組合
		Year 年/Month 月/Day 日 From　　　　　から To　　　　　まで		1. National Pension　国民年金 2. Employees' Pension Insurance 厚生年金保険 3. Seamen's Insurance　船員保険 4. Mutual Aid Association 共済組合

(Note) Please write your Japanese address only (not workplace address) for the period you were covered by the National Pension system.
（注）国民年金に加入していた期間は、住んでいた住所のみを記入してください。

〈出典〉　日本年金機構「脱退一時金請求書・日本から出国される外国人のみなさまへ」13〜14頁（https://www.nenkin.go.jp/service/jukyu/todoke/kyotsu/20150406.files/A.pdf）

外国人を採用した後のチェック・リスト

■入社後

□ ① 外国人社員を海外から呼び寄せた場合、居住地の市区町村役場において行う、「転入届」について説明したか？

□ ② 外国人社員の入社後14日以内に、出入国在留管理庁へ「中長期在留者の受入れに関する届出（受入れの開始）」を行ったか？

□ ③ 期限に従い、ハローワークへ「外国人雇用状況届出書」または「雇用保険被保険者資格取得届」を提出したか？

□ ④ 期限に従い、年金事務所に「健康保険・厚生年金被保険者資格取得届」「厚生年金アルファベット氏名（変更）届」を提出したか？

□ ⑤ 転職者の場合、外国人労働者本人が、転職に伴って行う出入国在留管理庁に対する届出「契約機関／活動機関に関する届出」（転職後14日以内）を完了したかを確認したか？

〔参考：②〜⑤はＱ４−１〕

■在職中／就労系在留資格を保持する外国人社員の場合

□ ① 「技術・人文知識・国際業務」など就労系の在留資格を保持する社員については、在留資格更新のサポートをしているか？新しい在留カードを確認しているか？

□ ② 配置転換を行う場合、現在保持している在留資格で新しい職務内容を行えるか確認したか？ 〔参考：Ｑ４−９〕

■在職中／身分系在留資格を保持する外国人社員の場合

□ ① 「日本人の配偶者等」「永住者の配偶者等」「家族滞在」「定住者」を保持する社員については、在留期間更新の都度、在留カードを確認しているか？

□ ② 「永住者」を保持する社員については、在留カードの更新の都度、

在留カードを確認しているか？

■退職時

☐ ① 普通解雇、退職勧奨、懲戒解雇によって解雇する場合、労働基準法などの法令に沿った手続きを踏んで解雇を行ったか？

〔参考：Ｑ4−11、Ｑ4−12〕

☐ ② 退職時の秘密保持契約を取り交わしたか？ 〔参考：Ｑ2−5〕

☐ ③ 退職証明書を交付したか？ 〔参考：Ｑ4−10〕

☐ ④ 退職前に厚生年金等の脱退一時金制度について説明したか？

〔参考：Ｑ4−13〕

☐ ⑤ 退職者が国外に転居する場合は、居住地の市区町村役場において、国外移転をする旨を申告した上で「転出届」を行うことを説明したか？

☐ ⑥ 退職者に離職証明書を交付し、雇用保険の基本手当（失業給付）などの説明・手続き方法について説明したか？

☐ ⑦ その他、事例に応じて、健康保険・厚生年金保険ほか社会保険に関する退職後の必要な続きについて説明したか？（健康保険の任意継続加入、国民年金へ移行する場合など）

☐ ⑧ 外国人社員の退職後14日以内に、出入国在留管理庁へ「中長期在留者の受入れに関する届出（受入れの終了）」を行ったか？

☐ ⑨ 期限に従い、ハローワークへ「外国人雇用状況届出書」または「雇用保険被保険者資格喪失届」を提出したか？

☐ ⑩ 期限に従い、年金事務所に「健康保険・厚生年金被保険者資格喪失届」を提出したか？ 〔参考：⑧〜⑩はＱ4−1〕

Q4-13 外国人社員が帰国することになったため、厚生年金の脱退一時金の申請を希望しています。雇用主としてサポートしなければいけないことを教えてください。

索　引

■著者紹介（2019年8月現在）

若松　絵里（わかまつ えり）

若松絵里社労士・行政書士事務所代表

法務省届出済申請取次行政書士・外国人技能実習 監理責任者・社会保険労務士。
2005年10月「若松絵里社労士・行政書士事務所」を開設。主に外国人労働者の就労ビザ申請代行、日系・外資系企業向けの雇用契約書や就業規則の英文翻訳業務を行っている。また外国人雇用に関する寄稿記事も多数執筆している。

○若松絵里社労士・行政書士事務所
　URL：https://www.eriw-office.com/

外国人労働者の採用・雇用をめぐる実務相談Q&A

2019年10月7日　発行

著　者　　若松　絵里　ⓒ

発行者　　小泉　定裕

発行所　　株式会社 清文社

東京都千代田区内神田1-6-6（MIF ビル）
〒101-0047　電話03（6273）7946　FAX03（3518）0299
大阪市北区天神橋2丁目北2-6（大和南森町ビル）
〒530-0041　電話06（6135）4050　FAX06（6135）4059
URL http://www.skattsei.co.jp/

印刷：奥村印刷㈱

ISBN978-4-433-65879-3